합격, 실력UP

(사) 한국어문회 주관
한국한자능력검정회 시행

한자 漢字
능력검정시험

〈최신 개정판〉

조규남 엮음

본 책은 180°로 펼쳐지는
특수 제작으로 만들었습니다.
원하는 페이지를 펼쳐서 책의 가운데를
손바닥으로 쓱 눌러주세요.
책이 180°로 완전히 펼쳐진 대로 고정되어,
학습하기에 편리합니다.

조규남 선생님의
합격보장, UP

• 예상문제 (10회분)수록

2급

태평양저널

조 규 남 (曺圭南)

성균관대학교 문과대학 한문학과 졸업
성균관대학교 대학원 졸업(한문교육전공)
민족문화추진회 국역연수부 졸업
대한민국 미술대전 서예부문 입선(미협)
추사김정희선생추모 전국휘호대회 초대작가
소사벌서예대전 초대작가
도원서예 원장
성균관대학교 강사(「금석서예」지도)
원광대학교 초빙교수

100% 합격보장하는 **한자능력 검정시험 2급**

2012년 4월 15일 2쇄 인쇄
2025년 1월 10일 12쇄 발행
엮은이 : 조 규 남
펴낸이 : 박 종 수
펴낸곳 : 태평양저널.(서울특별시 영등포구 신길5동 339-119.)
전 화 : (02)834-1806
팩 스 : (02)834-1802
등 록 : 1991. 5. 3.(제03-00468)
ⓒ 조규남2007

정가 16,000원

이 책의 무단 복제, 복사, 전재는 저작권법에 저촉됩니다.
잘못 만들어진 책은 바꾸어 드립니다.

ISBN 89-90642-88-2 13710

감 수 문 (監 修 文)

우리나라는 한자문화권에 속해 있다.
우리는 수천 년 동안 한자(漢字)와 더불어 생활해왔기 때문에 한자는 알게 모르게 우리의 생활 깊숙이 들어와 있다. 한자가 비록 외국의 문자이긴 하지만 우리 민족은 한자를 맹목적으로 받아들인 것이 아니고 한자를 이용하여 우리의 문화를 풍부하게 하는 슬기를 발휘하였다. 지금 우리들에게 남겨진 찬란한 민족문화의 유산이 바로 그것이다. 그러므로 우리는 좋든 싫든 한자를 떠날 수 없게 되어 있다.

그동안 파행적인 어문정책으로 인하여 학생들의 한자학습에 커다란 어려움을 겪기도 하였으나, 근년에 한자학습의 필요성이 새롭게 인식되어 그 열기가 전국적으로 확산되고 있는 것은 늦은 감이 있으나마 지극히 다행스러운 일이다. 특히 초등학교 학생들의 학습 전반에 걸쳐 한자가 차지하는 비중은 거의 절대적이라 할 수 있다. 각 교과목에 나오는 학습용어(學習用語)들이 대부분 한자어로 되어 있어 한자를 익히면 내용의 절반 이상을 저절로 이해할 수 있기 때문이다. 더구나 표의문자(表意文字)인 한자의 특성상 한자학습은 학생들의 사고력을 증진시키고 조어력(造語力)을 향상시킨다. 또한 이 어지러운 시대에 한자학습은 학생들의 인성교육(人性敎育)에도 커다란 공헌을 하고 있다.

이러한 시대적 요구에 부응하여 조규남군이 이 책을 편찬한 것은 참으로 훌륭한 일이라 하겠다. 조규남군은 성균관대학교 한문학과에서 내가 직접 가르친 제자이다. 조군은 성균관대학교 한문학과를 졸업하고 교육대학원에서 한자교육 연구로 석사학위를 취득했으며, 재능교육에서 다년간 한자 학습지 편찬을 주관하다가 뜻한 바 있어 지금은 아담한 교실을 마련하여 학생들에게 한자와 서예를 지도하고 있다. 항상 단정한 몸가짐으로 선비의 품성을 갖춘 조규남군이, 한문학과에서 공부한 한문학 지식과 대학원에서 연구한 학습이론을 바탕으로 펴낸 이 책이 한자를 공부하려는 학생들에게 등대와 같은 길잡이가 되리라는 것은 믿어 의심치 않는다.

성균관대학교 한문학과 교수 문학박사 송 재 소

■ 미리 읽어보는 시험대비 기본지침자료

◆ (사)한국어문회 전국한자능력검정시험

◆ **응시자격**
　　모든 급수에 누구나 응시가능.

◆ **시험일정**
　　1년에 4회 실시(인터넷 www.hangum.re.kr 및 주요 일간지 광고면 참조).

◆ **원서접수**
　　1. 방문접수 : 각 고사장 접수처.
　　2. 인터넷접수 : www.hangum.re.kr 이용.

◆ **합격자 발표**
　　시험일 한 달 뒤, 인터넷(www.hangum.re.kr)과 ARS(060-800-1100)로 발표함.

◆ **공인급수**는 1급·2급·3급·3급Ⅱ이며, **교육급수**는 4급·4급Ⅱ·5급·5급Ⅱ·6급·6급Ⅱ·7급·7급Ⅱ·8급입니다.

❖ (사)한국어문회 전국한자능력검정시험 급수구분 및 문제유형에 따른 급수별 출제기준

문제유형 \ 급수구분	8급	7급Ⅱ	7급	6급Ⅱ	6급	5급Ⅱ	5급	4급Ⅱ	4급	3급Ⅱ	3급	2급	1급
독음(讀音)	24	22	32	32	33	35	35	35	32	45	45	45	50
한자(漢字) 쓰기	0	0	0	10	20	20	20	20	20	30	30	30	40
훈음(訓音)	24	30	30	29	22	23	23	22	22	27	27	27	32
완성형(完成型)	0	2	2	2	3	4	4	5	5	10	10	10	15
반의어(反義語)	0	2	2	2	3	3	3	3	3	10	10	10	10
뜻풀이	0	2	2	2	2	3	3	3	3	5	5	5	10
동음이의어(同音異義語)	0	0	0	0	2	3	3	3	3	5	5	5	10
부수(部首)	0	0	0	0	0	0	0	3	3	5	5	5	10
동의어(同義語)	0	0	0	0	2	3	3	3	3	5	5	5	10
장단음(長短音)	0	0	0	0	0	0	0	3	5	5	5	5	10
약자(略字)·속자(俗字)	0	0	0	0	0	3	3	3	3	3	3	3	3
필순(筆順)	2	2	2	3	3	3	3	0	0	0	0	0	0
읽기 배정한자	50	100	150	225	300	400	500	750	1,000	1,500	1,817	2,355	3,500
쓰기 배정한자	-	-	-	50	150	225	300	400	500	750	1,000	1,817	2,005
출제문항(개)	50		70	80	90	100	100	100	100	150	150	150	200
합격문항(개)	35	49	49	56	63	70	70	70	70	105	105	105	160
시험시간(분)	50	50	50	50	50	50	50	50	50	60	60	60	90

★ 위 출제기준표는 기본지침자료이며, 출제자의 의도에 따라 차이가 있을 수 있습니다.

*상위급수 한자는 모두 하위급수 한자를 포함하며, 쓰기 배정한자는 바로 아래 급수의 읽기 배정한자이거나 그 범위 내에 있습니다.

차례

3 감수문

4 미리 읽어보는 시험대비 기본지침자료

6 이 책의 활용법

7 기초(基礎) 학습
    육서(六書)   8
    한자의 필순(筆順)   9
    부수
        1. 부수자(部首字)의 이름과 위치   11
        2. 부수자의 변형   13
    자전(字典)에서 한자찾기   14

15 한자(漢字) 학습
    2급 배정한자표(配定漢字表)   16
    신습한자표(新習漢字表)   36
    신습한자 익히기   61
    약자(略字)·속자(俗字) 익히기   277

281 한자어(漢字語) 학습
    한자어 독음(讀音) 쓰기(장단음 포함)   282
    한자어 쓰기   294
    반의어(反義語)   334
    동의어(同義語)   343
    한자성어(漢字成語)   352

359 활용(活用) 학습
    2급 예상문제(10회분)   360

395 부록(附錄)
    읽기장   396
    부수자 일람표

이 책의 활용법

- 이 책은 **전국한자능력검정시험**을 위한 수험서입니다.
- 다년간 현장 학습지도(學習指導)로 경험이 많으신 여러 선생님들의 의견을 반영하여 제작하였습니다.

| 학 | 습 | 방 | 법 |

① **한자의 모양(형)·뜻(훈)·소리(음)**를 잘 살펴본다.
　핵심정리를 통해 글자의 생성과정(字源 풀이)과 중요점을 확인한다.

② **본보기 한자(漢字)**를 쓰는 순서대로 3~5회, 글자 위에 그대로 따라 써 본다.
　다음에 부수(部首)·획수(畫數)·총획(總畫)·훈음(訓音)의 변화 등을 익힌 후,
　빈칸을 채워나간다.

③ 신습한자 칸의 **한자어 독음(讀音)**을 미리 써 본다.
　모두 **해당 급수 범위 내의 출제 가능한 한자어만** 선정했으므로, 아는 한자어의 독음
　(讀音)을 써 보고 해답은 뒷면의 복습·쓰기장 에서 확인한다.

④ 한자어의 첫글자 다음에 **장음(長音=긴소리. :표시)**이 온 경우는, 첫글자의 음(音)을
　여러 번 길게 소리내어 읽어본다.

⑤ **한자어(漢字語)**는 정확한 뜻풀이를 중심으로 익힌다.
　한자는 의미(意味)를 위주로 하는 표의문자(表意文字)이므로, 그 특성을 충분히 살려
　성어(成語)나 한문 문구(文句)를 이해하도록 한다.

⑥ **약자(略字)·반의어(反義語)·유의어(類義語)·동음이의어(同音異義語)** 등도 출제빈도가
　높으므로 잘 익혀둔다.

⑦ **두음법칙(頭音法則)·속음(俗音)·사이시옷** 등, 정확한 한글 맞춤법을 알아 둔다.

⑧ **예상문제**를 풀어가며 최종 정리한다.

⑨ 읽기장은 공부할 때마다 훈음(訓音)을 가리고 입과 눈으로 익힌다.

　이 학습서가 한자학습(漢字學習)의 좋은 길잡이가 되어 공부에 자신감이 생기기를
진심으로 바라는 바입니다.

엮은이　**조 규 남** 드림

기초(基礎) 학습

- 육서(六書)
- 한자의 필순(筆順)
- 부수자(部首字)의 이름과 위치
- 부수자의 변형
- 자전(字典)에서 한자찾기

육서(六書)

육서(六書)는 상형문자/지사문자/회의문자/형성문자/전주문자/가차문자를 말하며, 각각 일정한 규칙에 의해 그 구성과 응용 방법에 따라 나누어진 것이다.

문자(文字)라는 말은 육서(六書) 중에서 문(文) 부분은 단독의 뜻을 가지고 있는 상형과 지사를 말하며, 자(字) 부분은 이미 만들어진 문(文)의 의미를 조합하여 기본 글자를 불려나갔으니 회의와 형성이 여기에 해당된다. 따라서 문(文)과 자(字)는 한자를 만드는 원리를 대표하는 말인 셈이다. 그 외에 전주와 가차는 이미 만들어진 문자(文字)를 활용하는 편에 속한다고 할 수 있다.

1. 상형문자(象形文字): 구체적임

구체적인 사물의 모양을 본떠서 만든 글자.
   예) 日(해 일), 月(달 월), 馬(말 마), 山(메 산) 등.

2. 지사문자(指事文字): 추상적임

추상적인 생각이나 뜻을 점이나 선, 또는 부호로 나타낸 글자.
   예) 一(한 일), 上(위 상), 下(아래 하), 本(근본 본), 末(끝 말) 등.

3. 회의문자(會意文字): 뜻부분(意) + 뜻부분(意)

이미 만들어진 둘 이상의 글자들을 결합하여 그것들로부터 연관되는 새로운 뜻을 가지도록 만들어진 글자.
   예) 男[사내 남 → 田:밭 전 + 力:힘 력] ⇒ 논밭(田)의 일터에서 힘써(力) 일하는 '사내'
       休[쉴 휴 → 亻:사람 인 + 木:나무 목] ⇒ 사람(亻)이 나무(木) 그늘 밑에서 '쉼'

4. 형성문자(形聲文字): 뜻을 포함한 부분(形) + 음부분(聲)

이미 만들어진 글자를 결합하여 새로운 뜻을 나타내되, 일부는 뜻(形)을 나타내고 일부는 음(聲)을 나타내는 글자.
   예) 頭[머리 두 ⇒ 頁:머리 혈 + 豆:콩 두], 空[빌 공 ⇒ 穴:구멍 혈 + 工:장인 공] 등.

5. 전주문자(轉注文字): 뜻부분 위주

이미 만들어진 글자를 가지고 그 뜻을 유추(類推)하여 다른 뜻으로 굴리고(轉) 끌어대어(注) 활용하는 글자.
   예) 樂(풍류 악/즐길 락/좋아할 요), 老(늙은이 로/익숙할 로) 등.

6. 가차문자(假借文字): 음부분 위주

이미 만들어진 글자를 본래의 뜻에 관계 없이 음만 빌려다가 쓰는 글자.
   예) 亞細亞(아세아 : Asia), 佛陀(불타 : Buddha), 丁丁(정정 : 도끼로 나무를 찍는 소리),
       可口可樂(코카콜라 : Coca cola) 등.

한자의 필순(筆順)

　한자의 필순(筆順)은 절대적인 규칙이 있는 것은 아니지만, 오랜 세월동안 여러 사람의 체험을 통해서 붓글씨의 획(劃)을 쓰기위한 일반적인 순서가 갖추어졌다고 할 수 있다. 글자의 모양이 아름다우면서 빠르고 정확하게 쓸 수 있는 방법이 필요했던 것이다. 붓글씨의 획(劃)은 점(點)과 선(線)으로 이루어져있는데, 필순은 이 점과 선으로 구성된 획을 쓰는 순서를 말한다. 특히, 행서(行書)와 초서(草書)의 경우에는 쓰는 순서에 따라 그 한자의 모양새가 달라진다.

　필순(筆順)의 기본원칙(基本原則)은 다음과 같다. 예외적인 경우도 잘 알아두어야 한다.

1. 위에서 아래로 긋는다.

　三 ⇨ 一 二 三

2. 왼쪽에서 오른쪽으로 긋는다.

　川 ⇨ ノ ノ| 川

3. 가로획을 먼저 쓰고 세로획은 나중에 긋는다.

　十 ⇨ 一 十　　　　田 ⇨ 丨 冂 日 田 田
　主 ⇨ 丶 一 二 主 主　佳 ⇨ ノ 亻 亻 亻 佳 佳 佳
　馬 ⇨ 丨 厂 F F 丐 馬 馬 馬 馬 馬

4. 삐침(ノ)을 파임(乀)보다 먼저 긋는다.

　入 ⇨ ノ 入　　　　及 ⇨ ノ 乃 乃 及

·삐침(ノ)을 나중에 긋는 경우도 있다.

　力 ⇨ フ 力　　　　方 ⇨ 丶 一 亠 方

5. 좌우(左右)로 대칭일 때는 가운데 획을 먼저 긋는다.

　小 ⇨ 亅 小 小　　　水 ⇨ 亅 氵 水 水
　山 ⇨ 丨 山 山　　　出 ⇨ 丨 屮 屮 出 出
　雨 ⇨ 一 厂 厅 雨 雨 雨 雨
　[예외] 火 ⇨ 丶 丷 少 火　來 ⇨ 一 厂 厂 兀 來 來 來

6. 글자 전체를 꿰뚫는 획은 나중에 긋는다.

中 ⇨ 丨 口 口 中   車 ⇨ 一 ㄏ 戸 后 盲 車 車

事 ⇨ 一 ㄏ ㄇ 写 写 写 事

手 ⇨ ㇒ 二 三 手

子 ⇨ ㇇ 了 子   女 ⇨ ㇄ 夊 女

母 ⇨ ㇄ 乃 母 母 母

[예외] 世 ⇨ 一 十 卄 世 世

7. (오른쪽 위의) 점은 맨 나중에 찍는다.

太 ⇨ 一 ナ 大 太   寸 ⇨ 一 十 寸

代 ⇨ ㇒ 亻 仁 代 代

求 ⇨ 一 十 寸 才 求 求 求

8. 안을 둘러싸고 있는 한자는 바깥부분을 먼저 쓰고, 밑부분은 맨 나중에 긋는다.

四 ⇨ 丨 冂 罒 四 四

國 ⇨ 丨 冂 冃 冃 冋 冋 國 國 國 國

門 ⇨ 丨 冂 冃 冃 門 門 門 門

9. 받침(廴, 辶)은 맨 나중에 긋는다.

建 ⇨ ㇇ ㇌ 肀 肀 聿 聿 建 建

近 ⇨ ㇒ ㇓ ㇕ 斤 沂 沂 近 近

[예외] 起 ⇨ 一 十 土 キ キ 走 走 起 起

題 ⇨ 丨 冂 日 日 旦 早 早 是 是 是 題 題 題 題 題

부수(部首)

1. 부수자(部首字)의 위치에 따른 이름

이름	위 치	해 당 한 자
제부수	■	手(손 수)　日(해 일)　月(달 월) 人(사람 인)　馬(말 마) 등.
몸	▯▯▯▯▯▯	멀경몸 - 冊(책 책)　再(두 재) 등. 큰입구몸 - 國(나라 국)　因(인할 인) 등. 에운담몸 - 問(물을 문)　街(거리 가) 등. 위튼입구몸 - 出(날 출)　凶(흉할 흉) 등. 튼입구몸 - 匠(장인 장)　匣(갑 갑) 등. 감출혜몸 - 區(구역 구)　匹(짝 필) 등. 쌀포몸 - 包(쌀 포)　勿(˜하지말 물) 등.
머리	▔	돼지머리해 - 亡(망할 망)　交(사귈 교) 등. 민갓머리 - 冠(갓 관)　冥(어두울 명) 등. 갓머리 - 家(집 가)　安(편안할 안) 등. 대죽머리 - 第(차례 제)　笑(웃을 소) 등. 필발머리 - 發(필 발)　登(오를 등) 등. 초두머리 - 花(꽃 화)　草(풀 초) 등.
발	▁	어진사람인발 - 兄(형 형)　兒(아이 아) 등. 천천히걸을쇠발 - 夏(여름 하) 등. 스물입발 - 弄(희롱할 롱) 등. 연화발 - 然(그럴 연) 등.

11

이 름	위 치	해 당 한 자
좌부변	⌐	이수변 – 冷(찰 랭) 涼(서늘할 량) 등. 두인변 – 德(덕 덕) 後(뒤 후) 등. 심방변 – 性(성품 성) 悟(깨달을 오) 등. 재방변 – 投(던질 투) 打(칠 타) 등. 장수장변 – 牀(평상 상) 등. 개사슴록변 – 犯(범할 범) 狗(개 구) 등. 구슬옥변 – 理(다스릴 리) 球(공 구) 등. 죽을사변 – 死(죽을 사) 殃(재앙 앙) 등. 삼수변 – 江(강 강) 海(바다 해) 등. 보일시변 – 神(귀신 신) 社(단체 사) 등. 육달월변 – 肝(간 간) 能(능할 능) 등. 좌부방변 – 防(막을 방) 陵(언덕 릉) 등.
우부방	⎤	병부절방 – 印(도장 인) 卵(알 란) 등. 우부방 – 郡(고을 군) 鄕(시골 향) 등.
엄	⌐	민엄호 – 原(근원 원) 厄(재앙 액) 등. 주검시엄 – 尾(꼬리 미) 尺(자 척) 등. 엄호 – 庭(뜰 정) 度(법도 도) 등. 기운기엄 – 氣(기운 기) 등. 병질엄 – 病(병들 병) 疾(병 질) 등. 늙을로엄 – 老(늙을 로) 者(놈 자) 등. 범호엄 – 虎(범 호) 號(부르짖을 호) 등.
책받침	⌐	민책받침 – 廷(조정 정) 建(세울 건) 등. 책받침 – 近(가까울 근) 道(길 도) 등.

2. 부수자(部首字)의 변형

부수자	변형 부수자	해당 한자
人(사람 인)	亻(사람인변)	仁(어질 인) 등.
刀(칼 도)	刂(선칼도방)	利(이로울 리) 등.
川(내 천)	巛(개미허리)	巡(순행할 순) 등.
彐(돼지머리 계)	彐 彑(튼가로왈)	彗(비 혜) 彘(돼지 체) 등.
攴(칠 복)	攵(등글월문)	敎(가르칠 교) 등.
心(마음 심)	忄(심방변)	情(뜻 정) 등.
手(손 수)	扌(재방변)	指(손가락 지) 등.
水(물 수)	氵(물수변)	法(법 법) 등.
火(불 화)	灬(연화발)	熱(더울 열) 등.
玉(구슬 옥)	王(구슬옥변)	珍(보배 진) 등.
示(보일 시)	礻(보일시변)	礼(예도 례) 등.
絲(실 사)	糸(실사변)	結(맺을 결) 등.
老(늙을 로)	耂(늙을로엄)	考(상고할 고) 등.
肉(고기 육)	月(육달월변)	肥(살찔 비) 등.
艸(풀 초)	⺿ ⺿(초두머리)	茶(차 다) 등.
衣(옷 의)	衤(옷의변)	複(겹칠 복) 등.
辵(쉬엄쉬엄갈 착)	辶(책받침)	通(통할 통) 등.
邑(고을 읍)	阝(우부방)-오른쪽에 위치	都(도읍 도) 등.
阜(언덕 부)	阝(좌부방변)-왼쪽에 위치	限(한정 한) 등.

자전(字典)에서 한자찾기

'자전(字典)'을 따로 '옥편(玉篇)'이라고도 한다.
한자의 부수(部首) 214자에 따라 분류한 한자를 획수의 차례로 배열하여 글자마다 우리말로 훈(뜻)과 음을 써 놓은 책이다.
자전(字典)에서 한자를 찾는 방법은 크게 아래의 세 가지 방법이 있다.

1.「부수 색인(部首索引)」 이용법

부수한자 214자를 1획부터 17획까지의 획수에 따라 분류해서 만들어 놓은 「부수 색인(部首索引)」을 이용한다.

> <보기> '地' 자를 찾는 경우
> ① '地'의 부수인 '土'가 3획이므로 「부수 색인」 3획에서 '土'를 찾는다.
> ② '土' 자 옆에 적힌 쪽수에 따라 '土(흙 토)'부를 찾아 펼친다.
> ③ '地' 자에서 부수를 뺀 나머지 부분(也)의 획이 3획이므로, 다시 3획 난의 한자를 차례로 살펴 '地' 자를 찾는다.
> ④ '地(땅 지)' 자의 훈과 음을 확인한다.

2.「총획 색인(總畫索引)」 이용법

「부수 색인(部首索引)」으로 한자를 찾지 못한 경우는 글자의 총획을 세어서 획수별로 구분하여 놓은「총획 색인(總畫索引)」을 이용한다.

> <보기> '乾' 자를 찾는 경우
> ① '乾' 자의 총획(11획)을 센다.
> ② 총획 색인 11획 난에서 '乾' 자를 찾는다.
> ③ '乾' 자 옆에 적힌 쪽수를 펼쳐서 '乾' 자를 찾는다.
> ④ '乾(하늘 건)' 자의 훈과 음을 확인한다.

3.「자음 색인(字音索引)」 이용법

한자음을 알고 있을 때는 가나다 순으로 배열된「자음 색인(字音索引)」을 이용한다.

> <보기> '南' 자를 찾는 경우
> ① '南' 자의 음이 '남'이므로 「자음 색인(字音索引)」에서 '남' 난을 찾는다.
> ② '남' 난에 배열된 한자들 중에서 '南' 자를 찾는다.
> ③ '南' 자 아래에 적힌 쪽수를 찾아 펼친다.
> ④ '南(남녘 남)' 자의 훈과 음을 확인한다.

한자(漢字) 학습

- 2級 배정한자표(配定漢字表)
- 신습한자표(新習漢字表)
- 신습한자 익히기
- 약자(略字)·속자(俗字) 익히기

2級 配定漢字(2,355字)

2급 배정한자 2,355字 = 3급 배정한자 1,817字 + 추가 538字
* 표시는 **쓰기 배정한자 1,817字**임.
: , (:) 표시는 장음(長音)을 나타냄.

*家	집	가	*懇	간절할	간:	*開	열	개	*劍	칼	검:
*歌	노래	가	*肝	간	간(:)	*改	고칠	개(:)	憩	쉴	게:
*價	값	가	*姦	간음할	간	*個	낱	개(:)	揭	높이들	게:
*加	더할	가	杆	몽둥이	간	*介	낄	개:		걸	게:
*可	옳을	가:	艮	괘이름	간	*槪	대개	개:	*格	격식	격
*假	거짓	가:	*渴	목마를	갈	*慨	슬퍼할	개:	*擊	칠	격
*街	거리	가(:)	葛	칡	갈	*皆	다	개	*激	격할	격
*暇	틈	가:	鞨	오랑캐이름	갈	*蓋	덮을	개(:)	*隔	사이뜰	격
	겨를	가:	*感	느낄	감:	价	클	개:	*見	볼	견
*佳	아름다울	가:	*減	덜	감:	垲	높은땅	개:		뵈올	현:
*架	시렁	가:	*監	볼	감	客	손(나그네)	객	*堅	굳을	견
伽	절	가	*敢	감히	감:	坑	구덩이	갱	*犬	개	견
柯	가지	가		구태여	감	*車	수레	거/차	*牽	이끌(끌)	견
賈	성	가	*甘	달	감	*去	갈	거:		별이름	견
	장사	고	*鑑	거울	감	*擧	들	거:	*絹	비단	견
軻	수레소리	가	憾	섭섭할	감:	*居	살	거	*肩	어깨	견
	사람이름	가	*甲	갑옷	갑	*巨	클	거:	*遣	보낼	견:
迦	부처이름	가	岬	곶	갑	*拒	막을	거:	甄	질그릇	견
*各	각각	각	鉀	갑옷	갑	*據	근거	거:		성	진
*角	뿔	각	*江	강	강	*距	상거할	거:	*決	결단할	결
*刻	새길	각	*强	강할	강(:)	*件	물건	건	*結	맺을	결
*覺	깨달을	각	*康	편안	강	*健	굳셀	건	*潔	깨끗할	결
*脚	다리	각	*講	욀	강	*建	세울	건	*缺	이지러질	결
*閣	집	각	*降	내릴	강	*乾	하늘	건	*訣	이별할	결
*却	물리칠	각		항복할	항		마를	간	*兼	겸할	겸
珏	쌍옥	각	*剛	굳셀	강	鍵	열쇠	건:	*謙	겸손할	겸
*間	사이	간(:)	*綱	벼리	강		자물쇠	건:	*京	서울	경
*干	방패	간	*鋼	강철	강	*傑	뛰어날	걸	*敬	공경	경
*看	볼	간	姜	성	강	*乞	빌	걸	*景	볕	경(:)
*簡	대쪽	간(:)	岡	산등성이	강	杰	뛰어날	걸	*競	다툴	경:
	간략할	간(:)	崗	언덕	강	桀	하왕이름	걸	*輕	가벼울	경
*刊	새길	간	彊	굳셀	강	*檢	검사할	검:	*境	지경	경
*幹	줄기	간	疆	지경	강	*儉	검소할	검:	*慶	경사	경:

*經 지날 경	*械 기계 계:	*工 장인 공	*寬 너그러울 관
글 경	*溪 시내 계	*空 빌 공	*慣 익숙할 관
*警 깨우칠 경:	*桂 계수나무 계:	*公 공평할 공	*貫 꿸 관(:)
*傾 기울 경	*癸 북방 계:	*共 한가지 공:	*館 집 관
*更 고칠 경	천간 계:	*功 공 공	串 꿸 관
다시 갱:	*繫 맬 계:	*孔 구멍 공:	땅이름 곶
*鏡 거울 경:	*古 예 고:	*攻 칠 공	款 항목 관:
*驚 놀랄 경	*苦 쓸 고	*供 이바지할 공:	도장 관:
*耕 밭갈 경	*高 높을 고	진상할 공:	琯 옥피리 관
*頃 이랑 경	*告 고할 고:	*恐 두려울 공(:)	*光 빛날 광
잠깐 경	*固 굳을 고(:)	*恭 공손할 공	*廣 넓을 광:
*卿 벼슬 경	*考 생각할 고(:)	貢 바칠 공:	*鑛 쇳돌 광:
*庚 별 경	*故 연고 고(:)	*果 실과 과:	*狂 미칠 광
*徑 지름길 경	*孤 외로울 고	*科 과목 과	*掛 걸 괘
길 경	*庫 곳집 고	*課 공부할 과(:)	*壞 무너질 괴:
*硬 굳을 경	*姑 시어미 고	과정 과(:)	*怪 괴이할 괴(:)
*竟 마침내 경:	고모 고	*過 지날 과:	*塊 흙덩이 괴
儆 경계할 경:	*稿 원고 고	허물 과:	*愧 부끄러울 괴
炅 빛날 경	볏짚 고	寡 적을 과:	傀 허수아비 괴:
璟 옥빛 경:	*鼓 북 고	과부 과:	槐 회화나무 괴
瓊 구슬 경	*枯 마를 고	*誇 자랑할 과:	*敎 가르칠 교:
*界 지경 계:	*顧 돌아볼 고	戈 창 과	*校 학교 교:
*計 셀 계:	皐 언덕 고	瓜 외 과	*交 사귈 교
*係 맬 계:	부르는소리 고	菓 과자 과	*橋 다리 교
*季 계절 계:	雇 품팔 고	*郭 둘레 곽	*巧 공교할 교
*戒 경계할 계:	*曲 굽을 곡	외성 곽	*較 비교 교
*系 이어맬 계:	악곡 곡	*觀 볼 관	견줄 교
*繼 이을 계:	*穀 곡식 곡	*關 관계할 관	*矯 바로잡을 교:
*階 섬돌 계	*哭 울 곡	빗장 관	*郊 들 교
*鷄 닭 계	*谷 골 곡	*官 벼슬 관	僑 더부살이 교
*啓 열 계:	*困 곤할 곤:	*管 대롱 관	絞 목맬 교
*契 맺을 계:	*坤 땅(따) 곤	주관할 관	膠 아교 교
나라이름 거	*骨 뼈 골	*冠 갓 관	*九 아홉 구

17

*口 입 구(:)	*軍 군사 군	*極 극진할 극	*己 몸 기
*區 구분할 구	*郡 고을 군:	다할 극	*技 재주 기
球 공 구	*君 임금 군	*劇 심할 극	*期 기약할 기
*具 갖출 구(:)	*群 무리 군	*克 이길 극	*汽 물끓는김 기
*救 구원할 구:	*屈 굽힐 굴	능할 극	*器 그릇 기
*舊 예 구:	掘 팔 굴	*根 뿌리 근	*起 일어날 기
*句 글귀 구	窟 굴 굴	*近 가까울 근:	*奇 기특할 기
*求 구할 구	*宮 집 궁	*勤 부지런할 근(:)	*寄 부칠 기
*究 연구할 구	*窮 다할 궁	*筋 힘줄 근	*機 틀 기
*構 얽을 구	*弓 활 궁	*僅 겨우 근	*紀 벼리 기
久 오랠 구:	*權 권세 권	斤 근(무게) 근	*企 꾀할 기
*拘 잡을 구	*券 문서 권	날 근	*其 그 기
*丘 언덕 구	*勸 권할 권:	*謹 삼갈 근:	*畿 경기 기
*俱 함께 구	*卷 책 권(:)	槿 무궁화 근:	*祈 빌 기
*懼 두려워할 구	*拳 주먹 권:	瑾 아름다운옥 근:	*幾 몇 기
*狗 개 구	圈 우리 권	*金 쇠 금	*忌 꺼릴 기
*苟 구차할 구	*厥 그 궐	성 김	*旣 이미 기
진실로 구	闕 대궐 궐	*今 이제 금	*棄 버릴 기
*驅 몰 구	*軌 바퀴자국 궤:	*禁 금할 금:	*欺 속일 기
*龜 거북 구/귀	*貴 귀할 귀:	*琴 거문고 금	*豈 어찌 기
터질 균	*歸 돌아갈 귀:	*禽 새 금	*飢 주릴 기
歐 구라파 구	*鬼 귀신 귀:	*錦 비단 금:	*騎 말탈 기
토할 구	*規 법 규	아름다울 금:	冀 바랄 기
玖 옥돌 구	*叫 부르짖을 규	*急 급할 급	岐 갈림길 기
購 살 구	*糾 얽힐 규	*級 등급 급	棋 바둑 기
邱 언덕 구	살필 규	*給 줄 급	沂 물이름 기
鷗 갈매기 구	圭 서옥 규	*及 미칠 급	淇 물이름 기
*國 나라 국	奎 별 규	*肯 즐길 긍:	琦 옥이름 기
*局 판 국	揆 헤아릴 규	兢 떨릴 긍:	기이할 기
*菊 국화 국	珪 홀 규	*旗 기 기	琪 아름다운옥 기
鞠 성 국	閨 안방 규	*氣 기운 기	璣 별이름 기
국문할 국	*均 고를 균	*記 기록할 기	선기(혼천의) 기
기를 국	*菌 버섯 균	*基 터 기	箕 키 기

耆	늙을	기	*能	능할	능	*糖	엿	당	*桃	복숭아	도
騏	준마	기	*泥	진흙	니		사탕	탕	*渡	건널	도
驥	천리마	기	尼	여승	니	塘	못	당	*稻	벼	도
麒	기린	기	溺	빠질	닉	*大	큰	대(:)	*跳	뛸	도
*緊	긴할	긴	*多	많을	다	*代	대신할	대:	悼	슬퍼할	도
*吉	길할	길	*茶	차	다	*對	대할	대:	燾	비칠	도
*那	어찌	나:		차	차	*待	기다릴	대:	*讀	읽을	독
*諾	허락할	낙	*短	짧을	단(:)	*帶	띠	대(:)		구절	두
*暖	따뜻할	난:	*團	둥글	단	*隊	무리	대	*獨	홀로	독
*難	어려울	난(:)	壇	단	단	臺	대	대	毒	독	독
*南	남녘	남	單	홑	단	*貸	빌릴	대:	*督	감독할	독
*男	사내	남	斷	끊을	단:		뀔	대:	*篤	도타울	독
*納	들입	납	檀	박달나무	단	垈	집터	대	*敦	도타울	돈
*娘	계집	낭	端	끝	단	戴	일	대:	*豚	돼지	돈
*內	안	내:	*段	층계	단	*德	큰	덕	惇	도타울	돈
*耐	견딜	내:	*丹	붉을	단	悳	큰	덕	燉	불빛	돈
*乃	이에(곧)	내:	*但	다만	단:	*道	길	도:	頓	조아릴	돈:
*奈	어찌	내	旦	아침	단	*圖	그림	도	*突	갑자기	돌
	나락	나	湍	여울	단	*度	법도	도(:)	乭	이름	돌
*女	계집	녀	鍛	쇠불릴	단		헤아릴	탁	*東	동녘	동
*年	해	년	達	통달할	달	*到	이를	도:	*冬	겨울	동(:)
	나이	년	*談	말씀	담	*島	섬	도	*動	움직일	동:
*念	생각	념:	擔	멜	담	*都	도읍	도	*同	한가지	동
*寧	편안	녕	*淡	맑을	담	*導	인도할	도:	*洞	골(고을)	동:
*努	힘쓸	노	潭	못	담	*徒	무리	도		밝을	통:
*怒	성낼	노:	膽	쓸개	담:	*盜	도둑	도(:)	*童	아이	동(:)
*奴	종	노	*答	대답	답	*逃	도망할	도	*銅	구리	동
*農	농사	농	*踏	밟을	답	*刀	칼	도	*凍	얼	동:
濃	짙을	농:	畓	논	답	*途	길	도:	桐	오동나무	동
*腦	골	뇌	*堂	집	당	陶	질그릇	도	棟	마룻대	동
	뇌수	뇌	*當	마땅	당	*倒	넘어질	도:	董	바를	동:
*惱	번뇌할	뇌	*黨	무리	당	塗	칠할	도	*頭	머리	두
尿	오줌	뇨	*唐	당나라	당(:)	*挑	돋울	도	*斗	말	두
				당황할	당(:)						

19

*豆	콩	두
杜	막을	두
*屯	진칠	둔
*鈍	둔할	둔:
*得	얻을	득
*登	오를	등
*等	무리	등:
	등급	등:
*燈	등	등
*騰	오를	등
藤	등나무	등
謄	베낄	등
鄧	나라이름	등:
*羅	벌릴	라
	벌	라
裸	벗을	라:
*樂	즐길	락
	노래	악
	좋아할	요
*落	떨어질	락
*絡	이을	락
	얽을	락
洛	물이름	락
*亂	어지러울	란:
*卵	알	란:
*欄	난간	란
*蘭	난초	란
爛	빛날	란:
*覽	볼	람
*濫	넘칠	람:
藍	쪽	람
拉	끌	랍
*朗	밝을	랑:
*廊	사랑채	랑
*浪	물결	랑(:)
*郞	사내	랑
*來	올	래(:)
萊	명아주	래
*冷	찰	랭:
*略	간략할	략
	약할	략
*掠	노략질할	략
*良	어질	량
*量	헤아릴	량
*兩	두	량:
*糧	양식	량
*涼	서늘할	량
*梁	들보	량
	돌다리	량
*諒	살펴알	량
	믿을	량
亮	밝을	량
樑	들보	량
輛	수레	량:
*旅	나그네	려
*麗	고울	려
*慮	생각할	려:
*勵	힘쓸	려:
呂	성	려:
	법칙	려:
廬	농막집	려
礪	숫돌	려:
驪	검은말	려
*力	힘	력
*歷	지날	력
*曆	책력	력
*練	익힐	련:
*連	이을	련
*戀	그리워할	련:
	그릴	련:
*聯	연이을	련
*鍊	쇠불릴	련:
	단련할	련:
*憐	불쌍히여길	련
*蓮	연꽃	련
漣	잔물결	련
煉	달굴	련
*列	벌릴	렬
*烈	매울	렬
*劣	못할	렬
*裂	찢어질	렬
*廉	청렴할	렴
濂	물이름	렴
*獵	사냥	렵
*令	하여금	령(:)
	명령할	령(:)
*領	거느릴	령
*嶺	고개	령
*靈	신령	령
*零	떨어질	령
	영	령
玲	옥소리	령
*例	법식	례:
*禮	예도	례:
*隷	종(노예)	례:
醴	단술	례:
*老	늙을	로:
*路	길	로:
*勞	일할	로
*爐	화로	로
*露	이슬	로(:)
盧	성	로
蘆	갈대	로
魯	노나라	로
	노둔할	로
鷺	백로	로
*綠	푸를	록
*錄	기록할	록
*祿	녹(봉록)	록
*鹿	사슴	록
*論	논할	론
*弄	희롱할	롱:
籠	대바구니	롱(:)
*賴	의뢰할	뢰:
*雷	우레	뢰
*料	헤아릴	료(:)
*了	마칠	료:
*僚	동료	료
療	병고칠	료
遼	멀	료
*龍	용	룡
*樓	다락	루
*屢	여러	루:
*淚	눈물	루:
*漏	샐	루:
*累	여러	루:
	자주	루:
*流	흐를	류
*類	무리	류(:)
*留	머무를	류
*柳	버들	류(:)
劉	죽일	류
	성	류

	硫	유황	류	痲	저릴	마	*脈	줄기	맥	*侮	업신여길	모(:)
	謬	그르칠	류	魔	마귀	마	*麥	보리	맥	*冒	무릅쓸	모
*六	여섯	륙	*幕	장막	막	貊	맥국	맥	*募	모을	모
*陸	뭍(땅)	륙	*漠	넓을	막	*孟	맏	맹(:)		뽑을	모
*輪	바퀴	륜	*莫	없을	막	*猛	사나울	맹:	*暮	저물	모:
*倫	인륜	륜	膜	막	막	*盲	소경	맹	*某	아무	모:
崙	산이름	륜	*萬	일만	만:	盲	눈멀	맹	帽	모자	모
*律	법칙	률	*滿	찰	만(:)	*盟	맹세	맹	牟	성	모
*栗	밤	률	*慢	거만할	만:	覓	찾을	멱	矛	창	모
*率	비율	률	*晚	늦을	만:	*面	낯	면:	茅	띠	모
	거느릴	솔	*漫	흩어질	만:	*勉	힘쓸	면:	謨	꾀	모
*隆	높을	륭	娩	낳을	만:	*眠	잘	면	*木	나무	목
*陵	언덕	릉	灣	물굽이	만	*綿	솜	면	*目	눈	목
楞	네모질	릉	蠻	오랑캐	만	*免	면할	면:	*牧	칠	목
*里	마을	리:	*末	끝	말	冕	면류관	면:	*睦	화목할	목
*利	이할	리:	靺	말갈	말	沔	물이름	면:	沐	머리감을	목
*李	오얏	리:	*亡	망할	망	俛	힘쓸	면:	穆	화목할	목
	성	리:	*望	바랄	망:	숙일(구푸릴)	부	*沒	빠질	몰
*理	다스릴	리:	*妄	망령될	망:	*滅	멸할	멸	*夢	꿈	몽
*離	떠날	리:	*忘	잊을	망	*滅	꺼질	멸	*蒙	어두울	몽
*吏	관리(벼슬아치)	리:	*忙	바쁠	망	蔑	업신여길	멸	*墓	무덤	묘:
*履	밟을	리:	*罔	없을	망	*名	이름	명	*妙	묘할	묘:
*裏	속	리:	*茫	아득할	망	*命	목숨	명:	*卯	토끼	묘:
*梨	배	리	網	그물	망	*明	밝을	명	*廟	사당	묘:
*隣	이웃	린	*每	매양	매(:)	*鳴	울	명	*苗	모	묘:
麟	기린	린	*買	살	매:	*銘	새길	명	昴	별이름	묘
*林	수풀	림	*賣	팔	매(:)	*冥	어두울	명	*無	없을	무
*臨	임할	림	*妹	누이	매	*母	어미	모:	*務	힘쓸	무:
*立	설	립	*梅	매화	매	*毛	터럭	모	*武	호반	무:
*馬	말	마:	*埋	묻을	매	*模	본뜰	모	*舞	춤출	무:
*磨	갈	마	*媒	중매	매	*慕	그릴	모:	*茂	무성할	무:
*麻	삼	마(:)	枚	낱	매	*謀	꾀	모	*貿	무역할	무:
	摩	문지를	마	魅	매혹할	매	*貌	모양	모	*戊	천간	무:

*霧	안개	무:	*蜜	꿀	밀	*傍	곁	방:	*範	법	범:
*默	잠잠할	묵	*朴	성	박	*芳	꽃다울	방	*凡	무릇	범(:)
*墨	먹	묵	*博	넓을	박	*邦	나라	방	汎	넓을	범:
*門	문	문	*拍	칠	박	旁	곁	방:		뜰	범
*問	물을	문:	*薄	엷을	박	紡	길쌈	방	范	성	범:
*文	글월	문	*迫	핍박할	박	龐	높은집	방	*法	법	법
*聞	들을	문(:)	*泊	머무를	박	*倍	곱	배(:)	*壁	벽	벽
*紋	무늬	문		배댈	박	*拜	절	배:	*碧	푸를	벽
汶	물이름	문	舶	배	박	*背	등	배:	僻	궁벽할	벽
紊	문란할	문	*半	반	반:	*配	나눌	배:	*變	변할	변:
	어지러울	문	*反	돌이킬	반:		짝	배:	*邊	가	변
*物	물건	물	*班	나눌	반	*培	북돋울	배:	*辯	말씀	변:
*勿	말	물	*般	가지	반	*排	밀칠	배	*辨	분별할	변:
*米	쌀	미		일반	반	*輩	무리	배:	卞	성	변
*美	아름다울	미(:)	*飯	밥	반	*杯	잔	배	弁	고깔	변:
*味	맛	미:	*伴	짝	반:	俳	배우	배	*別	다를	별
*未	아닐	미(:)	*叛	배반할	반:	褒	성	배		나눌	별
*微	작을	미	*盤	소반	반	賠	물어줄	배:	*病	병	병:
*尾	꼬리	미:	*返	돌아올	반:	*白	흰	백	*兵	병사	병
*眉	눈썹	미	搬	운반할	반		아뢸	백	*丙	남녘	병:
*迷	미혹할	미(:)	磻	반계	반	*百	일백	백	*屛	병풍	병(:)
彌	미륵	미	*發	필	발	*伯	맏	백	*竝	나란히	병:
	기울	미	*髮	터럭	발	柏	측백	백	倂	아우를	병:
	오랠	미	*拔	뽑을	발	*番	차례	번	昞	밝을	병:
*民	백성	민	渤	바다이름	발	*繁	번성할	번	昺	밝을	병:
*憫	민망할	민	鉢	바리때	발	*煩	번거로울	번	柄	자루	병:
*敏	민첩할	민	*方	모	방	*飜	번역할	번	炳	불꽃	병:
旻	하늘	민	*放	놓을	방(:)	潘	성	번	秉	잡을	병:
旼	화할	민	*房	방	방	*伐	칠	벌	*保	지킬	보(:)
玟	아름다운옥돌	민	*訪	찾을	방:	*罰	벌할	벌	*報	갚을	보:
珉	옥돌	민	*防	막을	방	筏	뗏목	벌		알릴	보:
閔	성	민	妨	방해할	방	閥	문벌	벌	*寶	보배	보:
*密	빽빽할	밀	*倣	본뜰	방	*犯	범할	범:	*步	걸음	보:

*普	넓을	보:	*府	마을	부(:)	崩	무너질	붕	*使 하여금 사:
*補	기울	보:		관청	부(:)	*朋	벗	붕	부릴 사:
*譜	족보	보:	*否	아닐	부:	鵬	새	붕	*死 죽을 사:
潽	물이름	보:	*負	질	부:	*比	견줄	비:	*社 모일 사
甫	클	보	*付	부칠	부:	*費	쓸	비:	*仕 섬길 사(:)
輔	도울	보:	*扶	도울	부	*鼻	코	비:	벼슬 사(:)
*服	옷	복	*浮	뜰	부	*備	갖출	비:	*史 사기 사:
*福	복	복	*符	부호	부(:)	*悲	슬플	비:	*士 선비 사:
*復	회복할	복	*簿	문서	부:	*非	아닐	비(:)	병사 사:
	다시	부:	*附	붙을	부(:)	*飛	날	비	*寫 베낄 사
*伏	엎드릴	복	*腐	썩을	부:	*批	비평할	비:	*思 생각 사(:)
*複	겹칠	복	*賦	부세	부:	碑	비석	비	*査 조사할 사
*腹	배	복	赴	다다를	부:	*祕	숨길	비:	寺 절 사
*卜	점	복		갈	부:	*卑	낮을	비:	*師 스승 사
*覆	엎어질	복	傅	스승	부:	*妃	왕비	비	*舍 집 사
	덮을	부	敷	펼	부(:)	*婢	계집종	비:	*謝 사례할 사:
馥	향기	복	膚	살갗	부	*肥	살찔	비:	*射 쏠 사(:)
*本	근본	본	釜	가마	부	丕	클	비	*私 사사 사
*奉	받들	봉:	阜	언덕	부:	匪	비적	비	*絲 실 사
*封	봉할	봉	*北	북녘	북		문채날	비:	*辭 말씀 사
*峯	봉우리	봉		달아날	배	毖	삼갈	비	*司 맡을 사
*逢	만날	봉	*分	나눌	분(:)	毘	도울	비	*沙 모래 사
*蜂	벌	봉	*憤	분할	분:	泌	분비할	비	*祀 제사 사
*鳳	새	봉:	*粉	가루	분(:)	*貧	가난할	빈	*詞 말 사
俸	녹	봉:	*奔	달릴	분	*賓	손	빈	*邪 간사할 사
縫	꿰맬	봉	*奮	떨칠	분:	*頻	자주	빈	*似 닮을 사:
蓬	쑥	봉	*紛	어지러울	분	彬	빛날	빈	*巳 뱀 사:
*父	아비	부	*墳	무덤	분	*氷	얼음	빙	*捨 버릴 사:
*夫	지아비	부	芬	향기	분	*聘	부를	빙	*斜 비낄 사
*部	떼	부	*不	아닐	불/부	馮	탈	빙	*斯 이 사
*副	버금	부:	*佛	부처	불		성	풍	*蛇 긴뱀 사
*婦	며느리	부	*拂	떨칠	불	*四	넉	사:	*詐 속일 사
*富	부자	부:	弗	아닐	불	*事	일	사:	*賜 줄 사:

唆	부추길	사	*喪	잃을	상(:)	舒	펼	서:
泗	물이름	사:	*尙	오히려	상(:)	*夕	저녁	석
赦	용서할	사:	*裳	치마	상	*席	자리	석
飼	기를	사	*詳	자세할	상	*石	돌	석
*削	깎을	삭	*霜	서리	상	*惜	아낄	석
*朔	초하루	삭	*償	갚을	상	*釋	풀	석
	북쪽	삭	*嘗	맛볼	상	*昔	예	석
*山	메(산)	산		일찍	상	*析	쪼갤	석
*算	셈	산:	*桑	뽕나무	상	奭	클	석
*産	낳을	산:	*祥	상서로울	상	晳	밝을	석
*散	흩을	산:	庠	학교	상	碩	클	석
傘	우산	산	箱	상자	상	錫	주석	석
酸	실	산	*塞	막힐	색		지팡이	
*殺	죽일	살		변방	새		줄(주다)	석
	감할	쇄:	*色	빛날	색	*先	먼저	선
	빠를	쇄:	*索	찾을	색	*線	줄	선
*三	석	삼		노(새끼줄)	삭	*仙	신선	선
*森	수풀	삼	*生	날	생	*善	착할	선:
蔘	삼	삼		살	생	*船	배	선
揷	꽂을	삽	*西	서녘	서	*選	가릴	선:
*上	윗	상:	*書	글	서	*鮮	고울	선
*商	장사	상	*序	차례	서:	*宣	베풀	선
*相	서로	상	*徐	천천할	서(:)	*旋	돌	선
*賞	상줄	상	*恕	용서할	서:	*禪	선	선
*常	떳떳할	상	*緖	실마리	서:	瑄	도리옥	선
*床	상	상	*署	마을	서:	璇	옥	선
*想	생각	상:		관청	서	璿	구슬	선
*狀	형상	상	*庶	여러	서:	繕	기울(깁다)	선:
	문서	장:	*敍	펼	서:	*雪	눈	설
*傷	다칠	상	*暑	더울	서:	*說	말씀	설
*象	코끼리	상	*誓	맹세할	서:		달랠	세
*象	본뜰	상	*逝	갈	서:	*說	기쁠	열
*像	모양	상	瑞	상서	서:	*設	베풀	설

*舌	혀	설			
卨	사람이름	설			
薛	성	설			
暹	햇살치밀	섬			
纖	가늘	섬			
蟾	두꺼비	섬			
陝	땅이름	섬			
*攝	잡을	섭			
	다스릴	섭			
*涉	건널	섭			
燮	불꽃	섭			
*姓	성	성:			
*成	이룰	성			
*省	살필	성			
	덜	생			
*性	성품	성:			
*城	재	성			
*星	별	성			
*盛	성할	성:			
*聖	성인	성:			
*聲	소리	성			
*誠	정성	성			
晟	밝을	성			
*世	인간	세:			
*歲	해	세:			
	나이	세:			
*洗	씻을	세:			
*勢	형세	세:			
*稅	세금	세:			
*細	가늘	세:			
貰	세놓을	세:			
*小	작을	소:			
*少	적을	소:			
	젊을	소:			

*所	바	소:	*誦	욀	송:	銖	저울눈	수	*襲	엄습할	습
*消	사라질	소	宋	성	송:	隋	수나라	수	*濕	젖을	습
*掃	쓸	소(:)	*刷	인쇄할	쇄:	*宿	잘	숙	*勝	이길	승
*笑	웃음	소	*鎖	쇠사슬	쇄:		별자리	수:	*承	이을	승
*素	본디	소(:)	衰	쇠할	쇠	*叔	아재비	숙	*乘	탈	승
	흴	소(:)	水	물	수	*肅	엄숙할	숙	*僧	중	승
*疏	소통할	소	*手	손	수(:)	*淑	맑을	숙	*昇	오를	승
	상소할	소	*數	셈	수:	*熟	익을	숙	升	되	승
*蘇	되살아날	소	*樹	나무	수	*孰	누구	숙	繩	노끈	승
*訴	호소할	소	*首	머리	수	*順	순할	순:	*市	저자	시:
*召	부를	소	*修	닦을	수	*純	순수할	순	*時	때	시
*昭	밝을	소	*受	받을	수(:)	*巡	돌	순	*始	비로소(처음)	시:
*燒	사를	소(:)	*守	지킬	수		순행할	순	*示	보일	시:
*蔬	나물	소	*授	줄	수	*旬	열흘	순	*施	베풀	시:
*騷	떠들	소	*收	거둘	수	*瞬	눈깜짝일	순	*是	이	시:
巢	새집	소	*秀	빼어날	수	*循	돌	순		옳을	시:
沼	못	소	*壽	목숨	수		좇을	순	*視	볼	시:
紹	이을	소	*帥	장수	수	*殉	따라죽을	순	*試	시험할	시(:)
邵	땅이름	소	*愁	근심	수	*脣	입술	순	*詩	시	시
	성	소	*殊	다를	수	洵	참으로	순	*侍	모실	시:
*速	빠를	속	*獸	짐승	수	淳	순박할	순	*矢	화살	시:
*束	묶을	속	*輸	보낼	수	珣	옥이름	순	屍	주검	시:
*俗	풍속	속	*隨	따를	수	盾	방패	순	柴	섶(땔나무)	시:
*續	이을	속	*需	쓰일(쓸)	수	舜	순임금	순	*植	심을	식
*屬	붙일	속	*囚	가둘	수	荀	풀이름	순	*食	밥	식
粟	조	속	*垂	드리울	수	*術	재주	술		먹을	식
*孫	손자	손(:)	*搜	찾을	수	*述	펼	술	*式	법	식
*損	덜	손	*睡	졸음	수	*戌	개	술	*識	알	식
*送	보낼	송:	*誰	누구	수	*崇	높을	숭		기록할	지
*松	소나무	송	*遂	드디어	수	瑟	큰거문고	슬	*息	쉴	식
*頌	칭송할	송:	*雖	비록	수	*習	익힐	습	*飾	꾸밀	식
	기릴	송:	*須	모름지기	수	*拾	주울	습	殖	불릴	식
*訟	송사할	송:	洙	물가	수		열	십	湜	물맑을	식

軾 수레가로나무 식	*雅 맑을 아(:)	厄 액 액	*抑 누를 억
*信 믿을 신:	*牙 어금니 아	*夜 밤 야:	*言 말씀 언
*新 새 신	芽 싹 아	*野 들 야:	*焉 어찌 언
*神 귀신 신	*餓 주릴 아	*也 이끼(입기운) 야:	彦 선비 언:
정신 신	*惡 악할 악	어조사 야	*嚴 엄할 엄
*身 몸 신	미워할 오	*耶 어조사 야	*業 업 업
*臣 신하 신	*岳 큰산 악	倻 가야 야	일 업
*申 납 신	握 쥘 악	惹 이끌 야:	*如 같을 여
*愼 삼갈 신:	*安 편안 안	*弱 약할 약	*餘 남을 여
*伸 펼 신	*案 책상 안:	*藥 약 약	*與 더불 여:
사뢸 신	*眼 눈 안:	*約 맺을 약	줄 여
*晨 새벽 신	*岸 언덕 안:	*若 같을 약	*予 나 여
*辛 매울 신	*顔 낮 안:	반야 야	*余 나 여
紳 띠 신:	*雁 기러기(鴈) 안:	*躍 뛸 약	*汝 너 여:
腎 콩팥 신:	*謁 뵐 알	*洋 큰바다 양	*輿 수레 여
*室 집 실	關 막을 알	*陽 볕 양	*逆 거스를 역
*失 잃을 실	*暗 어두울 암:	*養 기를 양:	*域 지경 역
*實 열매 실	*巖 바위 암	*羊 양 양	*易 바꿀 역
*心 마음 심	癌 암 암:	*樣 모양 양	쉬울 이:
*深 깊을 심	*壓 누를 압	壤 흙덩이 양:	*亦 또 역
*審 살필 심(:)	*押 누를 압	*揚 날릴 양	*役 부릴 역
甚 심할 심:	鴨 오리 압	*讓 사양할 양:	*譯 번역할 역
*尋 찾을 심	*仰 우러를 앙:	*楊 버들 양	*驛 역 역
瀋 즙낼 심:	*央 가운데 앙	孃 아가씨 양	*疫 전염병 역
*十 열 십	*殃 재앙 앙	襄 도울 양(:)	*然 그럴 연
*雙 두 쌍	*愛 사랑 애(:)	*語 말씀 어:	*演 펼 연:
쌍 쌍	*哀 슬플 애	*漁 고기잡을 어	*煙 연기 연
*氏 각시 씨	*涯 물가 애	*魚 고기 어	*硏 갈 연
성씨 씨	埃 티끌 애	*御 거느릴 어:	*延 늘일 연
*兒 아이 아	艾 쑥 애	*於 어조사 어	*燃 탈 연
*亞 버금 아(:)	礙 거리낄 애:	탄식할 오	*緣 인연 연
*我 나 아:	*液 액체 액	*億 억 억	鉛 납 연
*阿 언덕 아	*額 이마 액	*憶 생각할 억	*宴 잔치 연:

*沿	물따라갈	연(:)	譽	기릴	예:	邕	막힐	옹	*容	얼굴	용
	따를	연(:)		명예	예:	雍	화할	옹	*庸	떳떳할	용
*軟	연할	연:	*銳	날카로울	예:	*瓦	기와	와:	傭	품팔	용
*燕	제비	연(:)	穢	종족이름	예:	*臥	누울	와:	溶	녹을	용
妍	고울	연:		더러울	예:	*完	완전할	완	熔	녹을	용
淵	못	연	睿	슬기	예:	*緩	느릴	완:	瑢	패옥소리	용
硯	벼루	연:	芮	성	예:	莞	빙그레할	완	鎔	쇠녹일	용
衍	넓을	연:	預	미리	예:	*曰	가로	왈	鏞	쇠북	용
*熱	더울	열		맡길	예:	*王	임금	왕	*右	오른	우:
*悅	기쁠	열		참여할	예	*往	갈	왕:	*友	벗	우:
*閱	볼	열	*五	다섯	오:	旺	왕성할	왕:	*牛	소	우
*染	물들	염	*午	낮	오:	汪	넓을	왕(:)	*雨	비	우:
*炎	불꽃	염	*誤	그르칠	오:	倭	왜나라	왜	*優	넉넉할	우
*鹽	소금	염	*悟	깨달을	오:	歪	기울	왜	*遇	만날	우:
厭	싫어할	염:	*烏	까마귀	오	*外	바깥(밖)	외:	*郵	우편	우
閻	마을	염	*傲	거만할	오:	*畏	두려워할	외:	*偶	짝	우:
*葉	잎	엽	*吾	나	오	*曜	빛날	요	*宇	집	우:
燁	빛날	엽	嗚	슬플	오		요일	요	*愚	어리석을	우
*永	길	영:	*娛	즐길	오	*要	요긴할	요(:)	*憂	근심	우
*英	꽃부리	영	*汚	더러울	오	*謠	노래	요	*于	어조사	우
*榮	영화	영	吳	성	오	*搖	흔들	요	*又	또	우:
*映	비칠	영(:)	塢	물가	오	*腰	허리	요	*尤	더욱	우
*營	경영할	영	梧	오동나무	오(:)	遙	멀	요	*羽	깃	우:
*迎	맞을	영	*屋	집	옥	堯	요임금	요	佑	도울	우:
*影	그림자	영:	*玉	구슬	옥	妖	요사할	요	祐	복	우:
*泳	헤엄칠	영:	*獄	옥	옥	姚	예쁠	요	禹	성	우(:)
*詠	읊을	영:	沃	기름질	옥	耀	빛날	요	旭	아침해	욱
暎	비칠	영:	鈺	보배	옥	*浴	목욕할	욕	昱	햇빛밝을	욱
瑛	옥빛	영	*溫	따뜻할	온	*慾	욕심	욕	煜	빛날	욱
盈	찰	영	穩	편안할	온	*欲	하고자할	욕	郁	성할	욱
*藝	재주	예:	*擁	낄	옹:	辱	욕될	욕	頊	삼갈	욱
*豫	맡길	예:	*翁	늙은이	옹	*勇	날랠	용:	*運	옮길	운:
	미리	예:	甕	독	옹:	*用	쓸	용:	*雲	구름	운

*韻	운	운:	*慰	위로할	위	*育	기를	육	*儀	거동	의
*云	이를	운	*謂	이를	위	*肉	고기	육	*疑	의심할	의
芸	향풀	운	*僞	거짓	위	*潤	불을	윤:	宜	마땅	의
蔚	고을이름	울	緯	씨(씨줄)	위	*閏	윤달	윤:	*矣	어조사	의
鬱	답답할	울	*胃	밥통	위	允	맏	윤:	*二	두	이:
*雄	수컷	웅	違	어긋날	위	尹	성	윤:	*以	써	이:
熊	곰	웅	尉	벼슬	위	胤	자손	윤	*耳	귀	이:
*園	동산	원	渭	물이름	위	銃	총	윤	*移	옮길	이
*遠	멀	원:	韋	가죽	위	融	녹을	융	*異	다를	이:
*元	으뜸	원	魏	성	위		융통할	융	*已	이미	이:
*原	언덕	원	*有	있을	유:	*銀	은	은	*夷	오랑캐	이
	근원	원	*油	기름	유	*恩	은혜	은	*而	말이을	이
*院	집	원	*由	말미암을	유	*隱	숨을	은	伊	저	이
*願	원할	원:	*乳	젖	유	垠	지경	은	怡	기쁠	이
*員	인원	원	*儒	선비	유	殷	은나라	은	珥	귀고리	이:
*圓	둥글	원	*遊	놀	유	誾	향기	은	貳	두	이:
*怨	원망할	원(:)	遺	남길	유	*乙	새	을		갖은두	이:
*援	도울	원:	*幼	어릴	유	*音	소리	음	*益	더할	익
*源	근원	원	*幽	그윽할	유	*飮	마실	음(:)	*翼	날개	익
媛	계집	원	悠	멀	유	*陰	그늘	음	翊	도울	익
瑗	구슬	원	*柔	부드러울	유	吟	읊을	음	*人	사람	인
苑	나라동산	원:	*猶	오히려	유	*淫	음란할	음	*因	인할	인
袁	성	원	*維	벼리	유	邑	고을	읍	*印	도장	인
*月	달	월	*裕	넉넉할	유:	泣	울	읍	*引	끌	인
*越	넘을	월	*誘	꾈	유	*應	응할	응:	*認	알	인
*位	자리	위	唯	오직	유	*凝	엉길	응:	*仁	어질	인
*偉	클	위	*惟	생각할	유	鷹	매	응(:)	*忍	참을	인
*爲	할	위(:)	*愈	나을	유	*意	뜻	의:	*姻	혼인	인
*衛	지킬	위	*酉	닭	유	*衣	옷	의	*寅	범	인
*危	위태할	위	兪	대답할	유	*醫	의원	의		동방	인
*圍	에워쌀	위	庾	곳집	유	*義	옳을	의:	刃	칼날	인:
*委	맡길	위	楡	느릅나무	유	*議	의논할	의(:)	*一	한	일
*威	위엄	위	踰	넘을	유	*依	의지할	의	*日	날 해	일 일

*逸	편안할	일	*殘	남을	잔	*災	재앙	재	*典	법	전:
佾	줄춤	일	*暫	잠깐	잠(:)	*財	재물	재		책	전:
壹	한	일	*潛	잠길	잠	*栽	심을	재:	*展	펼	전:
	갖은한	일	蠶	누에	잠	*裁	옷마를	재	*田	밭	전
鎰	무게이름	일	*雜	섞일	잡	*載	실을	재:	*專	오로지	전
*任	맡길	임(:)	*長	긴	장(:)	哉	어조사	재	*轉	구를	전:
*壬	북방	임:		어른	장(:)	*宰	재상	재:	*錢	돈	전:
*賃	품삯	임:	*場	마당	장	*爭	다툴	쟁	*殿	전각	전:
妊	아이밸	임:	*章	글	장	*貯	쌓을	저:	甸	경기	전
*入	들	입	*將	장수	장(:)	*低	낮을	저:	*切	끊을	절
*子	아들	자	*障	막을	장	*底	밑	저:		온통	체
*字	글자	자	*壯	장할	장:	*抵	막을	저:	*節	마디	절
*自	스스로	자	*獎	장려할	장(:)	*著	나타날	저:		절기	절
*者	놈	자	*帳	장막	장	沮	막을	저:	*絶	끊을	절
*姉	손위누이	자	*張	베풀	장	*的	과녁	적	*折	꺾을	절
*姿	모양	자:	*腸	창자	장	*赤	붉을	적	*竊	훔칠	절
*資	재물	자	*裝	꾸밀	장	*敵	대적할	적	*店	가게	점:
*慈	사랑	자	丈	어른	장:	*積	쌓을	적	*占	점령할	점:
*刺	찌를	자:/척	*掌	손바닥	장:	*籍	문서	적		점칠	점
	수라	라	*粧	단장할	장	*績	길쌈	적	*點	점	점(:)
*恣	방자할	자:	*臟	오장	장:	*賊	도둑	적	*漸	점점	점:
	마음대로	자:	*莊	씩씩할	장	*適	맞을	적	*接	이을	접
*玆	이	자	*葬	장사지낼	장:	*寂	고요할	적	*蝶	나비	접
*紫	자주빛	자	*藏	감출	장:	*摘	딸	적	*正	바를	정(:)
滋	불을	자	*墻	담	장	*笛	피리	적	*定	정할	정:
磁	자석	자	庄	전장	장	*跡	발자취	적	*庭	뜰	정
	사기그릇	자	璋	홀	장	*蹟	자취	적	*停	머무를	정
諮	물을	자:	蔣	성	장	*滴	물방울	적	*情	뜻(마음)	정
雌	암컷	자	獐	노루	장	*全	온전	전	*政	정사	정
*作	지을	작	*在	있을	재:	*前	앞	전	*程	한도	정
*昨	어제	작	才	재주	재	*電	번개	전:		길쌈	정
*爵	벼슬	작	*再	두	재:	*戰	싸움	전:	*精	정할	정
*酌	술부을	작	*材	재목	재	*傳	전할	전	*丁	장정	정
	잔질할	작								고무래	정

*整 가지런할	정:	*帝 임금	제:	*拙 졸할	졸	疇 이랑	주
*靜 고요할	정	*諸 모두	제	*種 씨	종(:)	駐 머무를	주:
*井 우물	정(:)	*齊 가지런할	제	*終 마칠	종	*竹 대	죽
*亭 정자	정	*堤 둑	제	*宗 마루	종	*準 준할	준:
*廷 조정	정	劑 약제	제	*從 좇을	종(:)	*俊 준걸	준:
*征 칠	정	*祖 할아비	조	*鍾 쇠북	종	*遵 좇을	준
*淨 깨끗할	정	*朝 아침	조	*縱 세로	종	准 비준	준:
*貞 곧을	정	*操 잡을	조(:)	琮 옥홀	종	埈 높을	준:
*頂 정수리	정	調 고를 곡조	조 조	綜 모을	종	峻 높을	준:
*訂 바로잡을	정	*助 도울	조:	*左 왼	좌:	준엄할	준:
偵 정탐할	정	早 이를	조:	座 자리	좌:	晙 밝을	준:
呈 드릴	정	*造 지을	조:	坐 앉을	좌:	浚 깊게할	준:
旌 기	정	*鳥 새	조	*佐 도울	좌:	濬 깊을	준:
晶 맑을	정	*條 가지	조	*罪 허물	죄:	駿 준마	준:
楨 광나무	정	*潮 조수	조	*主 임금 주인	주 주	*中 가운데	중
汀 물가	정	*組 짤	조			*重 무거울	중
珽 옥이름	정	*兆 억조	조	*住 살	주:	*衆 무리	중
禎 상서로울	정	*照 비칠	조:	*晝 낮	주	*仲 버금	중(:)
艇 큰배	정	*弔 조상할	조:	*注 부을	주:	*卽 곧	즉
鄭 나라	정:	*燥 마를	조	*州 고을	주	*增 더할	증
鼎 솥	정	*租 조세	조	*週 주일	주	*證 증거	증
*弟 아우 제자	제: 제:	彫 새길	조	*走 달릴	주	*憎 미울	증
		措 둘	조	*周 두루	주	*曾 일찍	증
*第 차례	제:	曺 성	조	*朱 붉을	주	*症 증세	증(:)
*題 제목	제	祚 복	조	*酒 술	주:	*蒸 찔	증
*制 절제할	제:	趙 나라	조:	*宙 집	주:	*贈 줄	증
*提 끌	제	釣 낚을	조:	*柱 기둥	주	*地 땅(따)	지
*濟 건널	제:	*足 발	족	*洲 물가	주(:)	*紙 종이	지
*祭 제사	제:	*族 겨레	족	*奏 아뢸	주(:)	*止 그칠	지
*製 지을	제:	*尊 높을	존	*株 그루	주	*知 알	지
*除 덜	제	*存 있을	존	*珠 구슬	주	*志 뜻	지
*際 즈음 가	제: 제:	*卒 마칠 병사	졸 졸	*舟 배	주	*指 가리킬	지
				*鑄 쇠불릴	주	*支 지탱할	지

30

*至	이를	지	晋	진나라	진:	*察	살필	찰	悽	슬퍼할	처:
*持	가질	지	津	나루	진(:)	刹	절	찰	*尺	자	척
*智	지혜	지		진액	진(:)	札	편지	찰	*戚	친척	척
	슬기	지	秦	성	진		패	찰	*拓	넓힐	척
*誌	기록할	지	診	진찰할	진	*參	참여할	참	*斥	물리칠	척
*之	갈	지	*質	바탕	질		석	삼	陟	오를	척
*池	못	지		물을	질	*慘	참혹할	참	隻	외짝	척
*只	다만	지	*疾	병	질	*慙	부끄러울	참	*千	일천	천
*枝	가지	지	*秩	차례	질	斬	벨	참(:)	*天	하늘	천
*遲	더딜	지	*姪	조카	질	*窓	창	창	*川	내	천
	늦을	지	窒	막힐	질	*唱	부를	창:	*泉	샘	천
址	터	지	*集	모을	집	*創	비롯할	창:	*淺	얕을	천:
旨	뜻	지	*執	잡을	집	*倉	곳집	창(:)	*賤	천할	천:
脂	기름	지	輯	모을	집	*昌	창성할	창(:)	*踐	밟을	천:
芝	지초	지	*徵	부를	징	蒼	푸를	창	*薦	천거할	천:
*直	곧을	직	*懲	징계할	징	*暢	화창할	창:	*遷	옮길	천:
*職	직분	직	*次	버금	차	彰	드러날	창	釧	팔찌	천
*織	짤	직	*差	다를	차	敞	시원할	창	*鐵	쇠	철
稙	올벼	직	*此	이	차	昶	해길	창	*哲	밝을	철
稷	피	직	且	또	차:	滄	큰바다	창	*徹	통할	철
*眞	참	진	*借	빌	차:	*採	캘	채:	喆	밝을	철
*進	나아갈	진:		빌릴	차:	*彩	채색	채:	撤	거둘	철
*珍	보배	진	遮	가릴	차(:)	*菜	나물	채:	澈	맑을	철
*盡	다할	진:	*着	붙을	착	*債	빚	채:	*尖	뽀족할	첨
*陣	진칠	진	*捉	잡을	착	埰	사패지	채:	*添	더할	첨
*振	떨칠	진:	*錯	어긋날	착	蔡	성	채:	瞻	볼	첨
*辰	별	진	*讚	기릴	찬:	采	풍채	채:	*妾	첩	첩
	때	신	贊	도울	찬:	*責	꾸짖을	책	諜	염탐할	첩
*鎭	진압할	진(:)	燦	빛날	찬:		책임	책	*靑	푸를	청
*陳	베풀	진:	璨	옥빛	찬:	*冊	책	책	*淸	맑을	청
	묵을	진	瓚	옥잔	찬	*策	꾀	책	*請	청할	청
*震	우레	진:	鑽	뚫을	찬	*處	곳	처:	*廳	관청	청
塵	티끌	진	餐	밥	찬	*妻	아내	처	*聽	들을	청

*晴	갤	청	*秋	가을	추	炊	불땔	취:	*卓	높을	탁
*體	몸	체	*推	밀	추	聚	모을	취	*托	맡길	탁
*替	바꿀	체	*追	쫓을	추	*測	헤아릴	측	*濁	흐릴	탁
*滯	막힐	체		따를	추	*側	곁	측	*濯	씻을	탁
*逮	잡을	체	*抽	뽑을	추	*層	층	층	琢	다듬을	탁
*遞	갈릴	체	*醜	추할	추	*致	이를	치:	託	부탁할	탁
締	맺을	체	楸	가래	추	*治	다스릴	치	*炭	숯	탄:
*草	풀	초	趨	달아날	추	*置	둘	치:	*彈	탄알	탄:
*初	처음	초	鄒	추나라	추	*齒	이	치	*歎	탄식할	탄:
*招	부를	초	*祝	빌	축	*値	값	치	*誕	낳을	탄:
*礎	주춧돌	초	*築	쌓을	축	*恥	부끄러울	치		거짓	탄:
*肖	닮을	초	*蓄	모을	축	*稚	어릴	치	灘	여울	탄
	같을	초	*縮	줄일	축	峙	언덕	치	*脫	벗을	탈
*超	뛰어넘을	초	*丑	소	축	雉	꿩	치	*奪	빼앗을	탈
*抄	뽑을	초	*畜	짐승	축	*則	법칙	칙	*探	찾을	탐
	베낄	초	*逐	쫓을	축		곧	즉	*貪	탐낼	탐
	가로챌	초	蹴	찰	축	*親	친할	친	耽	즐길	탐
*秒	분초	초	軸	굴대	축		어버이	친	*塔	탑	탑
哨	망볼	초	*春	봄	춘	*七	일곱	칠	*湯	끓을	탕:
楚	초나라	초	椿	참죽나무	춘	*漆	옻	칠	*太	클	태
焦	탈	초	*出	날	출	*侵	침노할	침	*態	모습	태:
*促	재촉할	촉	*充	채울	충	*寢	잘	침:	*殆	거의	태
*觸	닿을	촉	*忠	충성	충	*針	바늘	침(:)	*泰	클	태
*燭	촛불	촉	*蟲	벌레	충	*沈	잠길	침(:)	*怠	게으를	태
蜀	나라이름	촉	*衝	찌를	충		성	심:	兌	바꿀	태
*寸	마디	촌:	沖	화할	충	*枕	베개	침		기쁠	열
*村	마을	촌:	衷	속마음	충	*浸	잠길	침:	台	별	태
*總	다	총:	*取	가질	취:	*稱	일컬을	칭	胎	아이밸	태
*銃	총	총	*就	나아갈	취:	*快	쾌할	쾌	颱	태풍	태
*聰	귀밝을	총	*趣	뜻	취:	*他	다를	타	*宅	집	택/댁
*最	가장	최:	*吹	불	취:	*打	칠	타:	*擇	가릴	택
*催	재촉할	최:	*醉	취할	취:	*墮	떨어질	타:	*澤	못	택
崔	성	최:	*臭	냄새	취:	*妥	온당할	타:	*土	흙	토

*討	칠	토(:)	*偏	치우칠	편	*爆	불터질	폭	*漢	한수	한:
*兎	토끼	토	*編	엮을	편	*幅	폭	폭		한나라	한
*吐	토할	토(:)	*遍	두루	편	*表	겉	표	*寒	찰	한
*通	통할	통	扁	작을	편	*票	표	표	*限	한할	한:
*統	거느릴	통:	*平	평평할	평	*標	표할	표	*恨	한	한:
*痛	아플	통:	*評	평할	평	*漂	떠다닐	표	*閑	한가할	한
*退	물러날	퇴:	坪	들	평	杓	북두자루	표	*旱	가물	한:
*投	던질	투	*閉	닫을	폐	*品	물건	품	*汗	땀	한(:)
*鬪	싸움	투	*弊	폐단	폐	*風	바람	풍	邯	조나라서울	한
*透	사무칠	투		해질	폐:	*豊	풍년	풍		사람이름	감
*特	특별할	특	*肺	허파	폐:	*楓	단풍	풍	翰	편지	한:
*波	물결	파	*幣	화폐	폐:	*疲	피곤할	피	*割	벨	할
*破	깨뜨릴	파:	*廢	폐할	폐:	*避	피할	피:	*含	머금을	함
*派	갈래	파		버릴	폐:	*彼	저	피:	*陷	빠질	함:
*把	잡을	파:	*蔽	덮을	폐:	*皮	가죽	피	*咸	다	함
*播	뿌릴	파(:)	*包	쌀(싸다)	포(:)	*被	입을	피:	艦	큰배	함:
*罷	마칠	파:	*布	베	포(:)	*必	반드시	필	*合	합할	합
*頗	자못	파(:)		펼	포(:)	*筆	붓	필	*港	항구	항:
坡	언덕	파		보시	보:	*畢	마칠	필	*航	배	항:
*板	널	판	*砲	대포	포:	*匹	짝	필	*抗	겨룰	항:
*判	판단할	판	*胞	세포	포(:)		하나	필	*恒	항상	항
*版	판목	판	*浦	개	포	弼	도울	필	*項	항목	항:
*販	팔	판	*抱	안을	포:	*下	아래	하:	*巷	거리	항:
阪	언덕	판	*捕	잡을	포:	*夏	여름	하:	亢	높을	항
*八	여덟	팔	*飽	배부를	포:	*河	물	하	沆	넓을	항:
*敗	패할	패:	怖	두려워할	포	*何	어찌	하	*海	바다	해:
*貝	조개	패:	抛	던질	포:	*賀	하례할	하:	*害	해할	해:
覇	으뜸	패:	葡	포도	포	荷	멜	하(:)	*解	풀	해:
彭	성	팽	鋪	펼	포	*學	배울	학	*亥	돼지	해
*便	편할	편(:)		가게	포	*鶴	학	학	*奚	어찌	해
	오줌	변	鮑	절인물고기	포:	虐	모질	학	*該	갖출	해
*篇	책	편	*暴	사나울	폭	*韓	한국	한(:)		마땅	해
*片	조각	편(:)		모질	포:		나라	한(:)	*核	씨	핵

*幸	다행	행:	*穴	굴	혈	*胡	되	호
*行	다닐	행(:)	*嫌	싫어할	혐	*虎	범	호(:)
	항렬	항	*協	화할	협	*豪	호걸	호
杏	살구	행:	*脅	위협할	협	*乎	어조사	호
*向	향할	향:	陜	좁을	협	*互	서로	호
*鄕	시골	향		땅이름	합	*毫	터럭	호
*香	향기	향	峽	골짜기	협	壕	해자	호
*響	울릴	향:	*兄	형	형	扈	따를	호
*享	누릴	향:		맏	형	昊	하늘	호:
*許	허락할	허	*形	모양	형	晧	밝을	호:
	쯤	허	*刑	형벌	형	澔	넓을	호:
*虛	빌	허	*亨	형통할	형	濠	호주	호
*憲	법	헌	*螢	반딧불	형	皓	흴	호:
*獻	드릴	헌	*衡	저울대	형	祜	복	호
*軒	집	헌		가로	횡	鎬	호경	호:
*驗	시험할	험	型	모양	형	*或	혹	혹
*險	험할	험		본뜰	형	*惑	미혹할	혹
*革	가죽	혁	瀅	물맑을	형:	酷	심할	혹
爀	불빛	혁	炯	빛날	형	*婚	혼인할	혼
赫	빛날	혁	瑩	밝을	형	*混	섞을	혼:
*現	나타날	현:		옥돌	형	*魂	넋	혼
*賢	어질	현	邢	성	형	*昏	어두울	혼
*顯	나타날	현:	馨	꽃다울	형	*忽	갑자기	홀
*懸	달	현:	*惠	은혜	혜:	*紅	붉을	홍
*玄	검을	현	*慧	슬기로울	혜:	*洪	넓을	홍
*絃	줄	현	*兮	어조사	혜	*弘	클	홍
*縣	고을	현:	*號	이름	호(:)	*鴻	기러기	홍
峴	고개	현	湖	호수	호	泓	물깊을	홍
弦	시위	현	呼	부를	호	*火	불	화(:)
	초승달	현	*好	좋을	호:	*花	꽃	화
炫	밝을	현	戶	집	호:	*話	말씀	화
鉉	솥귀	현	*護	도울	호:	*和	화할	화
*血	피	혈	*浩	넓을	호:	*畵	그림	화:
							그을	획
*穴	굴	혈	*化	될	화(:)			
*貨	재물	화:						
*華	빛날	화						
*禍	재앙	화:						
*禾	벼	화						
嬅	탐스러울	화						
樺	자작나무	화						
靴	신	화						
*確	굳을	확						
*擴	넓힐	확						
*穫	거둘	확						
*患	근심	환:						
*歡	기쁠	환						
*環	고리	환(:)						
*換	바꿀	환:						
*還	돌아올	환						
*丸	둥글	환						
幻	헛보일	환:						
桓	굳셀	환						
煥	빛날	환:						
*活	살	활						
滑	미끄러울	활						
	익살스러울	골						
*黃	누를	황						
*況	상황	황:						
*皇	임금	황						
*荒	거칠	황						
晃	밝을	황						
滉	깊을	황						
*會	모일	회:						
回	돌아올	회						
灰	재	회						
*悔	뉘우칠	회:						

*懷	품을	회		欽	공경할	흠
廻	돌	회		*吸	마실	흡
檜	전나무	회:		*興	일	흥(:)
淮	물이름	회		*希	바랄	희
*劃	그을	획		喜	기쁠	희
*獲	얻을	획		*戱	놀이	희
*橫	가로	횡		*稀	드물	희
*孝	효도	효:		噫	한숨쉴	희
*效	본받을	효:		姬	계집	희
*曉	새벽	효:		嬉	아름다울	희
*後	뒤	후:		憙	기뻐할	희
*候	기후	후:		熙	빛날	희
*厚	두터울	후:		熹	빛날	희
*侯	제후	후		禧	복	희
后	임금	후:		羲	복희	희
	왕후	후:				
喉	목구멍	후				
*訓	가르칠	훈:				
勳	공	훈				
壎	질나팔	훈				
熏	불길	훈				
薰	향풀	훈				
*毀	헐	훼:				
*揮	휘두를	휘				
*輝	빛날	휘				
徽	아름다울	휘				
*休	쉴	휴				
*携	이끌	휴				
烋	아름다울	휴				
*凶	흉할	흉				
*胸	가슴	흉				
匈	오랑캐	흉				
*黑	검을	흑				

2급 신습한자 ①

*신습한자 : 538자(인명·지명용 한자 : 350자 포함), 총 학습자 : 2,355자(3급 1,817자 포함).
쓰기배정한자 : 1,817자(3급).

형(形)	훈(訓)	음(音)	형(形)	훈(訓)	음(音)	형(形)	훈(訓)	음(音)	형(形)	훈(訓)	음(音)
葛	칡	갈	闕	대궐	궐	藍	쪽	람	矛	창	모
憾	섭섭할	감	閨	안방	규	拉	끌	랍	沐	머리감을	목
坑	구덩이	갱	棋	바둑	기	輛	수레	량	紊	문란할	문
憩	쉴	게	濃	짙을	농	煉	달굴	련	舶	배	박
揭	높이들	게	尿	오줌	뇨	籠	대바구니	롱	搬	운반할	반
雇	품팔	고	尼	여승	니	療	병고칠	료	紡	길쌈	방
戈	창	과	溺	빠질	닉	硫	유황	류	俳	배우	배
瓜	외	과	鍛	쇠불릴	단	謬	그르칠	류	賠	물어줄	배
菓	과자	과	潭	못	담	摩	문지를	마	柏	측백	백
款	항목	관	膽	쓸개	담	痲	저릴	마	閥	문벌	벌
傀	허수아비	괴	垈	집터	대	魔	마귀	마	汎	넓을 뜰	범 범
僑	더부살이	교	戴	일	대	膜	막	막	僻	궁벽할	벽
絞	목맬	교	悼	슬퍼할	도	娩	낳을	만	倂	아우를	병
膠	아교	교	桐	오동나무	동	灣	물굽이	만	俸	녹	봉
歐	구라파 토할	구 구	棟	마룻대	동	蠻	오랑캐	만	縫	꿰맬	봉
購	살	구	藤	등나무	등	網	그물	망	敷	펼	부
鷗	갈매기	구	謄	베낄	등	枚	낱	매	膚	살갗	부
掘	팔	굴	裸	벗을	라	魅	매혹할	매	弗	아닐	불
窟	굴	굴	洛	물이름	락	蔑	업신여길	멸	匪	비적 문채날	비 비
圈	우리	권	爛	빛날	란	帽	모자	모	唆	부추길	사

2급 신습한자 ②

형(形)	훈(訓) 음(音)	형(形)	훈(訓) 음(音)	형(形)	훈(訓) 음(音)	형(形)	훈(訓) 음(音)
赦	용서할 사	癌	암 암	妊	아이밸 임	診	진찰할 진
飼	기를 사	礙	거리낄 애	磁	자석 자 / 사기그릇 자	窒	막힐 질
傘	우산 산	惹	이끌 야	諮	물을 자	輯	모을 집
酸	실 산	孃	아가씨 양	雌	암컷 자	遮	가릴 차
蔘	삼 삼	硯	벼루 연	蠶	누에 잠	餐	밥 찬
插	꽂을 삽	厭	싫어할 염	沮	막을 저	刹	절 찰
箱	상자 상	預	미리 예	偵	정탐할 정	札	편지 찰 / 패 찰
瑞	상서 서	梧	오동 오	呈	드릴 정	斬	벨 참
碩	클 석	穩	편안할 온	艇	큰배 정	彰	드러날 창
繕	기울 선	歪	기울 왜	劑	약제 제	滄	큰바다 창
纖	가늘 섬	妖	요사할 요	彫	새길 조	悽	슬퍼할 처
貰	세놓을 세	傭	품팔 용	措	둘 조	隻	외짝 척
紹	이을 소	熔	녹을 용	釣	낚을 조	撤	거둘 철
盾	방패 순	鬱	답답할 울	綜	모을 종	諜	염탐할 첩
升	되 승	苑	나라동산 원	駐	머무를 주	締	맺을 체
屍	주검 시	尉	벼슬 위	准	비준 준	哨	망볼 초
殖	불릴 식	融	녹을 융 / 융통할 융	旨	뜻 지	焦	탈 초
紳	띠 신	貳	두 이 / 갖은두 이	脂	기름 지	趨	달아날 추
腎	콩팥 신	刃	칼날 인	塵	티끌 진	蹴	찰 축
握	쥘 악	壹	한 일 / 갖은한 일	津	나루 진 / 진액 진	軸	굴대 축

2급 신습한자 ③

형(形)	훈(訓) 음(音)	형(形)	훈(訓) 음(音)	형(形)	훈(訓) 음(音)	형(形)	훈(訓) 음(音)
衷	속마음 충	幻	헛보일 환				
炊	불땔 취	滑	미끄러울 활 익살스러울 골				
琢	다듬을 탁	廻	돌 회				
託	부탁할 탁	喉	목구멍 후				
胎	아이밸 태	勳	공 훈				
颱	태풍 태	噫	한숨쉴 희				
霸	으뜸 패	姬	계집 희				
坪	들 평	熙	빛날 희				
怖	두려워할 포						
抛	던질 포						
鋪	펼 포 가게 포						
虐	모질 학						
翰	편지 한						
艦	큰배 함						
弦	시위 현 초승달 현						
峽	골짜기 협						
型	모형 형 본뜰 형						
濠	호주 호						
酷	심할 혹						
靴	신 화						

2급 인명·지명용 한자 ①

형(形)	훈(訓) 음(音)	형(形)	훈(訓) 음(音)	형(形)	훈(訓) 음(音)	형(形)	훈(訓) 음(音)
伽	절 가	杰	뛰어날 걸	兢	떨릴 긍	乭	이름 돌
柯	가지 가	桀	하왕이름 걸	冀	바랄 기	董	바를 동
軻	수레 가 사람이름 가	甄	질그릇 견 성 진	岐	갈림길 기	杜	막을 두
賈	성 가 장사 고	儆	경계할 경	沂	물이름 기	鄧	나라이름 등
迦	부처이름 가	炅	빛날 경	淇	물이름 기	萊	명아주 래
珏	쌍옥 각	璟	옥빛 경	琦	옥이름 기 기이할 기	亮	밝을 량
杆	몽둥이 간	瓊	구슬 경	琪	아름다운옥 기	樑	들보 량
艮	괘이름 간	皐	언덕 고 부르는소리 고	璣	별이름 기 선기 기	呂	성 려 법칙 려
鞨	오랑캐이름 갈	串	꿸 관 땅이름 곶	箕	키 기	廬	농막집 려
邯	사람이름 감 조나라서울 한	琯	옥피리 관	耆	늙을 기	礪	숫돌 려
岬	곶 갑	槐	회화나무 괴	騏	준마 기	驪	검은말 려
鉀	갑옷 갑	玖	옥돌 구	驥	천리마 기	漣	잔물결 련
姜	성 강	邱	언덕 구	麒	기린 기	濂	물이름 렴
岡	산등성이 강	鞠	성 국 국문할 국	湍	여울 단	玲	옥소리 령
崗	언덕 강	圭	서옥 규	塘	못 당	醴	단술 례
彊	굳셀 강	奎	별 규	悳	큰 덕	盧	성 로
疆	지경 강	揆	헤아릴 규	燾	비칠 도	蘆	갈대 로
价	클 개	珪	홀 규	惇	도타울 돈	魯	노나라 로 노둔할 로
塏	높은땅 개	槿	무궁화 근	燉	불빛 돈	鷺	백로 로
鍵	열쇠 건	瑾	아름다운옥 근	頓	조아릴 돈	遼	멀 료

2급 인명·지명용 한자 ②

형(形)	훈(訓) 음(音)	형(形)	훈(訓) 음(音)	형(形)	훈(訓) 음(音)	형(形)	훈(訓) 음(音)
劉	죽일 류 / 성 류	珉	옥돌 민	輔	도울 보	瑄	도리옥 선
崙	산이름 륜	閔	성 민	馥	향기 복	璇	옥 선
楞	네모질 릉	磻	반계 반	蓬	쑥 봉	璿	구슬 선
麟	기린 린	渤	바다이름 발	傅	스승 부	卨	사람이름 설
靺	말갈 말	鉢	바리때 발	釜	가마 부	薛	성 설
貊	맥국 맥	旁	곁 방	阜	언덕 부	暹	햇살치밀 섬
覓	찾을 멱	龐	높은집 방 / 찰 롱	芬	향기 분	蟾	두꺼비 섬
冕	면류관 면	裵	성 배	鵬	새 붕	陝	땅이름 섬
沔	물이름 면	潘	성 반	丕	클 비	燮	불꽃 섭
俛	힘쓸 면 / 숙일 부	筏	뗏목 벌	毖	삼갈 비	晟	밝을 성
牟	성 모	范	성 범	毘	도울 비	巢	새집 소
茅	띠 모	卞	성 변	泌	분비할 비	沼	못 소
謨	꾀 모	弁	고깔 변	彬	빛날 빈	邵	땅이름 소 / 성 소
穆	화목할 목	昞	밝을 병	馮	탈 빙 / 성 풍	宋	성 송
昴	별이름 묘	昺	밝을 병	泗	물이름 사	洙	물가 수
汶	물이름 문	柄	자루 병	庠	학교 상	銖	저울눈 수
彌	미륵 미 / 오랠 미	炳	불꽃 병	舒	펼 서	隋	수나라 수
旻	하늘 민	秉	잡을 병	奭	클 석	洵	참이름 순
旼	화할 민	潽	물이름 보	晳	밝을 석	淳	순박할 순
玟	아름다운옥돌 민	甫	클 보	錫	주석 석	珣	옥이름 순

2급 인명·지명용 한자 ③

형(形)	훈(訓)	음(音)	형(形)	훈(訓)	음(音)	형(形)	훈(訓)	음(音)	형(形)	훈(訓)	음(音)
舜	순이름	순	暎	비칠	영	溶	녹을	용	魏	성	위
荀	풀이름	순	瑛	옥빛	영	瑢	패옥소리	용	兪	대답할	유
瑟	큰거문고	슬	盈	찰	영	鎔	쇠녹일	용	庾	곳집	유
繩	노끈	승	濊	종족이름 더러울	예 예	鏞	쇠북	용	楡	느릅나무	유
柴	섶	시	睿	슬기	예	佑	도울	우	踰	넘을	유
湜	물맑을	식	芮	성	예	祐	복	우	允	맏	윤
軾	수레가로나무	식	吳	성	오	禹	성	우	尹	성	윤
瀋	즙낼	심	墺	물가	오	旭	아침해	욱	胤	자손	윤
閼	막을	알	沃	기름질	옥	昱	햇빛밝을	욱	鈗	총	윤
鴨	오리	압	鈺	보배	옥	煜	빛날	욱	垠	지경	은
埃	티끌	애	甕	독	옹	郁	성할	욱	殷	은나라	은
艾	쑥	애	邕	막힐	옹	頊	삼갈	욱	誾	향기	은
倻	가야	야	雍	화할	옹	芸	향풀	운	鷹	매	응
襄	도울	양	莞	빙그레할	완	蔚	고을이름	울	伊	저	이
彦	선비	언	旺	왕성할	왕	熊	곰	웅	怡	기쁠	이
妍	고울	연	汪	넓을	왕	媛	계집	원	珥	귀고리	이
淵	못	연	倭	왜나라	왜	瑗	구슬	원	翊	도울	익
衍	넓을	연	堯	요임금	요	袁	성	원	佾	줄춤	일
閻	마을	염	姚	예쁠	요	渭	물이름	위	鎰	무게이름	일
燁	빛날	엽	耀	빛날	요	韋	가죽	위	滋	불을	자

2급 인명·지명용 한자 ④

형(形)	훈(訓)	음(音)	형(形)	훈(訓)	음(音)	형(形)	훈(訓)	음(音)	형(形)	훈(訓)	음(音)
庄	전장	장	晙	밝을	준	釧	팔찌	천	彭	성	팽
璋	홀	장	浚	깊게할	준	喆	밝을	철	扁	작을	편
蔣	성	장	駿	준마	준	澈	맑을	철	葡	포도	포
獐	노루	장	濬	깊을	준	瞻	볼	첨	鮑	절인물고기	포
甸	경기	전	址	터	지	楚	초나라	초	杓	북두자루	표
旌	기	정	芝	지초	지	蜀	나라이름	촉	弼	도울	필
晶	맑을	정	稙	올벼	직	崔	성	최	亢	높을	항
楨	광나무	정	稷	피	직	楸	가래	추	沆	넓을	항
汀	물가	정	晋	진나라	진	鄒	추나라	추	杏	살구	행
珽	옥이름	정	秦	성	진	椿	참죽나무	춘	赫	빛날	혁
禎	상서로울	정	燦	빛날	찬	沖	화할	충	爀	불빛	혁
鄭	나라	정	璨	옥빛	찬	聚	모을	취	峴	고개	현
鼎	솥	정	瓚	옥잔	찬	峙	언덕	치	炫	밝을	현
曺	성	조	鑽	뚫을	찬	雉	꿩	치	鉉	솥귀	현
祚	복	조	敞	시원할	창	灘	여울	탄	陜	좁을	협
趙	나라	조	昶	해길	창	耽	즐길	탐	瀅	물맑을	형
琮	옥홀	종	埰	사패지	채	兌	바꿀/기쁠	태/열	炯	빛날	형
疇	이랑	주	蔡	성	채	台	별	태	瑩	밝을/옥돌	형/영
埈	높을	준	采	풍채	채	坡	언덕	파	邢	성	형
峻	높을	준	陟	오를	척	阪	언덕	판	馨	꽃다울	형

2급 인명·지명용 한자 ⑤

형(形)	훈(訓)	음(音)	형(形)	훈(訓)	음(音)	형(形)	훈(訓)	음(音)	형(形)	훈(訓)	음(音)
壕	해자	호	薰	향풀	훈						
扈	따를	호	徽	아름다울	휘						
昊	하늘	호	烋	아름다울	휴						
晧	밝을	호	匈	오랑캐	흉						
皓	흴	호	欽	공경할	흠						
澔	넓을	호	嬉	아름다울	희						
祜	복	호	禧	복	희						
鎬	호경	호	熹	빛날	희						
泓	물깊을	홍	憙	기뻐할	희						
嬅	탐스러울	화	羲	복희	희						
樺	자작나무	화									
桓	굳셀	환									
煥	빛날	환									
晃	밝을	황									
滉	깊을	황									
檜	전나무	회									
淮	물이름	회									
后	임금	후									
熏	불길	훈									
壎	질나팔	훈									

2급 신습한자 ①

형(形)	훈(訓) 음(音)	형(形)	훈(訓) 음(音)	형(形)	훈(訓) 음(音)	형(形)	훈(訓) 음(音)
葛		闕		藍		矛	
憾		閨		拉		沐	
坑		棋		輛		絮	
憩		濃		煉		舶	
揭		尿		籠		搬	
雇		尼		療		紡	
戈		溺		硫		俳	
瓜		鍛		謬		賠	
菓		潭		摩		柏	
款		膽		痲		閥	
傀		垈		魔		汎	
僑		戴		膜		僻	
絞		悼		娩		倂	
膠		桐		灣		俸	
歐		棟		蠻		縫	
購		藤		網		敷	
鷗		謄		枚		膚	
掘		裸		魅		弗	
窟		洛		蔑		匪	
圈		爛		帽		悛	

2급 신습한자 ②

형(形)	훈(訓) 음(音)	형(形)	훈(訓) 음(音)	형(形)	훈(訓) 음(音)	형(形)	훈(訓) 음(音)
赦		癌		妊		診	
飼		礙		磁		窒	
傘		惹		諮		輯	
酸		孃		雌		遮	
蔘		硯		蠶		餐	
插		厭		沮		刹	
箱		預		偵		札	
瑞		梧		呈		斬	
碩		穩		艇		彰	
繕		歪		劑		滄	
纖		妖		彫		悽	
貰		傭		措		隻	
紹		熔		釣		撤	
盾		鬱		綜		諜	
升		苑		駐		締	
屍		尉		准		哨	
殖		融		旨		焦	
紳		貳		脂		趨	
腎		刃		塵		蹴	
握		壹		津		軸	

2급 신습한자 ③

형(形)	훈(訓) 음(音)	형(形)	훈(訓) 음(音)	형(形)	훈(訓) 음(音)	형(形)	훈(訓) 음(音)	형(形)	훈(訓) 음(音)
衷		幻							
炊		滑							
琢		廻							
託		喉							
胎		勳							
颱		噫							
霸		姬							
坪		熙							
怖									
抛									
鋪									
虐									
翰									
艦									
弦									
峽									
型									
濠									
酷									
靴									

2급 인명·지명용 한자 ①

형(形)	훈(訓) 음(音)	형(形)	훈(訓) 음(音)	형(形)	훈(訓) 음(音)	형(形)	훈(訓) 음(音)
伽		杰		兢		匂	
柯		桀		冀		董	
軻		甄		岐		杜	
賈		儆		沂		鄧	
迦		炅		淇		萊	
珏		璟		琦		亮	
杆		瓊		琪		樑	
艮		皐		璣		呂	
鞨		串		箕		盧	
邯		琯		耆		礪	
岬		槐		騏		驪	
鉀		玖		驥		漣	
姜		邱		麒		濂	
岡		鞠		湍		玲	
崗		圭		塘		醴	
彊		奎		悳		盧	
疆		揆		燾		蘆	
价		珪		惇		魯	
塏		槿		燉		鷺	
鍵		瑾		頓		遼	

2급 인명·지명용 한자 ②

형(形)	훈(訓) 음(音)	형(形)	훈(訓) 음(音)	형(形)	훈(訓) 음(音)	형(形)	훈(訓) 음(音)
劉		珉		輔		瑄	
崙		閔		馥		璇	
楞		磻		蓬		璿	
麟		渤		傅		皐	
靺		鉢		釜		薛	
貊		旁		阜		暹	
覓		龐		芬		蟾	
冕		裵		鵬		陜	
沔		潘		丕		燮	
俛		筏		毖		晟	
牟		范		毘		巢	
茅		卞		泌		沼	
謨		弁		彬		邵	
穆		昞		馮		宋	
昴		昺		泗		洙	
汶		柄		庠		銖	
彌		炳		舒		隋	
旻		秉		奭		洵	
旼		潽		晳		淳	
玟		甫		錫		珣	

2급 인명·지명용 한자 ③

형(形)	훈(訓) 음(音)	형(形)	훈(訓) 음(音)	형(形)	훈(訓) 음(音)	형(形)	훈(訓) 음(音)
舜		暎		溶		魏	
荀		瑛		瑢		兪	
瑟		盈		鎔		庾	
繩		濊		鏞		楡	
柴		睿		佑		踰	
湜		芮		祐		允	
軾		吳		禹		尹	
瀋		墺		旭		胤	
闕		沃		昱		鈗	
鴨		鈺		煜		垠	
埃		甕		郁		殷	
艾		邕		項		閻	
倻		雍		芸		鷹	
襄		莞		蔚		伊	
彦		旺		熊		怡	
妍		汪		媛		珥	
淵		倭		瑗		翊	
衍		堯		袁		佾	
閻		姚		渭		鎰	
燁		耀		韋		滋	

2급 인명·지명용 한자 ④

형(形)	훈(訓) 음(音)	형(形)	훈(訓) 음(音)	형(形)	훈(訓) 음(音)	형(形)	훈(訓) 음(音)
庄		晙		釧		彭	
璋		浚		喆		扁	
蔣		駿		澈		葡	
獐		濬		瞻		鮑	
甸		址		楚		杓	
旌		芝		蜀		弼	
晶		稙		崔		兀	
楨		稷		楸		沆	
汀		晋		鄒		杏	
珽		秦		椿		赫	
禎		燦		沖		爀	
鄭		璨		聚		峴	
鼎		瓚		峙		炫	
曺		鑽		雉		鉉	
祚		敞		灘		陝	
趙		昶		耽		瀅	
琮		垛		兌		炯	
疇		蔡		台		瑩	
埈		采		坡		邢	
峻		陟		阪		馨	

2급 인명·지명용 한자 ⑤

형(形)	훈(訓) 음(音)	형(形)	훈(訓) 음(音)	형(形)	훈(訓) 음(音)	형(形)	훈(訓) 음(音)	형(形)	훈(訓) 음(音)
壕		薰							
扈		徽							
昊		烋							
晧		匈							
皓		欽							
澔		嬉							
祜		禧							
鎬		熹							
泓		憙							
嬅		羲							
樺									
桓									
煥									
晃									
滉									
檜									
淮									
后									
熏									
壎									

2급 신습한자 ①

형(形)	훈(訓) 음(音)	형(形)	훈(訓) 음(音)	형(形)	훈(訓) 음(音)	형(形)	훈(訓) 음(音)
	칡 **갈**		대궐 **궐**		쪽 **람**		창 **모**
	섭섭할 **감**		안방 **규**		끌 **랍**		머리감을 **목**
	구덩이 **갱**		바둑 **기**		수레 **량**		문란할 **문**
	쉴 **게**		짙을 **농**		달굴 **련**		배 **박**
	높이들 **게**		오줌 **뇨**		대바구니 **롱**		운반할 **반**
	품팔 **고**		여승 **니**		병고칠 **료**		길쌈 **방**
	창 **과**		빠질 **닉**		유황 **류**		배우 **배**
	외 **과**		쇠불릴 **단**		그르칠 **류**		물어줄 **배**
	과자 **과**		못 **담**		문지를 **마**		측백 **백**
	항목 **관**		쓸개 **담**		저릴 **마**		문벌 **벌**
	허수아비 **괴**		집터 **대**		마귀 **마**		넓을 **범** 뜰 **범**
	더부살이 **교**		일 **대**		막 **막**		궁벽할 **벽**
	목맬 **교**		슬퍼할 **도**		낳을 **만**		아우를 **병**
	아교 **교**		오동나무 **동**		물굽이 **만**		녹 **봉**
	구라파 **구** 토할 **구**		마룻대 **동**		오랑캐 **만**		꿰맬 **봉**
	살 **구**		등나무 **등**		그물 **망**		펼 **부**
	갈매기 **구**		베낄 **등**		낱 **매**		살갖 **부**
	팔 **굴**		벗을 **라**		매혹할 **매**		아닐 **불**
	굴 **굴**		물이름 **락**		업신여길 **멸**		비적 **비** 문채날 **비**
	우리 **권**		빛날 **란**		모자 **모**		부추길 **사**

2급 신습한자 ②

형(形)	훈(訓)	음(音)	형(形)	훈(訓)	음(音)	형(形)	훈(訓)	음(音)	형(形)	훈(訓)	음(音)
	용서할	사		암	암		아이밸	임		진찰할	진
	기를	사		거리낄	애		자석 사기그릇	자 자		막힐	질
	우산	산		이끌	야		물을	자		모을	집
	실	산		아가씨	양		암컷	자		가릴	차
	삼	삼		벼루	연		누에	잠		밥	찬
	꽂을	삽		싫어할	염		막을	저		절	찰
	상자	상		미리	예		정탐할	정		편지 패	찰 찰
	상서	서		오동	오		드릴	정		벨	참
	클	석		편안할	온		큰배	정		드러날	창
	기울	선		기울	왜		약제	제		큰바다	창
	가늘	섬		요사할	요		새길	조		슬퍼할	처
	세놓을	세		품팔	용		둘	조		외짝	척
	이을	소		녹을	용		낚을	조		거둘	철
	방패	순		답답할	울		모을	종		염탐할	첩
	되	승		나라동산	원		머무를	주		맺을	체
	주검	시		벼슬	위		비준	준		망볼	초
	불릴	식		녹을 융통할	융 융		뜻	지		탈	초
	띠	신		두 갖은두	이 이		기름	지		달아날	추
	콩팥	신		칼날	인		티끌	진		찰	축
	쥘	악		한 갖은한	일 일		나루 진액	진 진		굴대	축

2급 신습한자 ③

형(形)	훈(訓) 음(音)	형(形)	훈(訓) 음(音)	형(形)	훈(訓) 음(音)	형(形)	훈(訓) 음(音)	형(形)	훈(訓) 음(音)
	속마음 충		헛보일 환						
	불땔 취		미끄러울 활 익살스러울 골						
	다듬을 탁		돌 회						
	부탁할 탁		목구멍 후						
	아이밸 태		공 훈						
	태풍 태		한숨쉴 희						
	으뜸 패		계집 희						
	들 평		빛날 희						
	두려워할 포								
	던질 포								
	펼 포 가게 포								
	모질 학								
	편지 한								
	큰배 함								
	시위 현 초승달 현								
	골짜기 협								
	모형 형 본뜰 형								
	호주 호								
	심할 혹								
	신 화								

2급 인명·지명용 한자 ①

형(形)	훈(訓) 음(音)	형(形)	훈(訓) 음(音)	형(形)	훈(訓) 음(音)	형(形)	훈(訓) 음(音)
	절 가		뛰어날 걸		떨릴 긍		이름 돌
	가지 가		하왕이름 걸		바랄 기		바를 동
	성 가 장사 고		질그릇 견 성 진		갈림길 기		막을 두
	수레 가 사람이름 가		경계할 경		물이름 기		나라이름 등
	부처이름 가		빛날 경		물이름 기		명아주 래
	쌍옥 각		옥빛 경		옥이름 기 기이할 기		밝을 량
	몽둥이 간		구슬 경		아름다운옥 기		들보 량
	괘이름 간		언덕 고 부르는소리 고		별이름 기 선기 기		성 려 법칙 려
	오랑캐이름 갈		꿸 관 땅이름 곶		키 기		농막집 려
	사람이름 감 조나라서울 한		옥피리 관		늙을 기		숫돌 려
	곶 갑		회화나무 괴		준마 기		검은말 려
	갑옷 갑		옥돌 구		천리마 기		잔물결 련
	성 강		언덕 구		기린 기		물이름 렴
	산등성이 강		성 국 국문할 국		여울 단		옥소리 령
	언덕 강		서옥 규		못 당		단술 례
	굳셀 강		별 규		큰 덕		성 로
	지경 강		헤아릴 규		비칠 도		갈대 로
	클 개		홀 규		도타울 돈		노나라 로 노둔할 로
	높은땅 개		무궁화 근		불빛 돈		백로 로
	열쇠 건		아름다운옥 근		조아릴 돈		멀 료

2급 인명·지명용 한자 ②

형(形)	훈(訓) 음(音)	형(形)	훈(訓) 음(音)	형(形)	훈(訓) 음(音)	형(形)	훈(訓) 음(音)
	죽일 류 성 류		옥돌 민		도울 보		도리옥 선
	산이름 륜		성 민		향기 복		옥 선
	네모질 릉		반계 반		쑥 봉		구슬 선
	기린 린		바다이름 발		스승 부		사람이름 설
	말갈 말		바리때 발		가마 부		성 설
	맥국 맥		곁 방		언덕 부		햇살치밀 섬
	찾을 멱		높은집 방 찰 롱		향기 분		두꺼비 섬
	면류관 면		성 배		새 붕		땅이름 섬
	물이름 면		성 반		클 비		불꽃 섭
	힘쓸 면 숙일 부		뗏목 벌		삼갈 비		밝을 성
	성 모		성 범		도울 비		새집 소
	띠 모		성 변		분비할 비		못 소
	꾀 모		고깔 변		빛날 빈		땅이름 소 성 소
	화목할 목		밝을 병		탈 빙 성 풍		성 송
	별이름 묘		밝을 병		물이름 사		물가 수
	물이름 문		자루 병		학교 상		저울눈 수
	미륵 미 오랠 미		불꽃 병		펼 서		수나라 수
	하늘 민		잡을 병		클 석		참이름 순
	화할 민		물이름 보		밝을 석		순박할 순
	아름다운옥돌 민		클 보		주석 석		옥이름 순

2급 인명·지명용 한자 ③

형(形)	훈(訓)	음(音)	형(形)	훈(訓)	음(音)	형(形)	훈(訓)	음(音)	형(形)	훈(訓)	음(音)
	순이름	순		비칠	영		녹을	용		성	위
	풀이름	순		옥빛	영		패옥소리	용		대답할	유
	큰거문고	슬		찰	영		쇠녹일	용		곳집	유
	노끈	승		종족이름 더러울	예 예		쇠북	용		느릅나무	유
	섶	시		슬기	예		도울	우		넘을	유
	물맑을	식		성	예		복	우		맏	윤
	수레가로나무	식		성	오		성	우		성	윤
	즙낼	심		물가	오		아침해	욱		자손	윤
	막을	알		기름질	옥		햇빛밝을	욱		총	윤
	오리	압		보배	옥		빛날	욱		지경	은
	티끌	애		독	옹		성할	욱		은나라	은
	쑥	애		막힐	옹		삼갈	욱		향기	은
	가야	야		화할	옹		향풀	운		매	응
	도울	양		빙그레할	완		고을이름	울		저	이
	선비	언		왕성할	왕		곰	웅		기쁠	이
	고울	연		넓을	왕		계집	원		귀고리	이
	못	연		왜나라	왜		구슬	원		도울	익
	넓을	연		요임금	요		성	원		줄춤	일
	마을	염		예쁠	요		물이름	위		무게이름	일
	빛날	엽		빛날	요		가죽	위		불을	자

2급 인명·지명용 한자 ④

형(形)	훈(訓)	음(音)	형(形)	훈(訓)	음(音)	형(形)	훈(訓)	음(音)	형(形)	훈(訓)	음(音)
	전장	장		밝을	준		팔찌	천		성	팽
	홀	장		깊게할	준		밝을	철		작을	편
	성	장		준마	준		맑을	철		포도	포
	노루	장		깊을	준		볼	첨		절인물고기	포
	경기	전		터	지		초나라	초		북두자루	표
	기	정		지초	지		나라이름	촉		도울	필
	맑을	정		올벼	직		성	최		높을	항
	광나무	정		피	직		가래	추		넓을	항
	물가	정		진나라	진		추나라	추		살구	행
	옥이름	정		성	진		참죽나무	춘		빛날	혁
	상서로울	정		빛날	찬		화할	충		불빛	혁
	나라	정		옥빛	찬		모을	취		고개	현
	솥	정		옥잔	찬		언덕	치		밝을	현
	성	조		뚫을	찬		꿩	치		솥귀	현
	복	조		시원할	창		여울	탄		좁을	협
	나라	조		해길	창		즐길	탐		물맑을	형
	옥홀	종		사패지	채		바꿀 기쁠	태 열		빛날	형
	이랑	주		성	채		별	태		밝을 옥돌	형 영
	높을	준		풍채	채		언덕	파		성	형
	높을	준		오를	척		언덕	판		꽃다울	형

2급 인명·지명용 한자 ⑤

형(形)	훈(訓) 음(音)	형(形)	훈(訓) 음(音)	형(形)	훈(訓) 음(音)	형(形)	훈(訓) 음(音)
	해자 호		향풀 훈				
	따를 호		아름다울 휘				
	하늘 호		아름다울 휴				
	밝을 호		오랑캐 흉				
	흴 호		공경할 흠				
	넓을 호		아름다울 희				
	복 호		복 희				
	호경 호		빛날 희				
	물깊을 홍		기뻐할 희				
	탐스러울 화		복희 희				
	자작나무 화						
	굳셀 환						
	빛날 환						
	밝을 황						
	깊을 황						
	전나무 회						
	물이름 회						
	임금 후						
	불길 훈						
	질나팔 훈						

2급-1

葛 (칡 갈)
⧺ 艸 부수 9획, 총 13획. (　)부수 (　)획, 총 (　)획.

葛根　　葛粉　　葛湯　　葛布

憾 (섭섭할 감)
忄 心 부수 13획, 총 16획. (　)부수 (　)획, 총 (　)획.

憾情　　遺憾　　私憾

坑 (구덩이 갱)
土 부수 4획, 총 7획. (　)부수 (　)획, 총 (　)획.

坑口　　坑道　　坑內　　坑夫　　坑木

憩 (쉴 게)
心 부수 12획, 총 16획. (　)부수 (　)획, 총 (　)획.

休憩所　　休憩室

揭 (높이들 게, 걸 게)
扌 手 부수 9획, 총 12획. (　)부수 (　)획, 총 (　)획.

揭:揚　　揭:示　　揭:載

61

2급-1-복습·쓰기장

♣ **아래의 빈칸을 채우시오.**

【금일학습】

葛							
칡 갈							
憾							
섭섭할 감							
坑							
구덩이 갱							
憩							
쉴 게							
揭							
높이들 게							

갈근 갈분 갈탕 갈포
감정 유감 사감
갱구 갱도 갱내 갱부 갱목
휴게소 휴게실
게양 게시 게재

2급-2

월　　　일　【시 간】　　　～
❖ 각 한자어의 독음(讀音)은 바로 뒷면 아랫부분에 ⇩

| 雇 품팔 고 | 隹 부수 4획, 총 12획.　　(　)부수 (　)획, 총 (　)획. |
| | 雇用　　　解雇 |

| 戈 창 과 | 戈 부수 0획, 총 4획.　　(　)부수 (　)획, 총 (　)획. |
| | 戈劍　　　干戈　　　兵戈 |

| 瓜 외 과 | 瓜 부수 0획, 총 5획.　　(　)부수 (　)획, 총 (　)획. |
| | 瓜期　　　瓜年　　　破瓜　　　瓜田不納履 |

| 菓 과자 과 | ⺾ 艸 부수 8획, 총 12획.　(　)부수 (　)획, 총 (　)획. |
| | 菓子　　菓:品　　　茶菓　　　製菓　　　銘菓 |

| 款 항목 관 / 도장 관 | 欠 부수 8획, 총 12획.　(　)부수 (　)획, 총 (　)획. |
| | 落款　　　約款　　　定:款　　　借:款 |

63

2급-2-복습·쓰기장

♣ **아래의 빈칸을 채우시오.** 　　　　　　　　　　　　　　　　　　　【지난학습】

| 칡 갈 | 섭섭할 감 | 구덩이 갱 | 쉴 게 | 높이들 게 |

【금일학습】

| 雇 품팔 고 |
| 戈 창 과 |
| 瓜 외 과 |
| 菓 과자 과 |
| 款 항목 관 |

고용 해고
과검 간과 병과
과기 과년 파과 과전불납리
과자 과품 다과 제과 명과
낙관 약관 정관 차관

2급-3

월　　　일【시　간】　　　~

傀 허수아비 괴	亻人 부수 10획, 총 12획.		( )부수 ( )획, 총 ( )획.			
	傀:奇　　傀:然					
僑 더부살이 교	亻人 부수 12획, 총 14획.		( )부수 ( )획, 총 ( )획.			
	華僑　　僑居　　海外僑胞					
絞 목맬 교	糸 부수 6획, 총 12획.		( )부수 ( )획, 총 ( )획.			
	絞殺　　絞首刑					
膠 아교 교	月肉 부수 11획, 총 15획.		( )부수 ( )획, 총 ( )획.			
	膠着　　膠固　　阿膠　　膠柱鼓瑟					
歐 구라파 구 토할 구	欠 부수 11획, 총 15획.		( )부수 ( )획, 총 ( )획.			
	歐美　　東歐　　歐吐					

2급-3-복습·쓰기장

♣ 아래의 빈칸을 채우시오.

【지난학습】

품팔	고	창	과	외	과	과자	과	항목	관

【금일학습】

傀 허수아비 괴						
僑 더부살이 교						
絞 목맬 교						
膠 아교 교						
歐 구라파 구						

괴기 괴연
화교 교거 해외교포
교살 교수형
교착 교고 아교 교주고슬
구미 동구 구토

2급-4

購 살 구	貝 부수 10획, 총 17획. ( )부수 ( )획, 총 ( )획.
	購入　　購讀　　購買

鷗 갈매기 구	鳥 부수 11획, 총 22획. ( )부수 ( )획, 총 ( )획.
	白鷗

掘 팔 굴	扌手 부수 8획, 총 11획. ( )부수 ( )획, 총 ( )획.
	發掘　　探掘

窟 굴 굴	穴 부수 8획, 총 13획. ( )부수 ( )획, 총 ( )획.
	洞窟　　石窟　　魔窟　　巢窟

圈 우리 권	囗 부수 8획, 총 11획. ( )부수 ( )획, 총 ( )획.
	圈:內　　商圈　　勢力圈　　南極圈

2급-4-복습·쓰기장

♣ **아래의 빈칸을 채우시오.**　　　　　　　　　　　　　　　　　　【지난학습】

허수아비 괴		더부살이 교		목맬 교		아교 교		구라파 구	

【금일학습】

購							
살 구							
鷗							
갈매기 구							
掘							
팔 굴							
窟							
굴 굴							
圈							
우리 권							

구입 구독 구매
백구
발굴 채굴
동굴 석굴 마굴 소굴
권내 상권 세력권 남극권

2급-5

闕 대궐 궐	門 부수 10획, 총 18획.　(　)부수 (　)획, 총 (　)획.				
	宮闕	大闕	闕內	闕漏	闕席

閨 안방 규	門 부수 6획, 총 14획.　(　)부수 (　)획, 총 (　)획.				
	閨房	閨秀			

棋 바둑 기	木 부수 8획, 총 12획.　(　)부수 (　)획, 총 (　)획.				
	棋局	棋譜	棋戰	將:棋	

濃 짙을 농	氵水 부수 13획, 총 16획.　(　)부수 (　)획, 총 (　)획.				
	濃淡	濃度	濃霧	濃厚	

尿 오줌 뇨	尸 부수 4획, 총 7획.　(　)부수 (　)획, 총 (　)획.				
	尿道	排尿	糖尿病	數尿症	夜尿症

♣ **아래의 빈칸을 채우시오.** 【지난학습】

살 구	갈매기 구	팔 굴	굴	굴	우리 권

【금일학습】

闕 대궐 궐					
閨 안방 규					
棋 바둑 기					
濃 짙을 농					
尿 오줌 뇨					

궁궐 대궐 궐내 궐루 궐석
규방 규수
기국 기보 기전 장기
농담 농도 농무 농후
요도 배뇨 당뇨병 삭뇨증 야뇨증

2급-6

尼 여승 니 (이)
尸 부수 2획, 총 5획. ( )부수 ( )획, 총 ( )획.
尼寺　　尼僧　　比丘尼

溺 빠질 닉 (익)
氵水 부수 10획, 총 13획. ( )부수 ( )획, 총 ( )획.
溺死　　耽溺

鍛 쇠불릴 단
金 부수 9획, 총 17획. ( )부수 ( )획, 총 ( )획.
鍛鍊　　鍛造

潭 못 담
氵水 부수 12획, 총 15획. ( )부수 ( )획, 총 ( )획.
潭水　　潭淵　　綠潭　　青潭

膽 쓸개 담
月肉 부수 13획, 총 17획. ( )부수 ( )획, 총 ( )획.
肝:膽　　膽:力　　大:膽　　落膽　　肝:膽相照

♣ 아래의 빈칸을 채우시오.

【지난학습】

| 대궐 궐 | 안방 규 | 바둑 기 | 짙을 농 | 오줌 뇨 |

【금일학습】

尼 여승 니					
溺 빠질 닉					
鍛 쇠불릴 단					
潭 못 담					
膽 쓸개 담					

이사 이승 비구니
익사 탐닉
단련 단조
담수 담연 녹담 청담
간담 담력 대담 낙담 간담상조

2급-7

垈 집터 대	土 부수 5획, 총 8획.	( )부수 ( )획, 총 ( )획.
	垈地　　家垈	

戴 일 대	戈 부수 14획, 총 18획.	( )부수 ( )획, 총 ( )획.
	推戴　　戴:冠式　　　男負女戴	

悼 슬퍼할 도	忄心 부수 8획, 총 11획.	( )부수 ( )획, 총 ( )획.
	哀悼　　追悼	

桐 오동나무 동	木 부수 6획, 총 10획.	( )부수 ( )획, 총 ( )획.
	梧桐	

棟 마룻대 동	木 부수 8획, 총 12획.	( )부수 ( )획, 총 ( )획.
	棟梁　　病棟　　棟梁之材	

아래의 빈칸을 채우시오.

【지난학습】

| 여승 니 | 빠질 닉 | 쇠불릴 단 | 못 담 | 쓸개 담 |

【금일학습】

坮
집터 대

戴
일 대

悼
슬퍼할 도

桐
오동나무 동

棟
마룻대 동

대지 가대
추대 대관식 남부여대
애도 추도
오동
동량 병동 동량지재

월   일 【시 간】   ~

❖ 각 한자어의 독음(讀音)은 바로 뒷면 아랫부분에 ⇩

2급-8

藤 등나무 등	⺾ 艸 부수 15획, 총 19획. (　)부수 (　)획, 총 (　)획.
	藤架　　　葛藤

謄 베낄 등	言 부수 10획, 총 17획. (　)부수 (　)획, 총 (　)획.
	謄寫　　　謄本　　　謄抄本

裸 벗을 라 (나)	衤衣 부수 7획, 총 13획. (　)부수 (　)획, 총 (　)획.
	裸:體　　　半:裸　　　全裸　　　赤裸裸

洛 물이름 락 (낙)	氵水 부수 6획, 총 9획. (　)부수 (　)획, 총 (　)획.
	洛書　　　洛水　　　京洛　　　洛陽紙價貴

爛 빛날 란 (난)	火 부수 17획, 총 21획. (　)부수 (　)획, 총 (　)획.
	爛:漫　　爛:熟　　能手能爛　　百花爛漫

2급-8-복습·쓰기장

♣ **아래의 빈칸을 채우시오.**　　　　　　　　　　　　　　　　　　【지난학습】

집터 대		일 대		슬퍼할 도		오동나무 동		마룻대 동	

【금일학습】

藤							
등나무 등							
謄							
베낄 등							
裸							
벗을 라							
洛							
물이름 락							
爛							
빛날 란							

등가　갈등
등사　등본　등초본
나체　반라　전라　적나라
낙서　낙수　경락　낙양지가귀
난만　난숙　능수능란　백화난만

2급-9

藍 쪽 람(남)	++ 艸 부수 14획, 총 18획. ( )부수 ( )획, 총 ( )획.			
	藍色　　藍實　　青出於藍			

拉 끌 랍(납)	扌 手 부수 5획, 총 8획. ( )부수 ( )획, 총 ( )획.			
	拉枯　　拉致　　被:拉			

輛 수레 량	車 부수 8획, 총 15획. ( )부수 ( )획, 총 ( )획.			
	車輛			

煉 달굴 련(연)	火 부수 9획, 총 13획. ( )부수 ( )획, 총 ( )획.			
	煉獄　　煉乳　　煉炭			

籠 대바구니 롱(농)	竹 부수 16획, 총 22획. ( )부수 ( )획, 총 ( )획.			
	籠球　　籠絡　　籠城　　鳥籠			

♣ 아래의 빈칸을 채우시오. 【지난학습】

| 등나무 **등** | 베낄 **등** | 벗을 **라** | 물이름 **락** | 빛날 **란** |

【금일학습】

藍 쪽 **람**					
拉 끌 **랍**					
輛 수레 **량**					
煉 달굴 **련**					
籠 대바구니 **롱**					

남색 남실 청출어람
납고 납치 피랍
차량
연옥 연유 연탄
농구 농락 농성 조롱

2급-10

療 병고칠 료(요)

疒 부수 12획, 총 17획.　　(　)부수 (　)획, 총 (　)획.

療養　　治療　　醫療　　療飢

硫 유황 류

石 부수 7획, 총 12획.　　(　)부수 (　)획, 총 (　)획.

硫酸　　硫黃

謬 그르칠 류

言 부수 11획, 총 18획.　　(　)부수 (　)획, 총 (　)획.

謬習　　誤謬　　錯謬

摩 문지를 마

扌手 부수 11획, 총 15획.　　(　)부수 (　)획, 총 (　)획.

摩尼　　肩摩　　摩天樓

痲 저릴 마

疒 부수 8획, 총 13획.　　(　)부수 (　)획, 총 (　)획.

痲藥　　痲醉

2급-10-복습·쓰기장

♣ **아래의 빈칸을 채우시오.**　　　　　　　　　　　【지난학습】

쪽	람	끌	랍	수레	량	달굴	련	대바구니	롱

【금일학습】

療 병고칠 료					
硫 유황 류					
謬 그르칠 류					
摩 문지를 마					
痲 저릴 마					

요양　치료　의료　요기
유산　유황
유습　오류　착류
마니　견마　마천루
마약　마취

2급-11

魔 마귀 마	鬼 부수 11획, 총 21획.　　( )부수 ( )획, 총 ( )획.
	魔力　病魔　魔手　魔術　魔法　惡魔

膜 막 막	月 肉 부수 11획, 총 15획.　( )부수 ( )획, 총 ( )획.
	鼓膜　角膜　薄膜　網膜　結膜炎

娩 낳을 만	女 부수 7획, 총 10획.　　( )부수 ( )획, 총 ( )획.
	分娩　　娩:痛

灣 물굽이 만	氵 水 부수 22획, 총 25획.　( )부수 ( )획, 총 ( )획.
	港灣　　臺灣　　玉浦灣　　眞珠灣

蠻 오랑캐 만	虫 부수 19획, 총 25획.　　( )부수 ( )획, 총 ( )획.
	蠻勇　　蠻行　　蠻族　　野蠻

♣ 아래의 빈칸을 채우시오.

【지난학습】

병고칠 **료**		유황 **류**		그르칠 **류**		문지를 **마**		저릴 **마**	

【금일학습】

魔 마귀 **마**								
膜 막 **막**								
娩 낳을 **만**								
灣 물굽이 **만**								
蠻 오랑캐 **만**								

마력 병마 마수 마술 마법 악마
고막 각막 박막 망막 결막염
분만 만통
항만 대만 옥포만 진주만
만용 만행 만족 야만

2급-12

網 그물 망	糸 부수 8획, 총 14획.　　(　)부수 (　)획, 총 (　)획.
	網羅　　法網　　漁網　　投網　　一網打盡

枚 낱 매	木 부수 4획, 총 8획.　　(　)부수 (　)획, 총 (　)획.
	枚數　　枚擧

魅 매혹할 매	鬼 부수 5획, 총 15획.　　(　)부수 (　)획, 총 (　)획.
	魅力　　魅了　　魅惑

蔑 업신여길 멸	⺾ 艸 부수 11획, 총 15획.　　(　)부수 (　)획, 총 (　)획.
	蔑視　　輕蔑

帽 모자 모	巾 부수 9획, 총 12획.　　(　)부수 (　)획, 총 (　)획.
	帽子　　脫帽

2급-12-복습·쓰기장

♣ **아래의 빈칸을 채우시오.**　　　　　　　　　　　　　【지난학습】

마귀	**마**	막	**막**	낳을	**만**	물굽이	**만**	오랑캐	**만**

【금일학습】

網 그물 **망**						
枚 낱 **매**						
魅 매혹할 **매**						
蔑 업신여길 **멸**						
帽 모자 **모**						

망라 법망 어망 투망 일망타진
매수 매거
매력 매료 매혹
멸시 경멸
모자 탈모

2급-13

		矛 부수 0획, 총 5획.	( )부수 ( )획, 총 ( )획.
矛 창 모			
		矛盾	
		氵水 부수 4획, 총 7획.	( )부수 ( )획, 총 ( )획.
沐 머리감을 목			
		沐浴　　沐雨	
		糸 부수 4획, 총 10획.	( )부수 ( )획, 총 ( )획.
紊 문란할 문 어지러울 문			
		紊亂	
		舟 부수 5획, 총 11획.	( )부수 ( )획, 총 ( )획.
舶 배 박			
		船舶　　舶來品	
		扌手 부수 10획, 총 13획.	( )부수 ( )획, 총 ( )획.
搬 운반할 반			
		運搬　　搬出	

2급-13-복습·쓰기장

♣ **아래의 빈칸을 채우시오.** 　　　　　　　　　　　　　　　【지난학습】

그물 **망**	낱 **매**	매혹할 **매**	업신여길 **멸**	모자 **모**	

【금일학습】

矛 창 모							
沐 머리감을 목							
紊 문란할 문							
舶 배 박							
搬 운반할 반							

모순
목욕　목우
문란
선박　박래품
운반　반출

2급-14

紡 길쌈 방	糸 부수 4획, 총 10획.　　(　)부수 (　)획, 총 (　)획.
	紡織　　紡績　　紡絲　　綿紡

俳 배우 배	亻 人 부수 8획, 총 10획.　　(　)부수 (　)획, 총 (　)획.
	俳優

賠 물어줄 배	貝 부수 8획, 총 15획.　　(　)부수 (　)획, 총 (　)획.
	賠償

柏 측백 백	木 부수 5획, 총 9획.　　(　)부수 (　)획, 총 (　)획.
	松柏　　柏子　　側柏

閥 문벌 벌	門 부수 6획, 총 14획.　　(　)부수 (　)획, 총 (　)획.
	閥閱　　門閥　　財閥　　族閥　　學閥　　派閥

♣ 아래의 빈칸을 채우시오.

【지난학습】

| 창 모 | 머리감을 목 | 문란할 문 | 배 박 | 운반할 반 |

【금일학습】

| 紡 길쌈 방 |
| 俳 배우 배 |
| 賠 물어줄 배 |
| 柏 측백 백 |
| 閥 문벌 벌 |

방직 방적 방사 면방
배우
배상
송백 백자 측백
벌열 문벌 재벌 족벌 학벌 파벌

2급-15

汎	氵 水 부수 3획, 총 6획. ( )부수 ( )획, 총 ( )획.
넓을 범 뜰 범	汎愛　　汎舟　　汎稱　　汎神論

僻	亻 人 부수 13획, 총 15획. ( )부수 ( )획, 총 ( )획.
궁벽할 벽	僻字　　僻地　　僻村　　窮僻　　偏僻

倂	亻 人 부수 8획, 총 10획. ( )부수 ( )획, 총 ( )획.
아우를 병	倂:用　　倂:合　　合倂

俸	亻 人 부수 8획, 총 10획. ( )부수 ( )획, 총 ( )획.
녹 봉	俸:給　　俸祿　　減俸　　薄俸　　年俸

縫	糸 부수 11획, 총 17획. ( )부수 ( )획, 총 ( )획.
꿰맬 봉	縫製　　縫合　　裁縫　　彌縫　　天衣無縫

♣ 아래의 빈칸을 채우시오.

【지난학습】

길쌈 **방**		배우 **배**		물어줄 **배**		측백 **백**		문벌 **벌**	

【금일학습】

汎								
넓을 범								
僻								
궁벽할 벽								
倂								
아우를 병								
俸								
녹 봉								
縫								
꿰맬 봉								

범애 범주 범칭 범신론
벽자 벽지 벽촌 궁벽 편벽
병용 병합 합병
봉급 봉록 감봉 박봉 연봉
봉제 봉합 재봉 미봉 천의무봉

2급-16

敷 펼 부	攵 攴 부수 11획, 총 15획. ( )부수 ( )획, 총 ( )획.
	敷設 敷衍

膚 살갗 부	月 肉 부수 11획, 총 15획. ( )부수 ( )획, 총 ( )획.
	皮膚 膚淺 膚敏

弗 아닐 불 (~하지)말 불	弓 부수 2획, 총 5획. ( )부수 ( )획, 총 ( )획.
	弗弗 弗貨 弗豫

匪 비적 비 문채날 비	匸 부수 8획, 총 10획. ( )부수 ( )획, 총 ( )획.
	匪:賊 匪:色 共匪 土匪

唆 부추길 사	口 부수 7획, 총 10획. ( )부수 ( )획, 총 ( )획.
	敎唆 示唆

2급-16-복습·쓰기장

♣ **아래의 빈칸을 채우시오.**　　　　　　　　　　　　　【지난학습】

넓을 **범**		궁벽할 **벽**		아우를 **병**		녹 **봉**		꿰맬 **봉**	

【금일학습】

敷 펼 부						
膚 살갗 부						
弗 아닐 불						
匪 비적 비						
唆 부추길 사						

부설 부연
피부 부천 부민
불불 불화 불예
비적 비색 공비 토비
교사 시사

2급-17

赦	赤 부수 4획, 총 11획.	( )부수 ( )획, 총 ( )획.
용서할 사	赦免　　大赦　　特赦	

飼	食 부수 5획, 총 14획.	( )부수 ( )획, 총 ( )획.
기를 사	飼料　　飼育　　飼育場	

傘	亻 人 부수 10획, 총 12획.	( )부수 ( )획, 총 ( )획.
우산 산	傘下　　陽傘　　雨傘　　核雨傘	

酸	酉 부수 7획, 총 11획.	( )부수 ( )획, 총 ( )획.
실 산	酸性　酸素　酸化　辛酸　黃酸　鹽酸	

蔘	⺿ 艸 부수 11획, 총 15획.	( )부수 ( )획, 총 ( )획.
삼 삼	人蔘　　白蔘　　紅蔘　　高麗蔘	

♣ 아래의 빈칸을 채우시오. 【지난학습】

펼	부	살갗	부	아닐	불	비적	비	부추길	사

【금일학습】

赦 용서할 사									
飼 기를 사									
傘 우산 산									
酸 실 산									
蔘 삼 삼									

사면 대사 특사
사료 사육 사육장
산하 양산 우산 핵우산
산성 산소 산화 신산 황산 염산
인삼 백삼 홍삼 고려삼

2급-18

插 꽂을 삽	扌 手 부수 9획, 총 12획. ( )부수 ( )획, 총 ( )획.
	挿入　　挿畫　　首挿

箱 상자 상	竹 부수 9획, 총 15획. ( )부수 ( )획, 총 ( )획.
	箱子　　蜂箱　　書箱

瑞 상서 서	王 玉 부수 9획, 총 13획.. ( )부수 ( )획, 총 ( )획.
	瑞:氣　瑞:光　瑞:夢　瑞:兆　吉瑞　祥瑞

碩 클 석	石 부수 9획, 총 14획 ( )부수 ( )획, 총 ( )획.
	碩學　　碩士

繕 기울(깁다) 선	糸 부수 12획, 총 18획. ( )부수 ( )획, 총 ( )획.
	繕寫　　修繕　　營繕　　征繕

♣ 아래의 빈칸을 채우시오.

【지난학습】

용서할 사	기를 사	우산 산	실 산	삼	삼

【금일학습】

插 꽂을 삽					
箱 상자 상					
瑞 상서 서					
碩 클 석					
繕 기울 선					

삽입 삽화 수삽
상자 봉상 서상
서기 서광 서몽 서조 길서 상서
석학 석사
선사 수선 영선 정선

2급-19

纖 가늘 섬	糸 부수 17획, 총 23획. ( )부수 ( )획, 총 ( )획.
	纖細　　纖維　　纖纖玉手

貰 세놓을 세	貝 부수 5획, 총 12획. ( )부수 ( )획, 총 ( )획.
	貰家　　月貰　　專貰　　傳貰金　　傳貰房

紹 이을 소	糸 부수 5획, 총 11획. ( )부수 ( )획, 총 ( )획.
	紹介　　紹述　　自己紹介書

盾 방패 순	目 부수 4획, 총 9획. ( )부수 ( )획, 총 ( )획.
	矛盾

升 되 승	十 부수 2획, 총 4획. ( )부수 ( )획, 총 ( )획.
	升平　　升斗之利

2급-19-복습·쓰기장

♣ **아래의 빈칸을 채우시오.**　　　　　　　　　　　　　【지난학습】

꽂을	**삽**	상자	**상**	상서	**서**	클	**석**	기울	**선**

【금일학습】

纖 가늘 섬							
貰 세놓을 세							
紹 이을 소							
盾 방패 순							
升 되 승							

섬세　섬유　섬섬옥수
세가　월세　전세　전세금　전세방
소개　소술　자기소개서
모순
승평　승두지리

2급-20

	尸 부수 6획, 총 9획.	( )부수 ( )획, 총 ( )획.
屍 주검 시		
	屍:體　　檢屍	

	歹 부수 8획, 총 12획.	( )부수 ( )획, 총 ( )획.
殖 불릴 식		
	繁殖　　殖貨　　殖産	

	糸 부수 5획, 총 11획.	( )부수 ( )획, 총 ( )획.
紳 띠 신		
	紳:士淑女　　　紳:士協定	

	月 肉 부수 8획, 총 12획	( )부수 ( )획, 총 ( )획.
腎 콩팥 신		
	腎:臟　　腎:管　　腎:臟炎	

	扌 手 부수 9획, 총 12획.	( )부수 ( )획, 총 ( )획.
握 쥘 악		
	握手　　掌握	

99

♣ **아래의 빈칸을 채우시오.**　　　　　　　　　　　　　　　　　【지난학습】

가늘	섬	세놓을	세	이을	소	방패	순	되	승

【금일학습】

屍									
주검 시									
殖									
불릴 식									
紳									
띠 신									
腎									
콩팥 신									
握									
쥘 악									

시체 검시
번식 식화 식산
신사숙녀 신사협정
신장 신관 신장염
악수 장악

2급-21

癌 (암 암)
疒 부수 12획, 총 17획.　( )부수 ( )획, 총 ( )획.

胃癌　肺癌　乳房癌　子宮癌

礙 (거리낄 애 / 막을 애)
石 부수 14획, 총 19획.　( )부수 ( )획, 총 ( )획.

拘礙　障礙

惹 (이끌 야)
心 부수 9획, 총 13획.　( )부수 ( )획, 총 ( )획.

惹:起

孃 (아가씨 양)
女 부수 17획, 총 20획.　( )부수 ( )획, 총 ( )획.

令孃　金孃

硯 (벼루 연)
石 부수 7획, 총 12획.　( )부수 ( )획, 총 ( )획.

硯石　硯滴　硯池　紙筆墨硯

♣ 아래의 빈칸을 채우시오.

【지난학습】

| 주검 시 | 불릴 식 | 띠 신 | 콩팥 신 | 쥘 악 |

【금일학습】

癌 암 암						
礙 거리낄 애						
惹 이끌 야						
孃 아가씨 양						
硯 벼루 연						

위암 폐암 유방암 자궁암
구애 장애
야기
영양 김양
연석 연적 연지 지필묵연

2급-22

厭	厂 부수 12획, 총 14획.	( )부수 ( )획, 총 ( )획.
싫어할 염	厭:世　　厭:症	

預	頁 부수 4획, 총 13획.	( )부수 ( )획, 총 ( )획.
미리 맡길 참여할 예예예	預:託　　預:金　　預:度　　參預	

梧	木 부수 7획, 총 11획.	( )부수 ( )획, 총 ( )획.
오동 오	碧梧桐	

穩	禾 부수 14획, 총 19획.	( )부수 ( )획, 총 ( )획.
편안할 온	穩健　　穩當　　平穩　　安穩	

歪	止 부수 5획, 총 9획.	( )부수 ( )획, 총 ( )획.
기울 왜	歪曲　　歪曲報道	

♣ 아래의 빈칸을 채우시오.　　　　　　　　　　【지난학습】

| 암 **암** | 거리낄 **애** | 이끌 **야** | 아가씨 **양** | 벼루 **연** |

【금일학습】

| 厭 싫어할 **염** |
| 預 미리 **예** |
| 梧 오동 **오** |
| 穩 편안할 **온** |
| 歪 기울 **왜** |

염세 염증
예탁 예금 예탁 참예
벽오동
온건 온당 평온 안온
왜곡 왜곡보도

2급-23

妖	女 부수 4획, 총 7획.	( )부수 ( )획, 총 ( )획.
요사할 요	妖怪　　妖妄　　妖物　　妖邪	

傭	亻 人 부수 11획, 총 13획.	( )부수 ( )획, 총 ( )획.
품팔 용	傭兵　　傭員　　傭人　　雇傭	

熔	火 부수 10획, 총 14획.	( )부수 ( )획, 총 ( )획.
녹을 용	熔岩　　熔接　　熔解　　熔融點	

鬱	鬯 부수 19획, 총 29획.	( )부수 ( )획, 총 ( )획.
답답할 울	鬱憤　鬱寂　鬱蒼　憂鬱　鬱陵島	

苑	⺾ 艸 부수 5획, 총 9획.	( )부수 ( )획, 총 ( )획.
나라동산 원	秘苑　　禁苑　　文苑　　藝苑	

2급-23-복습·쓰기장

♣ **아래의 빈칸을 채우시오.**　　　　　　　　　　　　　　　【지난학습】

싫어할 **염**		미리 **예**		오동 **오**		편안할 **온**		기울 **왜**	

【금일학습】

妖 요사할 **요**					
傭 품팔 **용**					
熔 녹을 **용**					
鬱 답답할 **울**					
苑 나라동산 **원**					

요괴　요망　요물　요사
용병　용원　용인　고용
용암　용접　용해　용융점
울분　울적　울창　우울　울릉도
비원　금원　문원　예원

월 일 【시간】 ~

尉 벼슬 위	寸 부수 8획, 총 11획. ( )부수 ( )획, 총 ( )획.
	尉官　　大尉　　中尉　　少尉　　准:尉

融 녹을 융 / 융통할 융	虫 부수 10획, 총 16획. ( )부수 ( )획, 총 ( )획.
	融合　　融化　　融和　　融資　　融通

貳 두 이 / 갖은두 이	貝 부수 5획, 총 12획. ( )부수 ( )획, 총 ( )획.
	貳車　　貳相　　貳心　　副貳　　貳十億

刃 칼날 인	刀 부수 1획, 총 3획. ( )부수 ( )획, 총 ( )획.
	刃傷　　白刃　　白刃

壹 한 일 / 갖은한 일	士 부수 9획, 총 12획. ( )부수 ( )획, 총 ( )획.
	壹意　　壹萬金

♣ 아래의 빈칸을 채우시오.

【지난학습】

요사할 **요**		품팔 **용**		녹을 **용**		답답할 **울**		나라동산 **원**	

【금일학습】

尉									
벼슬 **위**									
融									
녹을 **융**									
貳									
두 **이**									
刃									
칼날 **인**									
壹									
한 **일**									

위관 대위 중위 소위 준위
융합 융화 융화 융자 융통
이차 이상 이심 부이 이십억
인상 백인 자인
일의 일만금

2급-25

월   일 【시간】   ~

❖ 각 한자어의 독음(讀音)은 바로 뒷면 아랫부분에 ⇩

妊	女 부수 4획, 총 7획.	( )부수 ( )획, 총 ( )획.
아이밸 임	不妊 懷妊 妊:産婦	

磁	石 부수 10획, 총 15획.	( )부수 ( )획, 총 ( )획.
자석 자 / 사기그릇 자	磁力 磁石 磁器 磁針 磁氣場	

諮	言 부수 9획, 총 16획.	( )부수 ( )획, 총 ( )획.
물을 자	諮問	

雌	隹 부수 5획, 총 13획.	( )부수 ( )획, 총 ( )획.
암컷 자	雌伏 雌雄 雌花	

蠶	虫 부수 18획, 총 24획.	( )부수 ( )획, 총 ( )획.
누에 잠	蠶室 蠶食 蠶農 養蠶 蠶頭雁尾	

109

♣ 아래의 빈칸을 채우시오.

【지난학습】

벼슬 **위**	녹을 **융**	두 **이**	칼날 **인**	한 **일**

【금일학습】

妊				
아이밸 **임**				
磁				
자석 **자**				
諮				
물을 **자**				
雌				
암컷 **자**				
蠶				
누에 **잠**				

불임 회임 임산부
자력 자석 자기 자침 자기장
자문
자복 자웅 자화
잠실 잠식 잠농 양잠 잠두안미

2급-26　　　　　　　월　　일 【시 간】　　　　~

沮 막을 저	氵 水 부수 8획, 총 11획. ( )부수 ( )획, 총 ( )획.
	沮止　　沮害

偵 정탐할 정	亻 人 부수 9획, 총 11획. ( )부수 ( )획, 총 ( )획.
	偵察　　偵探　　密偵　　探偵

呈 드릴 정	口 부수 4획, 총 7획. ( )부수 ( )획, 총 ( )획.
	呈納　　謹呈　　露呈　　贈呈　　獻呈

艇 큰배 정	舟 부수 7획, 총 13획. ( )부수 ( )획, 총 ( )획.
	小艇　　舟艇　　飛行艇　　快速艇　　救命艇

劑 약제 제	刂 刀 부수 14획, 총 16획. ( )부수 ( )획, 총 ( )획.
	藥劑　　調劑　　洗劑　　湯劑　　止血劑　　抗生劑

♣ **아래의 빈칸을 채우시오.**　　　　　　　　　　　　　【지난학습】

| 아이밸 **임** | 자석 **자** | 물을 **자** | 암컷 **자** | 누에 **잠** |

【금일학습】

沮 막을 저					
偵 정탐할 정					
呈 드릴 정					
艇 큰배 정					
劑 약제 제					

저지　저해
정찰　정탐　밀정　탐정
정납　근정　노정　증정　헌정
소정　주정　비행정　쾌속정　구명정
약제　조제　세제　탕제　지혈제　항생제

2급-27

彫 새길 조
彡 부수 8획, 총 11획.   ( )부수 ( )획, 총 ( )획.
彫刻   彫琢

措 둘 조
扌 手 부수 8획, 총 11획.   ( )부수 ( )획, 총 ( )획.
措置   措處   緊急措置   應急措處

釣 낚을 조
金 부수 3획, 총 11획.   ( )부수 ( )획, 총 ( )획.
釣:船   釣:魚   出釣

綜 모을 종
糸 부수 8획, 총 14획.   ( )부수 ( )획, 총 ( )획.
綜合   綜合的

駐 머무를 주
馬 부수 5획, 총 15획.   ( )부수 ( )획, 총 ( )획.
駐:在   駐:車   駐:屯   駐:美   駐:韓   常駐

♣ **아래의 빈칸을 채우시오.** 【지난학습】

막을 **저**		정탐할 **정**		드릴 **정**		큰배 **정**		약제 **제**	

【금일학습】

彫 새길 조								
措 둘 조								
釣 낚을 조								
綜 모을 종								
駐 머무를 주								

조각 조탁
조치 조처 긴급조치 응급조처
조선 조어 출조
종합 종합적
주재 주차 주둔 주미 주한 상주

2급-28

准 비준 준	冫 부수 8획, 총 10획.	( )부수 ( )획, 총 ( )획.
	批准　　認准　　准:尉　　准:將	

旨 뜻 지	日 부수 2획, 총 6획.	( )부수 ( )획, 총 ( )획.
	趣旨　論旨　本旨　要旨　主旨　都承旨	

脂 기름 지	月 肉 부수 6획, 총 10획.	( )부수 ( )획, 총 ( )획.
	樹脂　　牛脂　　乳脂　　油脂　　脫脂綿	

塵 티끌 진	土 부수 11획, 총 14획.	( )부수 ( )획, 총 ( )획.
	塵土　　落塵　　粉塵　　風塵　　塵肺症	

津 나루 진 / 진액 진	氵 水 부수 6획, 총 9획.	( )부수 ( )획, 총 ( )획.
	津液　　津渡　　康津　　會津　　唐津　　河津	

♣ **아래의 빈칸을 채우시오.** 【지난학습】

새길 **조**		둘 **조**		낚을 **조**		모을 **종**		머무를 **주**	

【금일학습】

准 비준 준									
旨 뜻 지									
脂 기름 지									
塵 티끌 진									
津 나루 진									

비준 인준 준위 준장
취지 논지 본지 요지 주지 도승지
수지 우지 유지 유지 탈지면
진토 낙진 분진 풍진 진폐증
진액 진도 강진 회진 당진 하진

2급-29

診 진찰할 진
言 부수 5획, 총 12획.　　(　)부수 (　)획, 총 (　)획.

診斷　　診療　　診脈　　診察　　檢診　　休診

窒 막힐 질
穴 부수 6획, 총 11획.　　(　)부수 (　)획, 총 (　)획.

窒酸　　窒塞　　窒息　　窒素肥料

輯 모을 집
車 부수 9획, 총 16획.　　(　)부수 (　)획, 총 (　)획.

特輯　　編輯　　抄輯　　編輯權

遮 가릴 차
辶 부수 11획, 총 15획.　　(　)부수 (　)획, 총 (　)획.

遮光　　遮斷　　遮陽　　遮蔽　　遮斷機

餐 밥 찬
食 부수 7획, 총 16획.　　(　)부수 (　)획, 총 (　)획.

午餐　　晚餐　　朝餐

♣ 아래의 빈칸을 채우시오. 【지난학습】

비준	**준**	뜻	**지**	기름	**지**	티끌	**진**	나루	**진**

【금일학습】

診 진찰할 진									
窒 막힐 질									
輯 모을 집									
遮 가릴 차									
餐 밥 찬									

진단 진료 진맥 진찰 검진 휴진
질산 질색 질식 질소비료
특집 편집 초집 편집권
차광 차단 차양 차폐 차단기
오찬 만찬 조찬

2급-30

刹 절 찰	刂 刀 부수 6획, 총 8획.	( )부수 ( )획, 총 ( )획.			
	刹那	寺刹	古刹	名山大刹	
札 편지 찰 패 찰	木 부수 1획, 총 5획.	( )부수 ( )획, 총 ( )획.			
	名札	書札	改札	落札	入札公告
斬 벨 참	斤 부수 7획, 총 11획.	( )부수 ( )획, 총 ( )획.			
	斬首	斬新	斬刑		
彰 드러날 창	彡 부수 11획, 총 14획.	( )부수 ( )획, 총 ( )획.			
	表彰				
滄 큰바다 창	氵 水 부수 10획, 총 13획.	( )부수 ( )획, 총 ( )획.			
	滄浪	滄茫	滄海	滄波	滄海一粟

♣ **아래의 빈칸을 채우시오.**　　　　　　　　　　　　　　　　【지난학습】

진찰할 **진**		막힐 **질**		모을 **집**		가릴 **차**	밥 **찬**	

【금일학습】

刹 절 **찰**							
札 편지 **찰**							
斬 벨 **참**							
彰 드러날 **창**							
滄 큰바다 **창**							

찰나　사찰　고찰　명산대찰
명찰　서찰　개찰　낙찰　입찰공고
참수　참신　참형
표창
창랑　창망　창해　창파　창해일속

悽 슬퍼할 처	忄心 부수 8획, 총 11획. ( )부수 ( )획, 총 ( )획.
	悽慘

隻 외짝 척	隹 부수 2획, 총 10획. ( )부수 ( )획, 총 ( )획.
	隻手　　隻言

撤 거둘 철	扌手 부수 12획, 총 15획. ( )부수 ( )획, 총 ( )획.
	撤去　撤軍　撤收　撤市　撤廢　不撤晝夜

諜 염탐할 첩	言 부수 9획, 총 16획. ( )부수 ( )획, 총 ( )획.
	諜報　　諜者　　間諜　　防諜

締 맺을 체	糸 부수 9획, 총 15획. ( )부수 ( )획, 총 ( )획.
	締結　　締盟　　取締役

♣ 아래의 빈칸을 채우시오.　　　　　　　　　　　　　【지난학습】

절	**擦**	편지	**札**	벨	**站**	드러날	**彰**	큰바다	**滄**

【금일학습】

悽 슬퍼할 처									
隻 외짝 척									
撤 거둘 철									
諜 염탐할 첩									
締 맺을 체									

처참
척수 척언
철거 철군 철수 철시 철폐 불철주야
첩보 첩자 간첩 방첩
체결 체맹 취체역

2급-32

哨 망볼 초	口 부수 7획, 총 10획.　　(　)부수 (　)획, 총 (　)획.	
	哨兵　哨所　步哨　哨戒艇　前哨戰	
焦 탈 초	灬 火 부수 8획, 총 12획.　(　)부수 (　)획, 총 (　)획.	
	焦心　焦點　焦燥　焦土化　焦眉之急　勞心焦思	
趨 달아날 추	走 부수 10획, 총 17획.　(　)부수 (　)획, 총 (　)획.	
	趨勢　歸趨	
蹴 찰 축	足 부수 12획, 총 19획.　(　)부수 (　)획, 총 (　)획.	
	蹴球　一蹴	
軸 굴대 축	車 부수 5획, 총 12획.　(　)부수 (　)획, 총 (　)획.	
	機軸　主軸　車軸　天方地軸	

2급-32-복습·쓰기장

♣ **아래의 빈칸을 채우시오.**　　　　　　　　　　　　　　　　　　　　【지난학습】

슬퍼할 **처**		외짝 **척**		거둘 **철**		염탐할 **첩**		맺을 **체**	

【금일학습】

哨							
망볼 **초**							
焦							
탈 **초**							
趨							
달아날 **추**							
蹴							
찰 **축**							
軸							
굴대 **축**							

초병　초소　보초　초계정　전초전
초심　초점　초조　초토화　초미지급　노심초사
추세　귀추
축구　일축
기축　주축　차축　천방지축

2급-33

衷 속마음 충	衣 부수 4획, 총 10획. ( )부수 ( )획, 총 ( )획.
	衷心　　衷誠　　衷情　　苦衷　　折衷

炊 불땔 취	火 부수 4획, 총 8획. ( )부수 ( )획, 총 ( )획.
	炊:事　　自炊

琢 다듬을 탁	王 玉 부수 8획, 총 12획. ( )부수 ( )획, 총 ( )획.
	琢磨　　彫琢

託 부탁할 탁	言 부수 7획, 총 10획. ( )부수 ( )획, 총 ( )획.
	託送　付託　寄託　結託　信託　預託　依託　託兒所

胎 아이밸 태	月 肉 부수 5획, 총 9획. ( )부수 ( )획, 총 ( )획.
	胎敎　胎氣　胎兒　受胎　胎生地　換骨奪胎

125

♣ 아래의 빈칸을 채우시오.

【지난학습】

망볼 **초**		탈 **초**		달아날 **추**		찰 **축**		굴대 **축**	

【금일학습】

衷 속마음 **충**									
炊 불땔 **취**									
琢 다듬을 **탁**									
託 부탁할 **탁**									
胎 아이밸 **태**									

충심 충성 충정 고충 절충
취사 자취
탁마 조탁
탁송 부탁 기탁 결탁 신탁 예탁 의탁 탁아소
태교 태기 태아 수태 태생지 환골탈태

2급-34

颱 태풍 태
風 부수 5획, 총 14획.　(　)부수 (　)획, 총 (　)획.
颱風

霸 으뜸 패
雨 부수 13획, 총 21획.　(　)부수 (　)획, 총 (　)획.
霸:權　　霸:氣　　霸:王　　霸:者　　制霸

坪 들 평
土 부수 5획, 총 8획.　(　)부수 (　)획, 총 (　)획.
坪當　　坪數　　建坪　　延坪數　　延建坪

怖 두려워할 포
忄心 부수 5획, 총 8획.　(　)부수 (　)획, 총 (　)획.
恐怖　　怖畏

抛 던질 포
扌手 부수 4획, 총 7획.　(　)부수 (　)획, 총 (　)획.
抛:棄　　抛:物線

♣ **아래의 빈칸을 채우시오.**　　　　　　　　　　　　　　　　　【지난학습】

속마음 **충**	불땔 **취**	다듬을 **탁**	부탁할 **탁**	아이밸 **태**	

【금일학습】

颱 태풍 **태**						
霸 으뜸 **패**						
坪 들 **평**						
怖 두려워할 **포**						
抛 던질 **포**						

태풍
패권 패기 패왕 패자 제패
평당 평수 건평 연평수 연건평
공포 포외
포기 포물선

2급-35

鋪	金 부수 7획, 총 15획.　　(　　)부수 (　　)획, 총 (　　)획.
펼　포	
가게　포	鋪道　　店鋪　　典當鋪　　紙物鋪　　鋪裝道路

虐	虍 부수 3획, 총 9획.　　(　　)부수 (　　)획, 총 (　　)획.
모질　학	虐待　　虐殺　　虐政　　自虐　　殘虐　　暴虐無道

翰	羽 부수 10획, 총 16획.　　(　　)부수 (　　)획, 총 (　　)획.
편지　한	書翰　　公翰　　筆翰　　翰林院

艦	舟 부수 14획, 총 20획.　　(　　)부수 (　　)획, 총 (　　)획.
큰배　함	艦隊　艦上　艦船　艦長　軍艦　戰艦　航空母艦

弦	弓 부수 5획, 총 8획.　　(　　)부수 (　　)획, 총 (　　)획.
시위　현	
초승달　현	弦管　　上:弦　　下:弦　　弦樂器

♣ **아래의 빈칸을 채우시오.** 【지난학습】

태풍 **태**		으뜸 **패**		들 **평**		두려워할 **포**		던질 **포**	

【금일학습】

鋪 펼 포					
虐 모질 학					
翰 편지 한					
艦 큰배 함					
弦 시위 현					

포도 점포 전당포 지물포 포장도로
학대 학살 학정 자학 잔학 포학무도
서한 공한 필한 한림원
함대 함상 함선 함장 군함 전함 항공모함
현관 상현 하현 현악기

峽 골짜기 협	山 부수 7획, 총 10획. ( )부수 ( )획, 총 ( )획.
	峽谷　　　海峽
型 모형 형 본뜰 형	土 부수 6획, 총 9획. ( )부수 ( )획, 총 ( )획.
	舊型　金型　模型　典型　流線型　選多型　血液型
濠 호주 호	氵水 부수 14획, 총 17획. ( )부수 ( )획, 총 ( )획.
	濠洲
酷 심할 혹	酉 부수 7획, 총 14획. ( )부수 ( )획, 총 ( )획.
	酷毒　酷吏　酷暑　酷評　酷寒　冷酷　殘酷　慘酷
靴 신 화	革 부수 4획, 총 13획. ( )부수 ( )획, 총 ( )획.
	軍靴　　長靴　　洋靴店　　室內靴　　製靴工

♣ **아래의 빈칸을 채우시오.**　　　　　　　　　　　　　　　　【지난학습】

펄	**포**	모질	**학**	편지	**한**	큰배	**함**	시위	**현**		

【금일학습】

峽 골짜기 **협**							
型 모형 **형**							
濠 호주 **호**							
酷 심할 **혹**							
靴 신 **화**							

협곡 해협
구형 금형 모형 전형 유선형 선다형 혈액형
호주
혹독 혹리 혹서 혹평 혹한 냉혹 잔혹 참혹
군화 장화 양화점 실내화 제화공

2급-37

幻
헛보일 환

幺 부수 1획, 총 4획.   (   )부수 (   )획, 총 (   )획.

幻滅   幻想   幻生   幻影   幻聽   幻覺劑   幻燈機

滑
미끄러울 활
익살스러울 골

氵 水 부수 10획, 총 13획.   (   )부수 (   )획, 총 (   )획.

滑降   滑空   圓滑   滑走路   潤滑油

廻
돌 회

廴 부수 6획, 총 9획.   (   )부수 (   )획, 총 (   )획.

輪廻   巡廻   上廻   左廻轉   輪廻轉生

喉
목구멍 후

口 부수 9획, 총 12획.   (   )부수 (   )획, 총 (   )획.

喉頭   喉舌   喉頭炎

勳
공 훈

力 부수 14획, 총 16획.   (   )부수 (   )획, 총 (   )획.

勳爵   勳章   功勳   武勳   賞勳   敍勳   報勳處

♣ 아래의 빈칸을 채우시오.

【지난학습】

골짜기 **협**	모양 **형**	호주 **호**	심할 **혹**	신 **화**

【금일학습】

幻 헛보일 **환**							
滑 미끄러울 **활**							
廻 돌 회							
喉 목구멍 **후**							
勳 공 훈							

환멸 환상 환생 환영 환청 환각제 환등기
활강 활공 원활 활주로 윤활유
윤회 순회 상회 좌회전 윤회전생
후두 후설 후두염
훈작 훈장 공훈 무훈 상훈 서훈 보훈처

2급-38

噫	口 부수 13획, 총 16획.	( )부수 ( )획, 총 ( )획.
한숨쉴 희	噫嗚	

姬	女 부수 6획, 총 9획.	( )부수 ( )획, 총 ( )획.
계집 희	舞姬　　歌姬　　美姬	

熙	灬 火 부수 9획, 총 13획.	( )부수 ( )획, 총 ( )획.
빛날 희	熙笑　　熙熙壤壤	

♣ 아래의 빈칸을 채우시오.

【지난학습】

헛보일 **환**	미끄러울 **활**	돌 **회**	목구멍 **후**	공 **훈**

【금일학습】

噫 한숨쉴 희				
姬 계집 희				
熙 빛날 희				

희오
무희 가희 미희
희소 희희양양

2급-39-성명·지명용

| 伽 절 가 | 亻人 부수 5획, 총 7획. ( )부수 ( )획, 총 ( )획. |
| | 伽藍　僧伽　伽倻山　伽倻琴　金官伽倻 |

| 柯 가지 가 | 木 부수 5획, 총 9획. ( )부수 ( )획, 총 ( )획. |
| | 南柯一夢　　柯葉　柯條 |

| 軻 수레 가 / 사람이름 가 | 車 부수 5획, 총 12획. ( )부수 ( )획, 총 ( )획. |
| | 孟軻　走軻 |

| 賈 성 가 / 장사 고 | 貝 부수 6획, 총 13획. ( )부수 ( )획, 총 ( )획. |
| | 賈島　商賈　賈船　賈怨 |

| 迦 부처이름 가 | 辶辵 부수 5획, 총 9획. ( )부수 ( )획, 총 ( )획. |
| | 釋迦牟尼 |

2급-39-복습·쓰기장

♣ **아래의 빈칸을 채우시오.**　　　　　　　　　　　　　　　　　【지난학습】

한숨쉴 희	계집 희	빛날 희		

【금일학습】

伽 절 가					
柯 가지 가					
軻 수레 가					
賈 성 가					
迦 부처이름 가					

가람 승가 가야산 가야금 금관가야
남가일몽 가엽 가조
맹가 주가
가도 상고 고선 고원
석가모니

2급-40-성명·지명용

珏 쌍옥 각	王玉 부수 5획, 총 9획.	( )부수 ( )획, 총 ( )획.		
杆 몽둥이 간	木 부수 3획, 총 7획.	( )부수 ( )획, 총 ( )획.		
	杆城　　欄杆			
艮 괘이름 간	艮 부수 0획, 총 6획.	( )부수 ( )획, 총 ( )획.		
	艮卦　　艮方			
鞨 오랑캐이름 갈	革 부수 9획, 총 18획.	( )부수 ( )획, 총 ( )획.		
	靺鞨族			
邯 사람이름 감 조나라서울 한	阝邑 부수 5획, 총 8획.	( )부수 ( )획, 총 ( )획.		
	姜邯贊　　邯鄲(단)之夢			

♣ 아래의 빈칸을 채우시오.　　　　　　　　　　　　　【지난학습】

절	가	가지	가	수레	가	성	가	부처이름	가

【금일학습】

珏 쌍옥 각							
杆 몽둥이 간							
艮 괘이름 간							
鞨 오랑캐이름 갈							
邯 사람이름 감							

간성　난간
간괘　간방
말갈족
강감찬　한단지몽

2급-41-성명·지명용

월   일 【시간】   ~

岬 곳 갑	山 부수 5획, 총 8획.	( )부수 ( )획, 총 ( )획.
	岬角 岬寺 岬城	
鉀 갑옷 갑	金 부수 5획, 총 13획.	( )부수 ( )획, 총 ( )획.
	貫鉀	
姜 성 강	女 부수 6획, 총 9획.	( )부수 ( )획, 총 ( )획.
	姜氏 姜太公 姜希顔	
岡 산등성이 강	山 부수 5획, 총 8획.	( )부수 ( )획, 총 ( )획
	岡陵 福岡	
崗 언덕 강	山 부수 8획, 총 11획.	( )부수 ( )획, 총 ( )획.
	花崗巖	

♣ 아래의 빈칸을 채우시오.

【지난학습】

| | | 쌍옥 **각** | 몽둥이 **간** | 괘이름 **간** | 오랑캐이름 **갈** | 사람이름 **감** |

【금일학습】

岬 곶 **갑**					
鉀 갑옷 **갑**					
姜 성 **강**					
岡 산등성이 **강**					
崗 언덕 **강**					

갑각 갑사 갑성
관갑
강씨 강태공 강희안
강릉 복강
화강암

2급-42-성명·지명용

		弓 부수 13획, 총 16획. ( )부수 ( )획, 총 ( )획.
疆	굳셀 강	自疆不息
疆	지경 강	田 부수 14획, 총 19획. ( )부수 ( )획, 총 ( )획.
		疆土　　自疆道　　　新疆省
价	클 개	亻人 부수 4획, 총 6획. ( )부수 ( )획, 총 ( )획.
		价川郡
塏	높은땅 개	土 부수 5획, 종 7획. ( )부수 ( )획, 총 ( )획.
		李塏
鍵	열쇠 건 자물쇠 건	金 부수 9획, 총 17획. ( )부수 ( )획, 총 ( )획.
		鍵盤　　鍵閉　　關鍵

♣ 아래의 빈칸을 채우시오.　　　　　　　　　　　　　　　　　【지난학습】

| | 곶 | 갑 | 갑옷 | 갑 | 성 | 강 | 산등성이 | 강 | 언덕 | 강 |

【금일학습】

疆 굳셀 강						
疆 지경 강						
价 클 개						
塏 높은땅 개						
鍵 열쇠 건						

자강불식
강토 자강도 신강성
개천군
이개
건반 건폐 관건

2급-43-성명·지명용

杰 뛰어날 걸	木 부수 4획, 총 8획.	( )부수 ( )획, 총 ( )획.
	杰出 人杰 金履杰	

桀 하왕이름 걸	木 부수 6획, 총 10획.	( )부수 ( )획, 총 ( )획.
	桀桀 桀王 桀惡	

甄 질그릇 견 / 성 진	瓦 부수 9획, 총 14획.	( )부수 ( )획, 총 ( )획.
	甄道 甄別	

儆 경계할 경	亻人 부수 13획, 총 15획.	( )부수 ( )획, 총 ( )획.
	儆儆 儆戒	

炅 빛날 경	火 부수 4획, 총 8획.	( )부수 ( )획, 총 ( )획.
	趙炅	

145

♣ 아래의 빈칸을 채우시오.

【지난학습】

굳셀 강	지경 강	클 개	높은땅 개	열쇠 건

【금일학습】

杰 뛰어날 걸						
桀 하왕이름 걸						
甄 질그릇 견						
儆 경계할 경						
炅 빛날 경						

걸출 인걸 김이걸
걸걸 걸왕 걸악
견도 견별
경경 경계
조경

2급-44-성명·지명용

璟 옥빛 경	王玉 부수 12획, 총 16획.	( )부수 ( )획, 총 ( )획.
	沈璟	
瓊 구슬 경	王玉 부수 15획, 총 19획.	( )부수 ( )획, 총 ( )획.
	瓊玉　　瓊團　　瓊枝玉葉	
皐 언덕 고 부르는소리 고	白 부수 6획, 총 11획.	( )부수 ( )획, 총 ( )획.
	皐復　　皐月　　皐蘭寺	
串 꿸 관 땅이름 곶	｜ 부수 6획, 총 7획.	( )부수 ( )획, 총 ( )획.
	竹串島　　長山串　　石串洞	
琯 옥피리 관	王玉 부수 8획, 총 12획.	( )부수 ( )획, 총 ( )획.
	玉琯	

♣ **아래의 빈칸을 채우시오.**   【지난학습】

뛰어날 **걸**	하왕이름 **걸**	질그릇 **견**	경계할 **경**	빛날 **경**

【금일학습】

環 옥빛 경					
瓊 구슬 경					
皐 언덕 고					
串 꿸 관					
琯 옥피리 관					

심경
경옥 경단 경지옥엽
고복 고월 고란사
죽곶도 장산곶 석관동
옥관

2급-45-성명·지명용

槐 회화나무 괴	木 부수 10획, 총 14획. ( )부수 ( )획, 총 ( )획.
	槐木　　槐門　　槐庭　　槐山郡

玖 옥돌 구	王 玉 부수 3획, 총 7획. ( )부수 ( )획, 총 ( )획.
	李玖

邱 언덕 구	阝邑 부수 5획, 총 8획. ( )부수 ( )획, 총 ( )획.
	邱陵　　大邱　　青邱圖　　首邱初心

鞠 성 국 국문할 국 기를 국	革 부수 8획, 총 17획. ( )부수 ( )획, 총 ( )획.
	鞠問　　鞠養　　鞠育

圭 서옥 규	土 부수 3획, 총 6획. ( )부수 ( )획, 총 ( )획.
	圭角　　刀圭　　李圭景

2급-45-복습·쓰기장

♣ 아래의 빈칸을 채우시오.　　　　　　　　　　　　　　【지난학습】

옥빛	경	구슬	경	언덕	고	꿸	관	옥피리	관

【금일학습】

槐							
회화나무 괴							
玖							
옥돌 구							
邱							
언덕 구							
鞠							
성 국							
圭							
서옥 규							

괴목 괴문 괴정 괴산군
이구
구릉 대구 청구도 수구초심
국문 국양 국육
규각 도규 이규경

2급-46-성명·지명용

奎 별 규	大 부수 6획, 총 9획. ( )부수 ( )획, 총 ( )획.
	奎文 奎星 李奎報

揆 헤아릴 규	扌 手 부수 9획, 총 12획. ( )부수 ( )획, 총 ( )획.
	揆度 一揆

珪 홀 규	王 玉 부수 6획, 총 10획. ( )부수 ( )획, 총 ( )획.
	朴珪壽

槿 무궁화 근	木 부수 11획, 총 15획. ( )부수 ( )획, 총 ( )획.
	槿域 槿花 木槿

瑾 아름다운옥 근	王 玉 부수 11획, 총 15획. ( )부수 ( )획, 총 ( )획.
	柳瑾

2급-46-복습·쓰기장

♣ **아래의 빈칸을 채우시오.**　　　　　　　　　　　　　【지난학습】

회화나무	괴	옥돌	구	언덕	구	성	국	서옥	규

【금일학습】

奎 별 규						
揆 헤아릴 규						
珪 홀 규						
槿 무궁화 근						
瑾 아름다운옥 근						

규문 규성 이규보
규탁 일규
박규수
근역 근화 목근
유근

2급-47-성명·지명용

兢	儿 부수 12획, 총 14획. ( )부수 ( )획, 총 ( )획.
떨릴 궁	兢兢　　戰戰兢兢

冀	八 부수 14획, 총 16획. ( )부수 ( )획, 총 ( )획.
바랄 기	冀望　　冀圖

岐	山 부수 4획, 총 7획. ( )부수 ( )획, 총 ( )획.
갈림길 기	岐路　燕岐　分岐　　多岐亡羊　　岐黃之術

沂	氵水 부수 4획, 총 7획. ( )부수 ( )획, 총 ( )획.
물이름 기	沂水

淇	氵水 부수 8획, 총 11획. ( )부수 ( )획, 총 ( )획.
물이름 기	淇水

2급-47-복습·쓰기장

♣ **아래의 빈칸을 채우시오.**　　　　　　　　　　　　　　　【지난학습】

별	규	헤아릴	규	홀	규	무궁화	근	아름다운옥	근

【금일학습】

兢					
떨릴 긍					
冀					
바랄 기					
岐					
갈림길 기					
沂					
물이름 기					
淇					
물이름 기					

긍긍　전전긍긍
기망　기도
기로　연기　분기　다기망양　기황지술
기수
기수

154

2급-48-성명·지명용

琦 옥이름 기 / 기이할 기	王 玉 부수 8획, 총 12획.　(　)부수 (　)획, 총 (　)획.
	琦行

琪 아름다운옥 기	王 玉 부수 8획, 총 12획.　(　)부수 (　)획, 총 (　)획.
	琪樹　　琪花瑤(요)草

璣 별이름 기 / 선기(혼천의) 기	王 玉 부수 12획, 총 16획.　(　)부수 (　)획, 총 (　)획.
	璣衡　　璿璣　　珠璣

箕 키 기	竹 부수 8획, 총 14획.　(　)부수 (　)획, 총 (　)획
	箕帚(추)　箕子朝鮮

耆 늙을 기	老 부수 4획, 총 10획.　(　)부수 (　)획, 총 (　)획.
	耆老　　耆年

♣ **아래의 빈칸을 채우시오.**　　　　　　　　　　　　　　　【지난학습】

떨릴 긍		바랄 기		갈림길 기		물이름 기		물이름 기		

【금일학습】

琦							
옥이름 기							
琪							
아름다운옥 기							
璣							
별이름 기							
箕							
키 기							
耆							
늙을 기							

기행
기수　기화요초
기형　선기　주기
기추　기자조선
기로　기년

2급-49-성명·지명용

騏	馬 부수 8획, 총 18획.	( )부수 ( )획, 총 ( )획.
준마 기	人中騏驥	

驥	馬 부수 17획, 총 27획.	( )부수 ( )획, 총 ( )획.
천리마 기	驥足　　理驥	

麒	鹿 부수 8획, 총 19획.	( )부수 ( )획, 총 ( )획.
기린 기	麒麟　　麒麟兒	

湍	氵 水 부수 9획, 총 12획.	( )부수 ( )획, 총 ( )획.
여울 단	湍湍　湍水　急湍　飛湍　長湍	

塘	土 부수 10획, 총 13획.	( )부수 ( )획, 총 ( )획.
못 당	塘池	

♣ 아래의 빈칸을 채우시오.

【지난학습】

| 옥이름 기 | 아름다운옥 기 | 별이름 기 | 키 기 | 늙을 기 |

【금일학습】

騏 준마 기					
驥 천리마 기					
麒 기린 기					
湍 여울 단					
塘 못 당					

인중기기
기족 이기
기린 기린아
단단 단수 급단 비단 장단
당지

2급-50-성명·지명용

悳 큰 덕
心 부수 8획, 총 12획.   (　　)부수 (　　)획, 총 (　　)획.

惇悳　　權秉悳

燾 비칠 도
灬 火 부수 14획, 총 18획.   (　　)부수 (　　)획, 총 (　　)획.

燾育

惇 도타울 돈
忄 心 부수 8획, 총 11획.   (　　)부수 (　　)획, 총 (　　)획.

惇德　　惇信

燉 불빛 돈
火 부수 12획, 총 16획.   (　　)부수 (　　)획, 총 (　　)획.

頓 조아릴 돈
頁 부수 4획, 총 13획.   (　　)부수 (　　)획, 총 (　　)획.

頓舍　頓首　頓絕　頓悟　整頓　異次頓

♣ **아래의 빈칸을 채우시오.**　　　　　　　　　　　　　　　【지난학습】

준마	기	천리마	기	기린	기	여울	단	못	당

【금일학습】

悳 큰 덕						
燾 비칠 도						
惇 도타울 돈						
燉 불빛 돈						
頓 조아릴 돈						

돈덕 권병덕
도욱
돈덕 돈신

돈사 돈수 돈절 돈오 정돈 이차돈

2급-51-성명·지명용

이름 돌	石 부수 1획, 총 6획.	( )부수 ( )획, 총 ( )획.
乭		
	中乭石　　　甲乭	

바를 동	⺾ 艸 부수 9획, 총 13획.	( )부수 ( )획, 총 ( )획.
董		
	董正　　董督　　董卓　　骨董品	

막을 두	木 부수 3획, 총 7획.	( )부수 ( )획, 총 ( )획.
杜		
	杜絶　　杜甫　　杜門不出	

나라이름 등	⻏ 邑 부수 12획, 총 15획.	( )부수 ( )획, 총 ( )획.
鄧		
	鄧小平	

명아주 래(내)	⺾ 艸 부수 8획, 총 12획.	( )부수 ( )획, 총 ( )획.
萊		
	萊夷　　萊妻　　老萊子　　東萊區	

♣ 아래의 빈칸을 채우시오.

【지난학습】

큰 덕	비칠 도	도타울 돈	불빛 돈	조아릴 돈

【금일학습】

乭 이름 돌					
董 바를 동					
杜 막을 두					
鄧 나라이름 등					
萊 명아주 래					

신돌석 갑돌
동정 동독 동탁 골동품
두절 두보 두문불출
등소평
내이 내처 노래자 동래구

2급-52-성명·지명용

월   일 【시간】   ~
❖ 각 한자어의 독음(讀音)은 바로 뒷면 아랫부분에 ⇩

亮 밝을 량	亠 부수 7획, 총 9획. ( )부수 ( )획, 총 ( )획.
	諸葛亮

樑 들보 량	木 부수 11획, 총 15획. ( )부수 ( )획, 총 ( )획.
	棟樑之材

呂 성/법칙 려(여)	口 부수 4획, 총 7획. ( )부수 ( )획, 총 ( )획.
	律呂 呂運亨

廬 농막집 려(여)	广 부수 16획, 총 19획. ( )부수 ( )획, 총 ( )획.
	廬幕 廬山 三顧草廬

礪 숫돌 려(여)	石 부수 15획, 총 20획. ( )부수 ( )획, 총 ( )획.
	礪山

♣ **아래의 빈칸을 채우시오.** 【지난학습】

이름	돌	바를	동	막을	두	나라이름	등	명아주	래

【금일학습】

亮 밝을 량					
樑 들보 량					
呂 성 려					
廬 농막집 려					
礪 숫돌 려					

제갈량
동량지재
율려 여운형
여막 여산 삼고초려
여산

2급-53-성명·지명용

驪 검은말 려 (여)	馬 부수 19획, 총 29획. ( )부수 ( )획, 총 ( )획.
	驪州

漣 잔물결 련 (연)	氵水 부수 11획, 총 14획. ( )부수 ( )획, 총 ( )획.
	漣川　　淸漣

濂 물이름 렴 (염)	氵水 부수 13획, 총 16획. ( )부수 ( )획, 총 ( )획.
	濂溪

玲 옥소리 령	王玉 부수 5획, 총 9획. ( )부수 ( )획, 총 ( )획.

醴 단술 례 (예)	酉 부수 13획, 총 20획. ( )부수 ( )획, 총 ( )획.
	醴泉　　醴酒

♣ 아래의 빈칸을 채우시오.

【지난학습】

밝을 **량**		들보 **량**		성 **려**		농막집 **려**		숫돌 **려**	

【금일학습】

驪 검은말 **려**					
漣 잔물결 **련**					
濂 물이름 **렴**					
玲 옥소리 **령**					
醴 단술 **례**					

여주
연천   청련
염계

예천   예주

2급-54-성명·지명용

盧 성 로(노)	皿 부수 11획, 총 16획. ( )부수 ( )획, 총 ( )획.
	盧生之夢　　　盧天命

蘆 갈대 로(노)	++ 艸 부수 16획, 총 20획. ( )부수 ( )획, 총 ( )획.
	蘆花　　　蘆笛　　　蘆原區

魯 노나라 로 노둔할 로(노)	魚 부수 4획, 총 15획. ( )부수 ( )획, 총 ( )획.
	魚魯不辨

鷺 백로 로(노)	鳥 부수 12획, 총 23획. ( )부수 ( )획, 총 ( )획.
	白鷺　　　鷺梁津

遼 멀 료(요)	辶 辵 부수 12획, 총 16획. ( )부수 ( )획, 총 ( )획.
	遼東　　　遼下　　　遼遠

♣ 아래의 빈칸을 채우시오.

【지난학습】

검은말 **려**		잔물결 **련**		물이름 **렴**		옥소리 **령**		단술 **례**	

【금일학습】

盧									
성 로									
蘆									
갈대 로									
魯									
노나라 로									
鷺									
백로 로									
遼									
멀 료									

노생지몽 노천명
노화 노적 노원구
어로불변
백로 노량진
요동 요하 요원

2급-55-성명·지명용

劉 죽일/성 류류(유)
刂 刀 부수 13획, 총 15획. ( )부수 ( )획, 총 ( )획.

劉邦　　劉備

崙 산이름 륜
山 부수 8획, 총 11획. ( )부수 ( )획, 총 ( )획.

楞 네모질 릉
木 부수 9획, 총 13획. ( )부수 ( )획, 총 ( )획.

楞嚴經

麟 기린 린
鹿 부수 12획, 총 23획. ( )부수 ( )획, 총 ( )획.

麟角　　麒麟兒

靺 말갈 말
革 부수 5획, 총 14획. ( )부수 ( )획, 총 ( )획.

靺鞨族

2급-55-복습·쓰기장

♣ **아래의 빈칸을 채우시오.** 【지난학습】

성 로	갈대 로	노나라 로	백로 로	멀 료

【금일학습】

劉 죽일 류					
崙 산이름 륜					
楞 네모질 릉					
麟 기린 린					
靺 말갈 말					

유방 유비

능엄경
인각 기린아
말갈족

2급-56-성명·지명용

貊 맥국 맥	豸 부수 6획, 총 13획. ( )부수 ( )획, 총 ( )획.
	貊弓 濊貊族

覓 찾을 멱	見 부수 4획, 총 11획. ( )부수 ( )획, 총 ( )획.
	木覓山

冕 면류관 면	冂 부수 9획, 총 11획. ( )부수 ( )획, 총 ( )획.
	冕服 冕旒(류)冠

沔 물이름 면	氵水 부수 4획, 총 7획. ( )부수 ( )획, 총 ( )획.
	沔川 沔州

俛 힘쓸 면 숙일 부	亻人 부수 7획, 총 9획. ( )부수 ( )획, 총 ( )획.
	俛俛 俛視 俛首 俛仰亭

♣ 아래의 빈칸을 채우시오.

【지난학습】

죽일 류	산이름 륜	네모질 릉	기린 린	말갈 말

【금일학습】

貊 맥국 맥						
覓 찾을 멱						
冕 면류관 면						
沔 물이름 면						
俛 힘쓸 면						

맥궁 예맥족
목멱산
면복 면류관
면천 면주
면면 부시 면수 면앙정

2급-57-성명·지명용

		牛 부수 2획, 총 6획. ( )부수 ( )획, 총 ( )획.		
牟				
성 모	釋迦牟尼　　　　牟興甲			

		⺿ 艸 부수 5획, 총 9획. ( )부수 ( )획, 총 ( )획.		
茅				
띠 모	茅屋　　茅山			

		言 부수 11획, 총 18획. ( )부수 ( )획, 총 ( )획.		
謨				
꾀 모	謨訓			

		禾 부수 11획, 총 16획. ( )부수 ( )획, 총 ( )획.		
穆				
화목할 목	穆陵			

		日 부수 5획, 총 9획. ( )부수 ( )획, 총 ( )획.		
昴				
별이름 묘	昴星			

♣ 아래의 빈칸을 채우시오.

【지난학습】

| 맥국 **맥** | 찾을 **멱** | 면류관 **면** | 물이름 **면** | 힘쓸 **면** |

【금일학습】

| 牟 성 **모** |
| 茅 띠 **모** |
| 謨 꾀 **모** |
| 穆 화목할 **목** |
| 昴 별이름 **묘** |

석가모니 모흥갑
모옥 모산
모훈
목릉
묘성

2급-58-성명·지명용

汶 물이름 문	氵水 부수 4획, 총 7획. ( )부수 ( )획, 총 ( )획.			
	汶山			

彌 미륵 미 기울 미 오랠 미	弓 부수 14획, 총 17획. ( )부수 ( )획, 총 ( )획.			
	彌久	彌滿	彌縫策	彌阿里

旻 하늘 민	日 부수 4획, 총 8획. ( )부수 ( )획, 총 ( )획.			
	旻天			

旼 화할 민	日 부수 4획, 총 8획. ( )부수 ( )획, 총 ( )획.			
	洪吉旼			

玟 아름다운옥돌 민	王 玉 부수 4획, 총 8획. ( )부수 ( )획, 총 ( )획.			
	安玟英	玟塊		

♣ **아래의 빈칸을 채우시오.**　　　　　　　　　　　　　　　　【지난학습】

성	모	띠	모	꾀	모	화목할	목	별이름	묘

【금일학습】

汶 물이름 문								
彌 미륵 미								
旻 하늘 민								
旼 화할 민								
玟 아름다운옥돌 민								

문산
미구 미만 미봉책 미아리
민천
홍길민
안민영 민괴

2급-59-성명·지명용

월　　　일　【시　간】　　　～
❖ 각 한자어의 독음(讀音)은 바로 뒷면 아랫부분에 ⇩

珉 옥돌 민	王 玉 부수 5획, 총 9획.	(　　)부수 (　)획, 총 (　)획.

閔 성 민	門 부수 4획, 총 12획.	(　　)부수 (　)획, 총 (　)획.
	閔妃　　　閔泳煥	

磻 반계 반	石 부수 12획, 총 17획.	(　　)부수 (　)획, 총 (　)획.
	磻溪隧(수)錄	

渤 바다이름 발	氵 水 부수 9획, 총 12획.	(　　)부수 (　)획, 총 (　)획.
	渤海　　　渤然	

鉢 바리때 발	金 부수 5획, 총 13획.	(　　)부수 (　)획, 총 (　)획.
	衣鉢　　　夫鉢　　　托鉢僧　　　沙鉢通文	

♣ **아래의 빈칸을 채우시오.** 【지난학습】

물이름 문		미륵 미		하늘 민		화할 민		아름다운옥돌 민	

【금일학습】

珉 옥돌 민					
閔 성 민					
磻 반계 반					
渤 바다이름 발					
鉢 바리때 발					

민비 민영환
반계수록
발해 발연
의발 부발 탁발승 사발통문

2급-60-성명·지명용

旁 곁 방	方 부수 6획, 총 10획. ( )부수 ( )획, 총 ( )획.
	旁側

龐 높은집 방	龍 부수 3획, 총 19획. ( )부수 ( )획, 총 ( )획.
	龐統　　龐錯　　龐眉皓髮

裵 성 배	衣 부수 8획, 총 16획. ( )부수 ( )획, 총 ( )획.
	裵克廉　　裵仲孫

潘 성 반	氵水 부수 12획, 총 15획. ( )부수 ( )획, 총 ( )획.
	潘沐　　潘楊之好

筏 뗏목 벌	竹 부수 6획, 총 12획. ( )부수 ( )획, 총 ( )획.
	筏橋　　筏夫

♣ **아래의 빈칸을 채우시오.**　　　　　　　　　　　　　　　　【지난학습】

옥돌	민	성	민	반계	반	바다이름	발	바리때	발

【금일학습】

旁 곁 방					
龐 높은집 방					
裵 성 배					
潘 성 반					
筏 뗏목 벌					

방측
방통 방착 방미호발
배극렴 배중손
반목 반양지호
벌교 벌부

2급-61-성명·지명용

월   일 【시 간】   ~

范 성 범	⺾ 艸 부수 5획, 총 9획.	( )부수 ( )획, 총 ( )획.
	范增 范鎔	
卞 성 변	卜 부수 2획, 총 4획.	( )부수 ( )획, 총 ( )획.
	卞季良	
弁 고깔 변	廾 부수 2획, 총 5획.	( )부수 ( )획, 총 ( )획.
	弁韓	
昞 밝을 병	日 부수 5획, 총 9획.	( )부수 ( )획, 총 ( )획.
昺 밝을 병	日 부수 5획, 총 9획.	( )부수 ( )획, 총 ( )획.

2급-61-복습·쓰기장

♣ **아래의 빈칸을 채우시오.**　　　　　　　　　　　　　【지난학습】

곁	**방**	높은집	**방**	성	**배**	성	**반**	뗏목	**벌**		

【금일학습】

范 성 범							
卞 성 변							
弁 고깔 변							
昞 밝을 병							
昺 밝을 병							

범증 범용
변계량
변한

2급-62-성명·지명용

柄 자루 병	木 부수 5획, 총 9획. ( )부수 ( )획, 총 ( )획.
	權柄　　斗柄

炳 불꽃 병	火 부수 5획, 총 9획. ( )부수 ( )획, 총 ( )획.
	趙炳玉

秉 잡을 병	禾 부수 3획, 총 3획. ( )부수 ( )획, 총 ( )획.
	李秉喆

潽 물이름 보	水 부수 12획, 총 15획. ( )부수 ( )획, 총 ( )획.
	尹潽善

甫 클 보	用 부수 2획, 총 7획. ( )부수 ( )획, 총 ( )획.
	皇甫仁

♣ 아래의 빈칸을 채우시오.　　　　　　　　　　　　【지난학습】

| 성 | 범 | 성 | 변 | 고깔 변 | 밝을 병 | 밝을 병 |

【금일학습】

柄 자루 병						
炳 불꽃 병						
秉 잡을 병						
潽 물이름 보						
甫 클 보						

권병 두병
조병옥
이병철
윤보선
황보인

2급-63-성명·지명용

輔 도울 보	車 부수 7획, 총 14획. ( )부수 ( )획, 총 ( )획.
	輔弼　　輔佐人　　輔國安民

馥 향기 복	香 부수 9획, 총 18획. ( )부수 ( )획, 총 ( )획.

蓬 쑥 봉	⺿ 艸 부수 11획, 총 15획. ( )부수 ( )획, 총 ( )획.
	蓬萊山　　麻中之蓬　　蓬頭亂髮

傅 스승 부	亻人 부수 10획, 총 12획. ( )부수 ( )획, 총 ( )획.
	師傅　　傅說

釜 가마 부	金 부수 2획, 총 10획. ( )부수 ( )획, 총 ( )획.
	釜山　　釜中生魚

2급-63-복습·쓰기장

♣ **아래의 빈칸을 채우시오.**　　　　　　　　　　　　　　　　【지난학습】

자루 **병**		불꽃 **병**		잡을 **병**		물이름 **보**		클 **보**	

【금일학습】

輔							
도울 **보**							
馥							
향기 **복**							
蓬							
쑥 **봉**							
傅							
스승 **부**							
釜							
가마 **부**							

보필　보좌인　보국안민

봉래산　마중지봉　봉두난발
사부　부열
부산　부중생어

2급-64-성명·지명용

월   일 【시 간】   ~
❖ 각 한자어의 독음(讀音)은 바로 뒷면 아랫부분에 ⇩

阜 언덕 부	阜 부수 0획, 총 8획.	( )부수 ( )획, 총 ( )획.
	曲阜	

芬 향기 분	++ 艸 부수 4획, 총 8획.	( )부수 ( )획, 총 ( )획.
	芬皇寺 芬蘭 ('핀란드'의 한자음 표기)	

鵬 새 붕	鳥 부수 8획, 총 19획.	( )부수 ( )획, 총 ( )획.
	鵬程萬里	

丕 클 비	一 부수 4획, 총 5획.	( )부수 ( )획, 총 ( )획.
	曺丕	

毖 삼갈 비	比 부수 5획, 총 9획.	( )부수 ( )획, 총 ( )획.
	懲毖錄 懲前毖後	

♣ 아래의 빈칸을 채우시오.

【지난학습】

도울 **보**		향기 **복**		쑥 **봉**		스승 **부**		가마 **부**	

【금일학습】

阜 언덕 부								
芬 향기 분								
鵬 새 붕								
丕 클 비								
毖 삼갈 비								

곡부
분황사 분란
붕정만리
조비
징비록 징전비후

2급-65-성명·지명용

毘 도울 비	比 부수 5획, 총 9획. ( )부수 ( )획, 총 ( )획.
	毘盧峯　　　毘盧遮那佛

泌 분비할 비	氵水 부수 5획, 총 8획. ( )부수 ( )획, 총 ( )획.
	泌尿器科

彬 빛날 빈	彡 부수 8획, 총 11획. ( )부수 ( )획, 총 ( )획.
	彬彬

馮 탈 빙 성 풍	馬 부수 2획, 총 12획. ( )부수 ( )획, 총 ( )획.
	馮陵　　馮夷　　馮河　　馮夢龍

泗 물이름 사	氵水 부수 5획, 총 8획. ( )부수 ( )획, 총 ( )획.
	泗川

♣ 아래의 빈칸을 채우시오.　　　　　　　　　　【지난학습】

언덕	부	향기	분	새	붕	클	비	삼갈	비

【금일학습】

毘 도울 비							
泌 분비할 비							
彬 빛날 빈							
馮 탈 빙							
泗 물이름 사							

비로봉 비로자나불
비뇨기과
빈빈
빙릉 빙이 빙하 풍몽룡
사천

2급-66-성명·지명용

庠 학교 상	广 부수 6획, 총 9획.	( )부수 ( )획, 총 ( )획.
	庠序	
舒 펼 서	舌 부수 6획, 총 12획.	( )부수 ( )획, 총 ( )획.
	舒眉　　舒遲　　舒川	
奭 클 석	大 부수 12획, 총 15획.	( )부수 ( )획, 총 ( )획.
	李範奭	
晳 밝을 석	日 부수 8획, 총 12획.	( )부수 ( )획, 총 ( )획.
	明晳	
錫 주석 지팡이 줄(주다) 석석석	金 부수 8획, 총 16획.	( )부수 ( )획, 총 ( )획.
	朱錫　　錫鑛　　錫姓　　赤錫　　天錫	

♣ 아래의 빈칸을 채우시오. 【지난학습】

도울 **비**		분비할 **비**		빛날 **빈**		탈 **빙**		물이름 **사**	

【금일학습】

庠									
학교 **상**									
舒									
펼 **서**									
奭									
클 **석**									
晳									
밝을 **석**									
錫									
주석 **석**									

상서
서미 서지 서천
이범석
명석
주석 석광 석성 적석 천석

2급-67-성명·지명용

월   일 【시 간】   ~
❖ 각 한자어의 독음(讀音)은 바로 뒷면 아랫부분에 ⇩

瑄	王 玉 부수 9획, 총 13획.	( )부수 ( )획, 총 ( )획.		
도리옥 선	李瑄根			

璇	王 玉 부수 11획, 총 15획.	( )부수 ( )획, 총 ( )획.		
옥 선	璇闈 璇珠			

璿	王 玉 부수 14획, 총 18획.	( )부수 ( )획, 총 ( )획.		
구슬 선	璿宮			

卨	卜 부수 9획, 총 11획.	( )부수 ( )획, 총 ( )획.		
사람이름 설	李相卨			

薛	⺿ 艸 부수 13획, 총 17획.	( )부수 ( )획, 총 ( )획.		
성 설	薛聰 薛氏女			

♣ 아래의 빈칸을 채우시오.　　　　　　　　　　【지난학습】

학교 **상**	펼 **서**	클 **석**	밝을 **석**	주석 **석**	

【금일학습】

瑄 도리옥 선					
璇 옥 선					
璿 구슬 선					
卨 사람이름 설					
薛 성 설					

이선근
선규　선주
선궁
이상설
설총　설씨녀

2급-68-성명·지명용

暹	辶辵 부수 12획, 총 16획. ( )부수 ( )획, 총 ( )획.
햇살치밀 섬	暹羅國

蟾	虫 부수 13획, 총 19획. ( )부수 ( )획, 총 ( )획.
두꺼비 섬	蟾津江　　蟾兔

陜	阝阜 부수 7획, 총 10획. ( )부수 ( )획, 총 ( )획.
땅이름 섬	陜西省

燮	火 부수 13획, 총 17획. ( )부수 ( )획, 총 ( )획.
불꽃 섭	李仲燮

晟	日 부수 7획, 총 11획. ( )부수 ( )획, 총 ( )획.
밝을 성	李晟

♣ 아래의 빈칸을 채우시오.　　　　　　　　　　　　　【지난학습】

도리옥	선	옥	선	구슬	선	사람이름	설	성	설

【금일학습】

暹 햇살치밀 섬						
蟾 두꺼비 섬						
陝 땅이름 섬						
燮 불꽃 섭						
晟 밝을 성						

섬라국
섬진강　섬토
섬서성
이중섭
이성

2급-69-성명·지명용

월   일 【시 간】   ~

巢 새집 소	《《《 부수 8획, 총 11획.	( )부수 ( )획, 총 ( )획.
	巢窟 卵巢 歸巢性	

沼 못 소	氵 水 부수 5획, 총 8획.	( )부수 ( )획, 총 ( )획.
	德沼 龍沼 沼澤地	

邵 땅이름 소 / 성 소	阝 邑 부수 5획, 총 8획.	( )부수 ( )획, 총 ( )획.
	邵台輔	

宋 성 송	宀 부수 4획, 총 7획.	( )부수 ( )획, 총 ( )획.
	宋時烈	

洙 물가 수	氵 水 부수 6획, 총 9획.	( )부수 ( )획, 총 ( )획.
	洙泗學	

♣ 아래의 빈칸을 채우시오.

【지난학습】

| 햇살치밀 섬 | 두꺼비 섬 | 땅이름 섬 | 불꽃 섭 | 밝을 성 |

【금일학습】

巢 새집 소

沼 못 소

邵 땅이름 소

宋 성 송

洙 물가 수

소굴　난소　귀소성
덕소　용소　소택지
소태보
송시열
수사학

2급-70-성명·지명용

鉄 저울눈 수	金 부수 6획, 총 14획.	( )부수 ( )획, 총 ( )획.
	鉄積寸累	

隋 수나라 수	阝阜 부수 9획, 총 12획.	( )부수 ( )획, 총 ( )획.
	隋文帝	

洵 참으로 순	氵水 부수 6획, 총 9획.	( )부수 ( )획, 총 ( )획.
	洵美	

淳 순박할 순	氵水 부수 8획, 총 11획.	( )부수 ( )획, 총 ( )획.
	淳朴 淳厚 淳昌	

珣 옥이름 순	王玉 부수 6획, 총 10획.	( )부수 ( )획, 총 ( )획.
	李珣	

♣ 아래의 빈칸을 채우시오.

【지난학습】

새집 **소**		못 **소**		땅이름 **소**		성 **송**		물가 **수**	

【금일학습】

銖 저울눈 **수**					
隋 수나라 **수**					
洵 참으로 **순**					
淳 순박할 **순**					
珣 옥이름 **순**					

수적촌루
수문제
순미
순박 순후 순창
이순

2급-71-성명·지명용

舜 순임금 순
舛 부수 6획, 총 12획. (　)부수 (　)획, 총 (　)획.

舜英　　舜禹　　堯舜　　李舜臣

荀 풀이름 순
艹 艸 부수 6획, 총 10획. (　)부수 (　)획, 총 (　)획.

荀子

瑟 큰거문고 슬
王 玉 부수 9획, 총 13획. (　)부수 (　)획, 총 (　)획.

琴瑟　　琴瑟之樂

繩 노끈 승
糸 부수 13획, 총 19획. (　)부수 (　)획, 총 (　)획.

捕繩　　結繩文字

柴 섶 시
木 부수 5획, 총 9획. (　)부수 (　)획, 총 (　)획.

柴炭　　柴地

♣ **아래의 빈칸을 채우시오.**　　　　　　　　　　　　　　　　　　【지난학습】

저울눈 수		수나라 수		참으로 순		순박할 순		옥이름 순	

【금일학습】

舜					
순임금 순					
荀					
풀이름 순					
瑟					
큰거문고 슬					
繩					
노끈 승					
柴					
섶 시					

순영　순우　요순　이순신
순자
금슬　금슬지락
포승　결승문자
시탄　시지

2급-72-성명·지명용

湜 물맑을 식
氵水 부수 9획, 총 12획. ( )부수 ( )획, 총 ( )획.

金湜

軾 수레가로나무 식
車 부수 6획, 총 13획. ( )부수 ( )획, 총 ( )획.

蘇軾

瀋 즙낼 심
氵水 부수 15획, 총 18획. ( )부수 ( )획, 총 ( )획.

瀋陽

閼 막을 알
門 부수 8획, 총 16획. ( )부수 ( )획, 총 ( )획.

金閼智　　　閼塞

鴨 오리 압
鳥 부수 5획, 총 16획. ( )부수 ( )획, 총 ( )획.

鴨綠江　　　鴨爐　　　家鴨

♣ 아래의 빈칸을 채우시오.   【지난학습】

순임금 **순**		풀이름 **순**		큰거문고 **슬**		노끈 **승**		섶 **시**	

【금일학습】

湜 물맑을 식							
軾 수레가로나무 식							
瀋 즙낼 심							
閼 막을 알							
鴨 오리 압							

김식
소식
심양
김알지 알색
압록강 압로 가압

2급-73-성명·지명용

월   일 【시 간】   ~
❖ 각 한자어의 독음(讀音)은 바로 뒷면 아랫부분에 ⇩

| 埃 티끌 애 | 土 부수 7획, 총 10획. ( )부수 ( )획, 총 ( )획. |
| | 埃及   塵埃 |

| 艾 쑥 애 | ㅛ 艸 부수 2획, 총 6획. ( )부수 ( )획, 총 ( )획. |
| | 艾年   艾葉   艾安   康艾 |

| 倻 가야 야 | 亻人 부수 9획, 총 11획. ( )부수 ( )획, 총 ( )획. |
| | 伽倻山 |

| 襄 도울 양 | 衣 부수 11획, 총 17획. ( )부수 ( )획, 총 ( )획. |
| | 襄陽   襄禮   宋:襄之仁 |

| 彦 선비 언 | 彡 부수 6획, 총 9획. ( )부수 ( )획, 총 ( )획. |
| | 彦陽 |

♣ **아래의 빈칸을 채우시오.** 【지난학습】

물맑을 **식**		수레가로나무 **식**		즙낼 **심**		막을 **알**		오리 **압**

【금일학습】

埃 티끌 **애**							
艾 쑥 **애**							
倻 가야 **야**							
襄 도울 **양**							
彦 선비 **언**							

애급 진애
애년 애엽 애안 강애
가야산
양양 양례 송양지인
언양

2급-74-성명·지명용

월   일 【시 간】   ~
❖ 각 한자어의 독음(讀音)은 바로 뒷면 아랫부분에 ⇩

妍 고울 연	女 부수 6획, 총 9획.	( )부수 ( )획, 총 ( )획.
	妍芳 妍粧	

淵 못 연	氵 水 부수 9획, 총 12획.	( )부수 ( )획, 총 ( )획.
	淵源 深淵 淵蓋蘇文	

衍 넓을 연	行 부수 3획, 총 6획.	( )부수 ( )획, 총 ( )획.
	衍文 衍義	

閻 마을 염	門 부수 8획, 총 16획.	( )부수 ( )획, 총 ( )획.
	閻魔 閻長 閻羅大王	

燁 빛날 엽	火 부수 12획, 총 16획.	( )부수 ( )획, 총 ( )획.
	燁然	

2급-74-복습·쓰기장

♣ 아래의 빈칸을 채우시오.　【지난학습】

| 티끌 **애** | 쑥 **애** | 가야 **야** | 도울 **양** | 선비 **언** |

【금일학습】

妍 고울 **연**					
淵 못 **연**					
衍 넓을 **연**					
閻 마을 **염**					
燁 빛날 **엽**					

연방　연장
연원　심연　연개소문
연문　연의
염마　염장　염라대왕
엽연

2급-75-성명·지명용

暎 비칠 영	日 부수 9획, 총 13획. ( )부수 ( )획, 총 ( )획.
	暎窓

瑛 옥빛 영	王玉 부수 9획, 총 13획. ( )부수 ( )획, 총 ( )획.

盈 찰 영	皿 부수 4획, 총 9획. ( )부수 ( )획, 총 ( )획.
	盈德　　盈月

濊 종족이름 예 더러울 예	氵水 부수 13획, 총 16획. ( )부수 ( )획, 총 ( )획.
	濊貊　　東濊　　濊德先生傳

睿 슬기 예	目 부수 9획, 총 14획. ( )부수 ( )획, 총 ( )획.
	睿宗　　睿覽

2급-75-복습·쓰기장

♣ **아래의 빈칸을 채우시오.** 　　　　　　　　　　　　　　【지난학습】

고울 **연**		못 **연**		넓을 **연**		마을 **염**		빛날 **엽**	

【금일학습】

暎 비칠 영					
瑛 옥빛 영					
盈 찰 영					
濊 종족이름 예					
睿 슬기 예					

영창

영덕　영월
예맥　동예　예덕선생전
예종　예람

2급-76-성명·지명용

芮 성 예	⺾ 艸 부수 4획, 총 8획.	( )부수 ( )획, 총 ( )획.		
吳 성 오	口 부수 4획, 총 7획.	( )부수 ( )획, 총 ( )획.		
	吳世昌　　　吳越同舟			
墺 물가 오	土 부수 13획, 총 16획.	( )부수 ( )획, 총 ( )획.		
	墺地利('오스트리아'의 한자음)			
沃 기름질 옥	氵 水 부수 4획, 총 7획.	( )부수 ( )획, 총 ( )획.		
	沃川　　沃土　　肥沃　　門前沃畓			
鈺 보배 옥	金 부수 5획, 총 13획.	( )부수 ( )획, 총 ( )획.		
	李鈺			

♣ **아래의 빈칸을 채우시오.** 【지난학습】

비칠	영	옥빛	영	찰	영	종족이름	예	슬기	예

【금일학습】

芮 성 예					
吳 성 오					
塢 물가 오					
沃 기름질 옥					
鈺 보배 옥					

오세창 오월동주
오지리
옥천 옥토 비옥 문전옥답
이옥

2급-77-성명·지명용

월   일 【시 간】   ~
❖ 각 한자어의 독음(讀音)은 바로 뒷면 아랫부분에 ⇩

甕 독 옹	瓦 부수 13획, 총 17획.	( )부수 ( )획, 총 ( )획.
	甕器 甕岩 甕津	

邕 막힐 옹	邑 부수 3획, 총 10획.	( )부수 ( )획, 총 ( )획.
	蔡邕	

雍 화할 옹	隹 부수 5획, 총 10획.	( )부수 ( )획, 총 ( )획.
	雍和 雍正帝	

莞 빙그레할 완	艹 艸 부수 7획, 총 11획.	( )부수 ( )획, 총 ( )획.
	莞島	

旺 왕성할 왕	日 부수 4획, 총 8획.	( )부수 ( )획, 총 ( )획.
	旺盛 儀旺 興旺	

2급-77-복습·쓰기장

♣ 아래의 빈칸을 채우시오.   【지난학습】

성	예	성	오	물가	오	기름질	옥	보배	옥

【금일학습】

甕 독 옹								
邕 막힐 옹								
雍 화할 옹								
莞 빙그레할 완								
旺 왕성할 왕								

옹기 옹암 옹진
채옹
옹화 옹정제
완도
왕성 의왕 흥왕

2급-78-성명·지명용

汪 넓을 왕	氵 水 부수 4획, 총 7획.	( )부수 ( )획, 총 ( )획.
	汪茫　　汪兆銘	

倭 왜나라 왜	亻 人 부수 8획, 총 10획.	( )부수 ( )획, 총 ( )획.
	倭國　倭式　倭色風　戊寅滅倭祈禱(도)運動	

堯 요임금 요	土 부수 9획, 총 12획.	( )부수 ( )획, 총 ( )획.
	堯堯　　堯王　　唐堯	

姚 예쁠 요	女 부수 6획, 총 9획	( )부수 ( )획, 총 ( )획.
	姚克一	

耀 빛날 요	羽 부수 14획, 총 20획.	( )부수 ( )획, 총 ( )획.
	金耀燮	

♣ 아래의 빈칸을 채우시오.

【지난학습】

독	옹	막힐	옹	화할	옹	빙그레할	완	왕성할	왕

【금일학습】

汪 넓을 왕									
倭 왜나라 왜									
堯 요임금 요									
姚 예쁠 요									
耀 빛날 요									

왕망 왕조명
왜국 왜식 왜색풍 무인멸왜기도운동
요요 요왕 당요
요극일
김요섭

2급-79-성명·지명용

월   일 【시 간】   ~
❖ 각 한자어의 독음(讀音)은 바로 뒷면 아랫부분에 ⇩

溶 녹을 용	氵 水 부수 10획, 총 13획. ( )부수 ( )획, 총 ( )획.
	溶油 溶液 溶劑 溶解質

瑢 패옥소리 용	王 玉 부수 10획, 총 14획. ( )부수 ( )획, 총 ( )획.

鎔 쇠녹일 용	金 부수 10획, 총 18획. ( )부수 ( )획, 총 ( )획.
	鎔巖 鎔接 鎔鑛爐 鎔融點

鏞 쇠북 용	金 부수 11획, 총 19획. ( )부수 ( )획, 총 ( )획.
	趙鏞夏

佑 도울 우	亻 人 부수 5획, 총 7획. ( )부수 ( )획, 총 ( )획.
	天佑神助

2급-79-복습·쓰기장

♣ 아래의 빈칸을 채우시오.   【지난학습】

| 넓을 왕 | 왜나라 왜 | 요임금 요 | 예쁠 요 | 빛날 요 |

【금일학습】

溶 녹을 용					
瑢 패옥소리 용					
鎔 쇠녹일 용					
鏞 쇠북 용					
佑 도울 우					

용유 용액 용제 용해질

용암 용접 용광로 용융점
조용하
천우신조

2급-80-성명·지명용

	示 부수 5획, 총 10획.	( )부수 ( )획, 총 ( )획.
祐 복 우	金祐鎭	

	內 부수 4획, 총 9획.	( )부수 ( )획, 총 ( )획.
禹 성 우	禹王　　禹域	

	日 부수 2획, 총 6획.	( )부수 ( )획, 총 ( )획.
旭 아침해 욱	張旭　　旭日昇天	

	日 부수 5획, 총 9획.	( )부수 ( )획, 총 ( )획.
昱 햇빛밝을 욱		

	火 부수 9획, 총 13획.	( )부수 ( )획, 총 ( )획.
煜 빛날 욱	李煜	

♣ **아래의 빈칸을 채우시오.**　　　　　　　　　　　　　　　　　　　【지난학습】

녹을 **용**		패옥소리 **용**		쇠녹일 **용**		쇠북 **용**		도울 **우**	

【금일학습】

祐 복 우							
禹 성 우							
旭 아침해 욱							
昱 햇빛밝을 욱							
煜 빛날 욱							

김우진
우왕　우역
장욱　욱일승천

이욱

2급-81-성명·지명용

郁 성할 욱	阝邑 부수 6획, 총 9획. ( )부수 ( )획, 총 ( )획.
	李鍾郁

項 삼갈 욱	王 玉 부수 9획, 총 13획. ( )부수 ( )획, 총 ( )획.

芸 향풀 운	++ 艸 부수 4획, 총 8획. ( )부수 ( )획, 총 ( )획.
	芸香

蔚 고을이름 울	++ 艸 부수 11획, 총 15획. ( )부수 ( )획, 총 ( )획.
	蔚山

熊 곰 웅	灬 火 부수 10획, 총 14획. ( )부수 ( )획, 총 ( )획.
	熊膽 熊津 熊掌

2급-81-복습·쓰기장

♣ **아래의 빈칸을 채우시오.**　　　　　　　　　　　　　【지난학습】

복	우	성	우	아침해	욱	햇빛밝을	욱	빛날	욱

【금일학습】

郁							
성할 욱							
項							
삼갈 욱							
芸							
향풀 운							
蔚							
고을이름 울							
熊							
곰 웅							

이종욱

운향
울산
웅담 웅진 웅장

漢字	부수·획수	용례
媛 계집 원	女 부수 9획, 총 12획. ( )부수 ( )획, 총 ( )획.	才媛
瑗 구슬 원	王(玉) 부수 9획, 총 13획. ( )부수 ( )획, 총 ( )획.	趙瑗
袁 성 원	衣 부수 4획, 총 10획. ( )부수 ( )획, 총 ( )획.	袁紹
渭 물이름 위	氵(水) 부수 9획, 총 12획. ( )부수 ( )획, 총 ( )획.	渭水
韋 가죽 위	韋 부수 0획, 총 9획. ( )부수 ( )획, 총 ( )획.	韋帶　　韋編三絶

2급-82-복습·쓰기장

♣ 아래의 빈칸을 채우시오. 【지난학습】

성할 **욱**		삼갈 **욱**		향풀 **운**		고을이름 **울**		곰 **웅**	

【금일학습】

媛 계집 **원**							
瑗 구슬 **원**							
袁 성 **원**							
渭 물이름 **위**							
韋 가죽 **위**							

재원
조원
원소
위수
위대 위편삼절

2급-83-성명·지명용

월   일 【시 간】   ~
❖ 각 한자어의 독음(讀音)은 바로 뒷면 아랫부분에 ⇩

魏	鬼 부수 8획, 총 18획.	( )부수 ( )획, 총 ( )획.
성 위	魏氏 魏伯珪	

兪	入 부수 7획, 총 9획.	( )부수 ( )획, 총 ( )획.
대답할 유	兪應孚	

庾	广 부수 9획, 총 12획.	( )부수 ( )획, 총 ( )획.
곳집 유	庾積 金庾信	

楡	木 부수 9획, 총 13획.	( )부수 ( )획, 총 ( )획.
느릅나무 유	楡柳 楡岾(점)寺	

踰	足 부수 9획, 총 16획.	( )부수 ( )획, 총 ( )획.
넘을 유	水踰里	

225

♣ 아래의 빈칸을 채우시오.　　　　　　　　　　　　　【지난학습】

계집	원	구슬	원	성	원	물이름	위	가죽	위

【금일학습】

魏 성　위							
兪 대답할　유							
庾 곳집　유							
楡 느릅나무　유							
踰 넘을　유							

위씨　위백규
유응부
유적　김유신
유류　유점사
수유리

2급-84-성명·지명용

允 맏 윤	儿 부수 2획, 총 4획.　　(　)부수(　)획, 총(　)획. 允許
尹 성 윤	尸 부수 1획, 총 4획.　　(　)부수(　)획, 총(　)획. 尹瓘　　尹世顯　　京兆尹
胤 자손 윤	月 肉 부수 5획, 총 9획.　　(　)부수(　)획, 총(　)획. 胤玉
鈗 총 윤	金 부수 4획, 총 12획.　　(　)부수(　)획, 총(　)획.
垠 지경 은	土 부수 6획, 총 9획.　　(　)부수(　)획, 총(　)획. 李垠　　垠界

2급-84-복습·쓰기장

♣ **아래의 빈칸을 채우시오.**　　　　　　　　　　　　　　　　　　　【지난학습】

성 委	대답할 兪	곳집 庾	느릅나무 楡	넘을 逾

【금일학습】

允 맏 윤						
尹 성 윤						
胤 자손 윤						
銃 총 윤						
垠 지경 은						

윤허
윤관　윤세현　경조윤
윤옥

이은　은계

2급-85-성명·지명용

殷 은나라 은
殳 부수 6획, 총 10획. ( )부수 ( )획, 총 ( )획.

夏殷周

誾 향기 은
言 부수 8획, 총 15획. ( )부수 ( )획, 총 ( )획.

朴誾

鷹 매 응
鳥 부수 13획, 총 24획. ( )부수 ( )획, 총 ( )획.

鷹視   鷹爪   鷹岩洞

伊 저 이
亻 人 부수 4획, 총 6획. ( )부수 ( )획, 총 ( )획.

伊太利 ('이탈리아'의 한자음)

怡 기쁠 이
忄 心 부수 5획, 총 8획. ( )부수 ( )획, 총 ( )획.

怡悅   南怡

229

♣ **아래의 빈칸을 채우시오.** 【지난학습】

맏	윤	성	윤	자손	윤	총	윤	지경	은

【금일학습】

殷 은나라 은							
誾 향기 은							
鷹 매 응							
伊 저 이							
怡 기쁠 이							

하은주
박은
응시 응조 응암동
이태리
이열 남이

2급-86-성명·지명용

珥 귀고리 이	王 玉 부수 6획, 총 10획. ( )부수 ( )획, 총 ( )획.
	李珥

翊 도울 익	羽 부수 5획, 총 11획. ( )부수 ( )획, 총 ( )획.
	翊戴功臣

佾 줄춤 일	亻 人 부수 6획, 총 8획. ( )부수 ( )획, 총 ( )획.
	八佾舞

鎰 무게이름 일	金 부수 10획, 총 18획 ( )부수 ( )획, 총 ( )획.
	張鎰

滋 불을 자	氵 水 부수 9획, 총 12획. ( )부수 ( )획, 총 ( )획.
	滋味 滋繁

2급-86-복습·쓰기장

♣ 아래의 빈칸을 채우시오. 　　　　　　　　　　　【지난학습】

은나라	은	향기	은	매	응	저	이	기쁠	이

【금일학습】

珥									
귀고리 이									
翊									
도울 익									
佾									
줄춤 일									
鎰									
무게이름 일									
滋									
불을 자									

이이
익대공신
팔일무
장일
자미　자번

2급-87-성명·지명용

庄 전장 장	广 부수 3획, 총 6획.	( )부수 ( )획, 총 ( )획.
	田庄	

璋 홀 장	王 玉 부수 11획, 총 15획.	( )부수 ( )획, 총 ( )획.
	朱元璋　　弄璋之慶	

蔣 성 장	⺿ 艸 부수 11획, 총 15획.	( )부수 ( )획, 총 ( )획.
	蔣介石	

獐 노루 장	犭犬 부수 11획, 총 14획.	( )부수 ( )획, 총 ( )획.
	獐角　　獐鹿	

甸 경기 전	田 부수 2획, 총 7획.	( )부수 ( )획, 총 ( )획.
	畿甸	

♣ 아래의 빈칸을 채우시오.

【지난학습】

귀고리 **이**		도울 **익**		줄춤 **일**		무게이름 **일**		불을 **자**	

【금일학습】

庄								
전장 **장**								
璋								
홀 **장**								
蔣								
성 **장**								
獐								
노루 **장**								
甸								
경기 **전**								

전장
주원장 농장지경
장개석
장각 장록
기전

2급-88-성명·지명용

旌 기 정	方 부수 7획, 총 11획.	( )부수 ( )획, 총 ( )획.
	旌善　　銘旌　　旌閭門	

晶 맑을 정	日 부수 8획, 총 12획.	( )부수 ( )획, 총 ( )획.
	結晶　　水晶體　　紫水晶	

楨 광나무 정	木 부수 9획, 총 13획.	( )부수 ( )획, 총 ( )획.
	楨幹	

汀 물가 정	氵水 부수 2획, 총 5획.	( )부수 ( )획, 총 ( )획.
	汀沙	

珽 옥이름 정	王玉 부수 7획, 총 11획.	( )부수 ( )획, 총 ( )획.
	安珽	

2급-88-복습·쓰기장

♣ **아래의 빈칸을 채우시오.**　　　　　　　　　　　　　　　　　　【지난학습】

전장	장	홀	장	성	장	노루	장	경기	전

【금일학습】

旌									
기 정									
晶									
맑을 정									
楨									
광나무 정									
汀									
물가 정									
玎									
옥이름 정									

정선   명정   정려문
결정   수정체   자수정
정간
정사
안정

2급-89-성명·지명용

禎 상서로울 정	示 부수 9획, 총 14획. ( )부수 ( )획, 총 ( )획.
	禎祥　　孫基禎
鄭 나라 정	阝(邑) 부수 12획, 총 15획. ( )부수 ( )획, 총 ( )획.
	鄭重　　鄭聲　　鄭夢周
鼎 솥 정	鼎 부수 0획, 총 13획. ( )부수 ( )획, 총 ( )획.
	鼎足　　鼎談　　鼎爐　　九鼎
曺 성 조	曰 부수 6획, 총 10획. ( )부수 ( )획, 총 ( )획.
	曺植　　曺晩植　　曺奉岩
祚 복 조	示 부수 5획, 총 10획. ( )부수 ( )획, 총 ( )획.
	福祚　　溫祚王

♣ **아래의 빈칸을 채우시오.**   【지난학습】

| 기 정 | 맑을 정 | 광나무 정 | 물가 정 | 옥이름 정 |

【금일학습】

禎 상서로울 정					
鄭 나라 정					
鼎 솥 정					
曺 성 조					
祚 복 조					

정상 손기정
정중 정성 정몽주
정족 정담 정로 구정
조식 조만식 조봉암
복조 온조왕

2급-90-성명·지명용

趙 나라 조	走 부수 7획, 총 14획.	( )부수 ( )획, 총 ( )획.		
	趙光祖			
琮 옥홀 종	王 玉 부수 8획, 총 12획.	( )부수 ( )획, 총 ( )획.		
	琮花			
疇 이랑 주	田 부수 14획, 총 19획.	( )부수 ( )획, 총 ( )획.		
	範疇　　羅錫疇			
埈 높을 준	土 부수 7획, 총 10획.	( )부수 ( )획, 총 ( )획.		
	李埈鎔			
峻 높을 준 준엄할 준	山 부수 7획, 총 10획.	( )부수 ( )획, 총 ( )획.		
	峻嚴　　峻峰　　峻險			

♣ 아래의 빈칸을 채우시오.　　　　　　　　　　　　【지난학습】

상서로울 정		나라 정		솥 정		성 조		복 조	

【금일학습】

趙 나라 조								
琮 옥홀 종								
疇 이랑 주								
埈 높을 준								
峻 높을 준								

조광조
종화
범주　나석주
이준용
준엄　준봉　준험

2급-91-성명·지명용

晙 밝을 준	日 부수 7획, 총 11획.	( )부수 ( )획, 총 ( )획.
	權晙	

浚 깊게할 준	氵水 부수 7획, 총 10획.	( )부수 ( )획, 총 ( )획.
	許浚	

駿 준마 준	馬 부수 7획, 총 17획.	( )부수 ( )획, 총 ( )획.
	駿:馬 駿:才 駿:足	

濬 깊을 준	氵水 부수 14획, 총 17획.	( )부수 ( )획, 총 ( )획.
	濬池 濬川 濬哲	

址 터 지	土 부수 4획, 총 7획.	( )부수 ( )획, 총 ( )획.
	址臺 基址 寺址	

♣ 아래의 빈칸을 채우시오.　　　　　　　　　　　　　【지난학습】

나라	조	옥홀	종	이랑	주	높을	준	높을	준

【금일학습】

晙 밝을 준									
浚 깊게할 준									
駿 준마 준									
濬 깊을 준									
址 터 지									

권준
허준
준마 준재 준족
준지 준천 준철
지대 기지 사지

2급-92-성명·지명용

월　　일　【시　간】　　　~
❖ 각 한자어의 독음(讀音)은 바로 뒷면 아랫부분에 ⇩

芝	⺿ 艸 부수 4획, 총 8획.	( )부수 ( )획, 총 ( )획.		
지초　지	芝草	靈芝	鄭芝溶	芝蘭之交

稙	禾 부수 8획, 총 13획.	( )부수 ( )획, 총 ( )획.		
올벼　직	稙禾	李元稙		

稷	禾 부수 10획, 총 15획.	( )부수 ( )획, 총 ( )획.		
피　직	稷山	宗廟社稷		

晉	日 부수 6획, 총 10획.	( )부수 ( )획, 총 ( )획.		
진나라　진	晉州			

秦	禾 부수 5획, 총 10획.	( )부수 ( )획, 총 ( )획.		
성　진	秦始皇			

♣ **아래의 빈칸을 채우시오.** 【지난학습】

밝을	준	깊게할	준	준마	준	깊을	준	터	지

【금일학습】

芝						
지초 지						
植						
올벼 직						
稷						
피 직						
晋						
진나라 진						
秦						
성 진						

영초 영지 정지용 지란지교
직화 이원직
직산 종묘사직
진주
진시황

2급-93-성명·지명용

燦 빛날 찬	火 부수 13획, 총 17획. ( )부수 ( )획, 총 ( )획.
	燦爛　　鄭燦朝　　豪華燦爛
璨 옥빛 찬	王玉 부수 13획, 총 17획. ( )부수 ( )획, 총 ( )획.
	璨幽
瓚 옥잔 찬	王玉 부수 19획, 총 23획. ( )부수 ( )획, 총 ( )획.
	崔瓚植
鑽 뚫을 찬	金 부수 19획, 총 27획. ( )부수 ( )획, 총 ( )획.
	硏鑽
敞 시원할 창	攵攴 부수 8획, 총 12획. ( )부수 ( )획, 총 ( )획.
	高敞郡

245

♣ **아래의 빈칸을 채우시오.** 【지난학습】

지초	지	올벼	직	피	직	진나라	진	성	진

【금일학습】

燦 빛날 찬					
璨 옥빛 찬					
瓚 옥잔 찬					
鑽 뚫을 찬					
敞 시원할 창					

찬란 정찬조 호화찬란
찬유
최찬식
연찬
고창군

2급-94-성명·지명용

昶 해길 창	日 부수 5획, 총 10획. ( )부수 ( )획, 총 ( )획.
	金基昶
埰 사패지 채	土 부수 8획, 총 11획. ( )부수 ( )획, 총 ( )획.
蔡 성 채	⺿ 艸 부수 11획, 총 15획. ( )부수 ( )획, 총 ( )획.
	蔡濟恭
采 풍채 채	米 부수 1획, 총 8획. ( )부수 ( )획, 총 ( )획.
	風采
陟 오를 척	阝阜 부수 7획, 총 10획. ( )부수 ( )획, 총 ( )획.
	進陟　　三陟市

♣ **아래의 빈칸을 채우시오.** 【지난학습】

빛날 **찬**	옥빛 **찬**	옥잔 **찬**	뚫을 **찬**	시원할 **창**

【금일학습】

昶 해길 **창**						
埰 사패지 **채**						
蔡 성 **채**						
采 풍채 **채**						
陟 오를 **척**						

김기창

채제공
풍채
진척   삼척시

2급-95-성명·지명용

釧 팔찌 천	金 부수 3획, 총 11획.	( )부수 ( )획, 총 ( )획.
	釧路	

喆 밝을 철	口 부수 9획, 총 12획.	( )부수 ( )획, 총 ( )획.
	羅喆	

澈 맑을 철	氵水 부수 12획, 총 15획.	( )부수 ( )획, 총 ( )획.
	鄭澈	

瞻 볼 첨	目 부수 13획, 총 18획.	( )부수 ( )획, 총 ( )획.
	瞻星臺	

楚 초나라 초	木 부수 9획, 총 13획.	( )부수 ( )획, 총 ( )획.
	楚漢　　苦楚　　淸楚　　四面楚歌	

♣ 아래의 빈칸을 채우시오.

【지난학습】

해길 **창**	사패지 **채**	성 **채**	풍채 **채**	오를 **척**	

【금일학습】

釧 팔찌 **천**					
喆 밝을 **철**					
澈 맑을 **철**					
瞻 볼 **첨**					
楚 초나라 **초**					

천로
나철
정철
첨성대
초한 고초 청초 사면초가

2급-96-성명·지명용

월   일 【시 간】   ~
❖ 각 한자어의 독음(讀音)은 바로 뒷면 아랫부분에 ⇩

| 蜀 | 虫 부수 7획, 총 13획. | ( )부수 ( )획, 총 ( )획. |
| 나라이름 촉 | 蜀漢   得隴望蜀 | |

| 崔 | 山 부수 8획, 총 11획. | ( )부수 ( )획, 총 ( )획. |
| 성 최 | 崔致遠 | |

| 楸 | 木 부수 9획, 총 13획. | ( )부수 ( )획, 총 ( )획. |
| 가래 추 | | |

| 鄒 | 阝(邑) 부수 10획, 총 13획. | ( )부수 ( )획, 총 ( )획. |
| 추나라 추 | 鄒魯之鄕 | |

| 椿 | 木 부수 9획, 총 13획. | ( )부수 ( )획, 총 ( )획. |
| 참죽나무 춘 | 椿堂   椿府丈 | |

251

2급-96-복습·쓰기장

♣ **아래의 빈칸을 채우시오.**　　　　　　　　　　　　　　　　　【지난학습】

팔찌 **천**		밝을 **철**		맑을 **철**		볼 **첨**		초나라 **초**	

【금일학습】

蜀 나라이름 **촉**							
崔 성 **최**							
楸 가래 **추**							
鄒 추나라 **추**							
椿 참죽나무 **춘**							

촉한 득롱망촉
최치원

추로지향
춘당 춘부장

2급-97-성명·지명용

沖 화할 충	氵 水 부수 4획, 총 7획.　（　）부수（　）획, 총（　）획.	
	沖氣　　崔沖	
聚 모을 취	耳 부수 8획, 총 14획.　（　）부수（　）획, 총（　）획.	
	聚落　　聚合	
峙 언덕 치	山 부수 6획, 총 9획.　（　）부수（　）획, 총（　）획.	
	大峙洞　　對峙狀況	
雉 꿩 치	隹 부수 5획, 총 13획.　（　）부수（　）획, 총（　）획.	
	雉岳山　　春雉自鳴	
灘 여울 탄	氵 水 부수 19획, 총 22획.　（　）부수（　）획, 총（　）획.	
	新灘津　　漢灘江　　玄海灘	

♣ 아래의 빈칸을 채우시오.　　　　　　　　　　　　　【지난학습】

나라이름 **촉**		성 **최**		가래 **추**		추나라 **추**		참죽나무 **춘**	

【금일학습】

沖 화할 **충**								
聚 모을 **취**								
峙 언덕 **치**								
雉 꿩 **치**								
灘 여울 **탄**								

충기　최충
취락　취사
대치동　대치상황
치악산　춘치자명
신탄진　한탄강　현해탄

2급-98-성명·지명용

한자	훈	음	부수 정보	예시
耽	즐길	탐	耳 부수 4획, 총 10획.	耽溺　耽讀　耽羅國
兌	바꿀/기쁠	태/열	儿 부수 5획, 총 7획.	兌卦
台	별	태	口 부수 2획, 총 5획.	天台宗
坡	언덕	파	土 부수 5획, 총 8획.	坡州
阪	언덕	판	阝(阜) 부수 4획, 총 7획.	大阪

♣ **아래의 빈칸을 채우시오.**　　　　　　　　　　　　　　　　　【지난학습】

화할 **충**		모을 **취**		언덕 **치**		꿩 **치**		여울 **탄**	

【금일학습】

耽 즐길 **탐**									
兌 바꿀 **태**									
台 별 **태**									
坡 언덕 **파**									
阪 언덕 **판**									

탐닉　탐독　탐라국
태괘
천태종
파주
대판

256

2급-99-성명·지명용

彭 성 팽	彡 부수 9획, 총 12획. ( )부수 ( )획, 총 ( )획.
	彭城　　彭越

扁 작을 편	戶 부수 5획, 총 9획. ( )부수 ( )획, 총 ( )획.
	扁題

葡 포도 포	⺿ 艸 부수 9획, 총 13획. ( )부수 ( )획, 총 ( )획.
	葡萄(도)　　葡萄牙('포르투갈'의 한자음)

鮑 절인물고기 포	魚 부수 5획, 총 16획. ( )부수 ( )획, 총 ( )획.
	鮑石亭　　管鮑之交

杓 북두자루 표	木 부수 3획, 총 7획. ( )부수 ( )획, 총 ( )획.

257

♣ 아래의 빈칸을 채우시오.　　　　　　　　　　　　　【지난학습】

즐길 **탐**		바꿀 **태**		별 **태**		언덕 **파**		언덕 **판**	

【금일학습】

彭									
성 **팽**									
扁									
작을 **편**									
葡									
포도 **포**									
鮑									
절인물고기 **포**									
杓									
북두자루 **표**									

팽성　팽월
편제
포도　포도아
포석성　관포지교

2급-100-성명·지명용

월   일 【시 간】   ~
❖ 각 한자어의 독음(讀音)은 바로 뒷면 아랫부분에 ⇩

弼 도울 필	弓 부수 9획, 총 12획.	( )부수 ( )획, 총 ( )획.
	輔弼　　徐載弼	

亢 높을 항	亠 부수 2획, 총 4획.	( )부수 ( )획, 총 ( )획.
	亢進　　亢龍有悔	

沆 넓을 항	氵 水 부수 4획, 총 7획.	( )부수 ( )획, 총 ( )획.
	崔沆	

杏 살구 행	木 부수 3획, 총 7획.	( )부수 ( )획, 총 ( )획.
	杏花　　杏林　　銀杏　　杏堂洞	

赫 빛날 혁	赤 부수 7획, 총 14획.	( )부수 ( )획, 총 ( )획.
	朴赫居世	

♣ 아래의 빈칸을 채우시오.　　　　　　　　　　　　　　　　　【지난학습】

성 팽	작을 편	포도 포	절인물고기 포	북두자루 표

【금일학습】

弼 도울 필					
亢 높을 항					
沆 넓을 항					
杏 살구 행					
赫 빛날 혁					

보필　서재필
항진　항룡유회
최항
행화　행림　은행　행당동
박혁거세

2급-101-성명·지명용

爀 불빛 혁	火 부수 14획, 총 18획.	( )부수 ( )획, 총 ( )획.

峴 고개 현	山 부수 7획, 총 10획.	( )부수 ( )획, 총 ( )획.
	阿峴洞	

炫 밝을 현	火 부수 5획, 총 9획.	( )부수 ( )획, 총 ( )획.

鉉 솥귀 현	金 부수 5획, 총 13획.	( )부수 ( )획, 총 ( )획.
	崔鉉培	

陜 좁을 협 / 땅이름 합	阝(阜) 부수 7획, 총 10획.	( )부수 ( )획, 총 ( )획.
	陜川	

♣ 아래의 빈칸을 채우시오.

【지난학습】

| 도울 필 | 높을 항 | 넓을 항 | 살구 행 | 빛날 혁 |

【금일학습】

爀 불빛 혁					
峴 고개 현					
炫 밝을 현					
鉉 솥귀 현					
陜 좁을 협					

아현동

최현배
합천

2급-102-성명·지명용

瀅 물맑을 형	氵 水 부수 15획, 총 18획. ( )부수 ( )획, 총 ( )획.
	金基瀅

炯 빛날 형	火 부수 5획, 총 9획. ( )부수 ( )획, 총 ( )획.
	炯眼

瑩 밝을 형 / 옥돌 영	王 玉 부수 10획, 총 15획. ( )부수 ( )획, 총 ( )획.
	瑩鏡　　崔瑩

邢 성 형	阝 邑 부수 4획, 총 7획. ( )부수 ( )획, 총 ( )획.

馨 꽃다울 형	香 부수 11획, 총 20획. ( )부수 ( )획, 총 ( )획.
	柳馨遠

2급-102-복습·쓰기장

♣ **아래의 빈칸을 채우시오.** 【지난학습】

| 불빛 **혁** | 고개 **현** | 밝을 **현** | 솥귀 **현** | 좁을 **협** |

【금일학습】

瀅 물맑을 **형**						
炯 빛날 **형**						
瑩 밝을 **형**						
邢 성 **형**						
馨 꽃다울 **형**						

김기형
형안
영경 최영

유형원

2급-103-성명·지명용

월　　　일 【시 간】　　　　～
❖ 각 한자어의 독음(讀音)은 바로 뒷면 아랫부분에 ⇩

壕 해자 호	土 부수 14획, 총 17획. （　　）부수（　）획, 총（　）획.
	防空壕　　　待避壕

扈 따를 호	戶 부수 7획, 총 11획. （　　）부수（　）획, 총（　）획.
	扈衛　　扈從　　扈養

昊 하늘 호	日 부수 4획, 총 8획. （　　）부수（　）획, 총（　）획.
	昊天罔極

晧 밝을 호	日 부수 7획, 총 11획. （　　）부수（　）획, 총（　）획.
	黃一晧

皓 흴 호	白 부수 7획, 총 12획. （　　）부수（　）획, 총（　）획.
	皓皓白髮　　　丹脣皓齒

♣ **아래의 빈칸을 채우시오.**　　　　　　　　　　　　　　　【지난학습】

물맑을	형	빛날	형	밝을	형	성	형	꽃다울	형

【금일학습】

壕 해자 호							
扈 따를 호							
昊 하늘 호							
晧 밝을 호							
皓 흴 호							

방공호　대피호
호위　호종　호양
호천망극
황일호
호호백발　단순호치

2급-104-성명·지명용

澔 넓을 호	氵 水 부수 12획, 총 15획.	( )부수 ( )획, 총 ( )획.
	李根澔	

祜 복 호	示 부수 5획, 총 10획.	( )부수 ( )획, 총 ( )획.
	徐天祜	

鎬 호경 호	金 부수 10획, 총 18획.	( )부수 ( )획, 총 ( )획.
	鎬京	

泓 물깊을 홍	氵 水 부수 5획, 총 8획.	( )부수 ( )획, 총 ( )획.
	深泓	

嬅 탐스러울 화	女 부수 12획, 총 15획.	( )부수 ( )획, 총 ( )획.

♣ **아래의 빈칸을 채우시오.** 【지난학습】

해자 **호**		따를 **호**		하늘 **호**		밝을 **호**		흴 **호**	

【금일학습】

澔 넓을 **호**								
祜 복 **호**								
鎬 호경 **호**								
泓 물깊을 **홍**								
嬅 탐스러울 **화**								

이근호
서천호
호경
심홍

2급-105-성명·지명용

樺 자작나무 화	木 부수 12획, 총 16획. ( )부수 ( )획, 총 ( )획.
	樺木 樺太 樺皮
桓 굳셀 환	木 부수 6획, 총 10획. ( )부수 ( )획, 총 ( )획.
	桓雄
煥 빛날 환	火 부수 9획, 총 13획. ( )부수 ( )획, 총 ( )획.
	文益煥
晃 밝을 황	日 부수 6획, 총 10획. ( )부수 ( )획, 총 ( )획.
	姜世晃
滉 깊을 황	氵水 부수 10획, 총 13획. ( )부수 ( )획, 총 ( )획.
	李滉

♣ 아래의 빈칸을 채우시오.

【지난학습】

넓을 호	복 호	호경 호	물깊을 홍	탐스러울 화	

【금일학습】

樺 자작나무 화

桓 굳셀 환

煥 빛날 환

晃 밝을 황

滉 깊을 황

화목 화태 화피
환웅
문익환
강세황
이황

2급-106-성명·지명용

檜 전나무 회	木 부수 13획, 총 17획. ( )부수 ( )획, 총 ( )획.
	檜木　　　檜巖寺
淮 물이름 회	氵 水 부수 8획, 총 11획. ( )부수 ( )획, 총 ( )획.
	淮陽
后 임금 후 왕후 후	口 부수 3획, 총 6획. ( )부수 ( )획, 총 ( )획.
	后稷　　　皇后　　　太后
熏 불길 훈	灬 火 부수 10획, 총 14획. ( )부수 ( )획, 총 ( )획.
	南盆熏
壎 질나팔 훈	土 부수 14획, 총 17획. ( )부수 ( )획, 총 ( )획.

♣ 아래의 빈칸을 채우시오. 【지난학습】

자작나무 화	굳셀 환	빛날 환	밝을 황	깊을 황

【금일학습】

檜 전나무 회				
淮 물이름 회				
后 임금 후				
熏 불길 훈				
壎 질나팔 훈				

회목 회암사
회양
후직 황후 태후
남익훈

2급-107-성명·지명용

薰 향풀 훈	++ 艸 부수 14획, 총 18획. ( )부수 ( )획, 총 ( )획.
	薰陶　　薰風　　曺薰鉉

徽 아름다울 휘	彳 부수 14획, 총 17획. ( )부수 ( )획, 총 ( )획.
	徽章

烋 아름다울 휴	灬 火 부수 6획, 총 10획. ( )부수 ( )획, 총 ( )획.
	金宗烋

匈 오랑캐 흉	勹 부수 4획, 총 6획. ( )부수 ( )획, 총 ( )획.
	匈奴族

欽 공경할 흠	欠 부수 8획, 총 12획. ( )부수 ( )획, 총 ( )획.
	欽慕　　欽仰

♣ 아래의 빈칸을 채우시오.   【지난학습】

전나무 **회**		물이름 **회**		임금 **후**		불길 **훈**		질나팔 **훈**	

【금일학습】

薰						
향풀 **훈**						
徽						
아름다울 **휘**						
休						
아름다울 **휴**						
匈						
오랑캐 **흉**						
欽						
공경할 **흠**						

훈도 훈풍 조훈현
휘장
김종휴
흉노족
흠모 흠앙

2급-108-성명·지명용

嬉 아름다울 희	女 부수 12획, 총 15획. ( )부수 ( )획, 총 ( )획.
	嬉笑　　嬉遊

禧 복 희	示 부수 12획, 총 17획. ( )부수 ( )획, 총 ( )획.
	禧年

熹 빛날 희	灬火 부수 12획, 총 16획. ( )부수 ( )획, 총 ( )획.
	朱熹

憙 기뻐할 희	心 부수 12획, 총 16획. ( )부수 ( )획, 총 ( )획.

羲 복희 희	羊 부수 10획, 총 16획. ( )부수 ( )획, 총 ( )획.
	伏羲氏　　王羲之

♣ **아래의 빈칸을 채우시오.** 【지난학습】

향풀 **훈**	아름다울 **휘**	아름다울 **휴**	오랑캐 **흉**	공경할 **흠**

【금일학습】

嬉 아름다울 희							
禧 복 희							
熹 빛날 희							
憙 기뻐할 희							
義 복희 희							

희소   희유
희년
주희

복희씨   왕희지

♣ **아래의 약자(略字)·속자(俗字)를 써 보시오.**

약자·속자 2급 - 1

皐	皋								
언덕 고									
歐	欧								
구라파 구									
鷗	鸥								
갈매기 구									
膽	胆								
쓸개 담									
燾	焘								
비칠 도									
藍	蓝								
쪽 람									
廬	庐								
오두막집 려									
籠	笼								
대바구니 롱									
灣	湾								
물굽이 만									

♣ **아래의 약자(略字)·속자(俗字)를 써 보시오.**

약자·속자 2급 - 2

蠻 오랑캐 만	蛮							
覓 찾을 멱	覔							
倂 아우를 병	併							
敷 펼 부	旉							
揷 꽂을 삽	挿							
纖 가늘 섬	繊							
燮 불꽃 섭	変							
腎 콩팥 신	肾							
礙 막을 애	碍							

♣ **아래의 약자(略字)·속자(俗字)를 써 보시오.**
약자·속자 2급 – 3

孃	嬢								
아가씨 양									
姸	妍								
고울 연									
淵	渕								
못 연									
鬱	欝								
답답할 울									
兪	俞								
대답할 유									
貳	弍				弐				
두 이									
刃	刄								
칼날 인									
壹	壱								
한 일									
蠶	蚕								
누에 잠									

279

♣ 아래의 약자(略字)·속자(俗字)를 써 보시오.

약자·속자 2급 - 4

劑	剤								
약제 제									
晉	晋								
진나라 진									
沖	冲								
화할 충									
兌	兑								
바꿀 태									
霸	覇								
으뜸 패									
鋪	舗								
펄 포									
艦	舰								
큰배 함									
峽	峡								
골짜기 협									
勳	勲								
공 훈									

한자어(漢字語) 학습

- 한자어 독음(讀音) 쓰기(장단음 포함)
- 한자어 쓰기
- 반의어(反義語)
- 동의어(同義語)
- 한자성어(漢字成語)

♣ 다음 한자어(漢字語)의 독음(讀音)을 쓰시오. ▶정답은 328쪽

1. 葛根
2. 葛粉
3. 憾情
4. 遺憾
5. 私憾
6. 坑口
7. 坑道
8. 坑內
9. 坑夫
10. 休憩所
11. 休憩室
12. 揭:揚
13. 揭:示
14. 揭:載
15. 雇用
16. 解雇
17. 戈劍
18. 干戈
19. 兵戈
20. 瓜期
21. 瓜年
22. 破瓜
23. 瓜田不納履
24. 菓子
25. 菓:品
26. 茶菓
27. 製菓
28. 銘菓
29. 落款
30. 約款
31. 定:款
32. 借款
33. 傀:奇
34. 傀:然
35. 華僑
36. 僑居
37. 海外僑胞
38. 絞殺
39. 絞首刑
40. 交着
41. 膠固
42. 阿膠
43. 膠柱鼓瑟
44. 歐美
45. 東歐
46. 歐吐
47. 購入
48. 購讀
49. 購買
50. 白鷗
51. 發掘
52. 採掘
53. 洞窟
54. 石窟
55. 魔窟
56. 巢窟
57. 圈:內
58. 商圈
59. 勢力圈
60. 南極圈
61. 宮闕
62. 大闕
63. 闕內
64. 闕漏
65. 闕席
66. 閨房
67. 閨秀
68. 棋局
69. 棋譜
70. 將:棋
71. 濃淡
72. 濃度
73. 濃霧
74. 濃厚
75. 尿道
76. 排尿
77. 糖尿病
78. 數尿症
79. 夜尿症
80. 尼寺
81. 尼僧
82. 比丘尼
83. 溺死

♣ 다음 한자어(漢字語)의 독음(讀音)을 쓰시오.   ▶정답은 328쪽

1. 耽溺
2. 鍛鍊
3. 鍛造
4. 潭水
5. 潭淵
6. 緣潭
7. 靑潭
8. 肝:膽
9. 膽:力
10. 大:膽
11. 落:膽
12. 肝:膽相照
13. 垈地
14. 家垈
15. 推戴
16. 戴:冠式
17. 男負女戴
18. 哀悼
19. 追悼
20. 梧桐
21. 棟梁
22. 病棟
23. 棟梁之材
24. 藤架
25. 葛藤
26. 謄寫
27. 謄本
28. 謄抄本
29. 裸:體
30. 半:裸
31. 全裸
32. 赤裸裸
33. 洛書
34. 洛水
35. 京洛
36. 爛:漫
37. 洛陽紙價貴
38. 爛:熟
39. 能手能爛
40. 藍色
41. 百花爛漫
42. 藍實
43. 靑出於藍
44. 拉枯
45. 拉致
46. 被:拉
47. 車輛
48. 煉獄
49. 煉乳
50. 煉炭
51. 籠球
52. 籠絡
53. 籠城
54. 鳥籠
55. 療養
56. 治療
57. 醫療
58. 療飢
59. 硫酸
60. 硫黃
61. 謬習
62. 誤謬
63. 錯謬
64. 肩摩
65. 摩尼
66. 摩天樓
67. 痲藥
68. 痲醉
69. 魔力
70. 病魔
71. 魔手
72. 魔術
73. 魔法
74. 惡魔
75. 鼓膜
76. 角膜
77. 薄膜
78. 網膜
79. 結膜炎
80. 分娩
81. 娩痛
82. 港灣
83. 臺灣

♣ 다음 한자어(漢字語)의 독음(讀音)을 쓰시오.   ▶정답은 328쪽

1. 玉浦灣
2. 眞珠灣
3. 蠻勇
4. 蠻行
5. 蠻族
6. 野蠻
7. 網羅
8. 法網
9. 漁網
10. 投網
11. 枚數
12. 一網打盡
13. 枚擧
14. 魅力
15. 魅了
16. 魅惑
17. 蔑視
18. 輕蔑
19. 帽子
20. 脫帽
21. 矛盾
22. 沐浴
23. 沐雨
24. 紊亂
25. 船舶
26. 舶來品
27. 運搬
28. 搬出
29. 紡織
30. 紡績
31. 紡絲
32. 綿紡
33. 俳優
34. 賠償
35. 松柏
36. 柏子
37. 側柏
38. 閥閱
39. 門閥
40. 財閥
41. 族閥
42. 學閥
43. 派閥
44. 汎愛
45. 汎舟
46. 汎稱
47. 汎神論
48. 僻字
49. 僻地
50. 僻村
51. 窮僻
52. 偏僻
53. 倂:用
54. 倂:合
55. 合倂
56. 俸:給
57. 俸祿
58. 減俸
59. 薄俸
60. 年俸
61. 縫製
62. 縫合
63. 裁縫
64. 彌縫
65. 纖維
66. 敷設
67. 敷衍
68. 皮膚
69. 膚淺
70. 膚敏
71. 弗弗
72. 弗貨
73. 弗豫
74. 匪:賊
75. 匪色
76. 共匪
77. 土匪
78. 敎唆
79. 示唆
80. 赦免
81. 大赦
82. 特赦
83. 飼料
84. 飼育

♣ **다음 한자어(漢字語)의 독음(讀音)을 쓰시오.** ▶정답은 328쪽

1. 傘下
2. 飼育場
3. 陽傘
4. 核雨傘
5. 酸性
6. 酸素
7. 酸化
8. 辛酸
9. 黃酸
10. 鹽酸
11. 人蔘
12. 白蔘
13. 紅蔘
14. 高麗蔘
15. 揷入
16. 揷畵
17. 首揷
18. 箱子
19. 蜂箱
20. 書箱
21. 瑞:氣
22. 瑞:光
23. 瑞:夢
24. 瑞:兆
25. 吉瑞
26. 祥瑞
27. 碩學
28. 碩士
29. 繕寫
30. 修繕
31. 營繕
32. 征繕
33. 纖細
34. 天衣無縫
35. 貰家
36. 纖纖玉手
37. 月貰
38. 專貰
39. 傳貰金
40. 傳貰房
41. 紹介
42. 紹述
43. 自己紹介書
44. 紳士淑女
45. 升平
46. 升斗之利
47. 屍:體
48. 檢屍
49. 繁殖
50. 殖貨
51. 殖産
52. 矛盾
53. 腎:臟
54. 腎:管
55. 胃癌
56. 握手
57. 掌握
58. 腎:臟炎
59. 肺癌
60. 乳房癌
61. 拘礙
62. 子宮癌
63. 障礙
64. 惹:起
65. 令孃
66. 金孃
67. 硯石
68. 硯滴
69. 硯池
70. 紙筆墨硯
71. 厭:世
72. 厭:症
73. 預:託
74. 預:金
75. 預:度
76. 參預
77. 碧梧桐
78. 穩健
79. 穩當
80. 平穩
81. 安穩
82. 歪曲

♣ 다음 한자어(漢字語)의 독음(讀音)을 쓰시오.   ▶정답은 329쪽

1. 歪曲報道
2. 妖怪
3. 妖妄
4. 妖物
5. 妖邪
6. 傭兵
7. 傭員
8. 傭人
9. 雇傭
10. 鎔巖
11. 熔接
12. 熔解
13. 熔融點
14. 鬱憤
15. 鬱寂
16. 鬱蒼
17. 憂鬱
18. 鬱陵島
19. 秘苑
20. 禁苑
21. 文苑
22. 藝苑
23. 尉官
24. 大尉
25. 中尉
26. 少尉
27. 准尉
28. 融合
29. 融化
30. 融和
31. 融資
32. 融通
33. 貳車
34. 貳相
35. 貳心
36. 貳十億
37. 副貳
38. 刃傷
39. 白刃
40. 自刃
41. 壹意
42. 壹萬金
43. 不姙
44. 姙産婦
45. 懷妊
46. 磁力
47. 磁石
48. 磁器
49. 磁針
50. 磁氣場
51. 詰問
52. 雌伏
53. 雌雄
54. 雌花
55. 蠶室
56. 沮止
57. 沮害
58. 偵察
59. 偵探
60. 密偵
61. 探偵
62. 呈納
63. 露呈
64. 贈呈
65. 獻呈
66. 小艇
67. 舟艇
68. 飛行艇
69. 調劑
70. 救命艇
71. 藥劑
72. 快速艇
73. 洗劑
74. 湯劑
75. 彫琢
76. 抗生劑
77. 彫刻
78. 止血劑
79. 措置
80. 措處
81. 名札
82. 應急措處
83. 釣船
84. 釣魚

♣ 다음 한자어(漢字語)의 독음(讀音)을 쓰시오.　　▶정답은 329쪽

1. 綜合
2. 綜合的
3. 駐:在
4. 駐:車
5. 駐:屯
6. 駐:美
7. 駐:韓
8. 常駐
9. 批准
10. 認准
11. 准:尉
12. 准:將
13. 趣旨
14. 論旨
15. 本旨
16. 要旨
17. 主旨
18. 都承旨
19. 樹脂
20. 牛脂
21. 乳脂
22. 油脂
23. 粉塵
24. 塵土
25. 落塵
26. 脫脂綿
27. 風塵
28. 塵肺症
29. 津液
30. 津渡
31. 康津
32. 會津
33. 唐津
34. 河津
35. 診斷
36. 診療
37. 診脈
38. 診察
39. 檢診
40. 休診
41. 窒酸
42. 窒塞
43. 窒息
44. 窒素肥料
45. 特輯
46. 編輯
47. 抄輯
48. 編輯權
49. 遮光
50. 遮斷
51. 遮陽
52. 遮斷機
53. 午餐
54. 晩餐
55. 朝餐
56. 刹那
57. 寺刹
58. 名山大刹
59. 古刹
60. 緊急措置
61. 蠶食
62. 蠶農
63. 養蠶
64. 蠶頭雁尾
65. 書札
66. 改札
67. 落札
68. 入札公告
69. 斬首
70. 斬新
71. 斬刑
72. 表彰
73. 滄浪
74. 滄茫
75. 滄海
76. 滄波
77. 撤市
78. 悽慘
79. 隻手
80. 隻言
81. 撤去
82. 撤軍
83. 撤收
84. 滄海一粟
85. 撤廢
86. 不撤晝夜
87. 諜報
88. 諜者

♣ **다음 한자어(漢字語)의 독음(讀音)을 쓰시오.** ▶정답은 329쪽

1.間諜	2.防諜	43.受胎	44.胎生地
3.締結	4.締盟	45.颱風	46.換骨奪胎
5.步哨	6.哨兵	47.霸:權	48.霸:氣
7.哨所	8.取締役	49.霸:王	50.霸:者
9.焦點	10.前哨戰	51.制霸	52.坪當
11.焦心	12.哨戒艇	53.坪數	54.延坪數
13.焦燥	14.焦土化	55.建坪	56.延建坪
15.歸趨	16.勞心焦思	57.恐怖	58.怖畏
17.趨勢	18.焦眉之急	59.抛棄	60.抛:物線
19.蹴球	20.一蹴	61.鋪道	62.典當鋪
21.機軸	22.主軸	63.店鋪	64.紙物鋪
23.車軸	24.天方地軸	65.虐待	66.鋪裝道路
25.衷心	26.衷誠	67.虐殺	68.虐政
27.衷情	28.苦衷	69.自虐	70.殘虐
29.折衷	30.炊:事	71.書翰	72.暴虐無道
31.自炊	32.琢磨	73.公翰	74.筆翰
33.彫琢	34.託送	75.翰林院	76.艦隊
35.付託	36.寄託	77.艦上	78.艦船
37.結託	38.信託	79.艦長	80.軍艦
39.預託	40.依託	81.戰艦	82.航空母艦
41.胎敎	42.託兒所	83.弦管	84.上:弦

288

♣ 다음 한자어(漢字語)의 독음(讀音)을 쓰시오.　　　▶정답은 329쪽

1. 下:弦
2. 絃樂器
3. 峽谷
4. 海峽
5. 舊形
6. 金型
7. 模型
8. 流線型
9. 典型
10. 選多型
11. 濠洲
12. 血液型
13. 酷毒
14. 酷吏
15. 酷暑
16. 酷評
17. 酷寒
18. 冷酷
19. 殘酷
20. 慘酷
21. 軍靴
22. 洋靴店
23. 長靴
24. 室內靴
25. 幻滅
26. 製靴工
27. 幻想
28. 幻生
29. 幻影
30. 幻聽
31. 滑降
32. 幻覺劑
33. 滑空
34. 滑走路
35. 圓滑
36. 潤滑油
37. 輪廻
38. 巡廻
39. 上廻
40. 左廻轉
41. 喉頭
42. 輪廻轉生
43. 喉舌
44. 喉頭炎
45. 勳爵
46. 勳章
47. 功勳
48. 武勳
49. 賞勳
50. 敍勳
51. 噫嗚
52. 報勳處
53. 舞姬
54. 歌姬
55. 美姬
56. 熙笑
57. 伽藍
58. 熙熙壤壤
59. 僧伽
60. 伽倻山
61. 賈島
62. 南柯一夢
63. 孟軻
64. 伽倻琴
65. 商賈
66. 賈船
67. 賈怨
68. 釋迦牟尼
69. 杆城
70. 欄杆
71. 艮卦
72. 艮方
73. 鞨鞠
74. 姜邯贊
75. 岬角
76. 邯鄲之夢
77. 岬寺
78. 岬城
79. 姜氏
80. 姜太公
81. 岡陵
82. 自彊不息
83. 福岡
84. 自疆道

♣ 다음 한자어(漢字語)의 독음(讀音)을 쓰시오.　　　　　▶정답은 330쪽

1. 鍵盤
2. 价川郡
3. 李塏
4. 新疆省
5. 關鍵
6. 杰出
7. 人杰
8. 桀桀
9. 桀王
10. 桀惡
11. 甄道
12. 甄別
13. 儆儆
14. 儆戒
15. 瓊玉
16. 皐復
17. 皐月
18. 竹串島
19. 槐木
20. 長山串
21. 槐門
22. 槐庭
23. 丘陵
24. 大邱
25. 鞠問
26. 鞠養
27. 鞠育
28. 圭角
29. 刀圭
30. 奎文
31. 奎星
32. 揆度
33. 槿城
34. 槿花
35. 木槿
36. 戰戰兢兢
37. 兢兢
38. 多岐亡羊
39. 岐路
40. 分岐點
41. 冀望
42. 岐黃之術
43. 琦行
44. 琪花瑤草
45. 璣衡
46. 璿璣
47. 珠璣
48. 箕帚
49. 耆老
50. 耆年
51. 驥足
52. 人中騏驥
53. 麒麟
54. 湍湍
55. 湍水
56. 急湍
57. 飛湍
58. 塘池
59. 惇惠
60. 惇德
61. 惇信
62. 頓舍
63. 頓首
64. 頓絶
65. 頓悟
66. 整頓
67. 甲乭
68. 申乭石
69. 董正
70. 董督
71. 杜絶
72. 骨董品
73. 萊夷
74. 杜門不出
75. 萊妻
76. 老萊子
77. 廬幕
78. 棟樑之材
79. 律呂
80. 諸葛亮
81. 礪山
82. 三顧草廬
83. 驪州
84. 漣川

♣ 다음 한자어(漢字語)의 독음(讀音)을 쓰시오.　　▶정답은 330쪽

1. 淸漣	2. 蘆原區	43. 龎錯	44. 龎眉皓髮
3. 蘆花	4. 盧生之夢	45. 裵克廉	46. 筏橋
5. 醴泉	6. 魚魯不辨	47. 卞季良	48. 弁韓
7. 白鷺	8. 鷺梁津	49. 尹潽善	50. 皇甫仁
9. 遼東	10. 遼下	51. 麻中之蓬	52. 師傅
11. 劉邦	12. 劉備	53. 釜山	54. 曲阜
13. 楞嚴經	14. 麟角	55. 芬蘭	56. 鵬程萬里
15. 麒麟兒	16. 靺鞨族	57. 懲毖錄	58. 懲前毖後
17. 濊貊族	18. 木覓山	59. 毘盧峯	60. 薰陶
19. 冕旒冠	20. 沔川	61. 彬彬	62. 泌尿器科
21. 沔州	22. 俛俛	63. 馮陵	64. 馮虛
23. 俛視	24. 俛仰	65. 泗川	66. 庠序
25. 釋迦牟尼	26. 茅屋	67. 舒眉	68. 舒遲
27. 謀略	28. 策謀	69. 舒川	70. 明晳
29. 穆陵	30. 汶山	71. 朱錫	72. 錫鑛
31. 彌久	32. 彌滿	73. 錫姓	74. 赤錫
33. 彌縫策	34. 彌阿里	75. 天錫	76. 李相卨
35. 閔妃	36. 閔泳煥	77. 薛聰	78. 薛氏女
37. 磻溪隧錄	38. 渤海	79. 蟾津江	80. 陝西省
39. 衣鉢	40. 夫渤	81. 巢窟	82. 德沼
41. 托鉢僧	42. 龎龎	83. 宋時烈	84. 隋文帝

♣ 다음 한자어(漢字語)의 독음(讀音)을 쓰시오.　　　　　　　▶정답은 330쪽

1. 淳朴
2. 淳厚
3. 舜英
4. 舜禹
5. 堯舜
6. 荀子
7. 琴瑟
8. 琴瑟之樂
9. 柴炭
10. 結繩文字
11. 鴨綠江
12. 淵蓋蘇文
13. 閻魔
14. 閻羅大王
15. 盈德
16. 濊德先生傳
17. 睿宗
18. 吳越同舟
19. 沃川
20. 墺地利
21. 甕器
22. 甕岩
23. 甕津
24. 莞島
25. 儀旺
26. 倭國
27. 倭人
28. 倭式
29. 戊寅滅倭祈禱(도)運動
30. 堯堯
31. 唐堯
32. 溶油
33. 溶液
34. 溶劑
35. 溶解質
36. 鎔接
37. 鎔鑛爐
38. 禹王
39. 天佑神助
40. 禹域
41. 旭日昇天
42. 蔚山
43. 熊膽
44. 熊津
45. 才媛
46. 渭水
47. 韋編三絶
48. 魏氏
49. 兪應孚
50. 金庾信
51. 楡岾寺
52. 水踰里
53. 尹瓘
54. 夏殷周
55. 朴闇
56. 鷹視
57. 鷹瓜
58. 鷹岩洞
59. 伊太利
60. 怡悅
61. 南怡
62. 李珥
63. 八佾舞
64. 滋繁
65. 弄璋之慶
66. 田庄
67. 蔣介石
68. 獐角
69. 旌善郡
70. 畿甸
71. 旌閭門
72. 水晶
73. 孫基禎
74. 鼎足
75. 鄭夢周
76. 九鼎
77. 曹植
78. 福祚
79. 趙光祖
80. 峻嚴
81. 駿:馬
82. 駿:才
83. 駿足

♣ 다음 한자어(漢字語)의 독음(讀音)을 쓰시오.　　　▶정답은 330쪽

1. 址臺
2. 瞻星臺
3. 靈芝
4. 宗廟社稷
5. 燦爛
6. 秦始皇
7. 鄭澈
8. 高敞郡
9. 基址
10. 四面楚歌
11. 蜀漢
12. 得隴望蜀
13. 聚落
14. 鄒魯之鄕
15. 大峙洞
16. 雉岳山
17. 坡州
18. 新灘津
19. 漢灘江
20. 玄海灘
21. 扁鵲
22. 春雉自鳴
23. 大阪
24. 耽羅國
25. 扈衛
26. 扈從
27. 杏花
28. 管鮑之交
29. 輔弼
30. 鮑石亭
31. 杏堂洞
32. 朴赫居世
33. 阿峴洞
34. 瑩鏡
35. 昊天罔極
36. 丹脣皓齒
37. 徐天祐
38. 鎬京
39. 樺木
40. 桓雄
41. 李滉
42. 檜木
43. 檜巖寺
44. 淮陽
45. 皇后
46. 薰陶
47. 徽章
48. 匈奴族
49. 欽慕
50. 欽仰
51. 朱熹
52. 伏羲氏
53. 毘盧遮那佛

♣ 다음 낱말 풀이에 알맞은 한자(漢字)를 쓰시오. ▶정답은 331쪽

1. 갈근 (   )
   칡의 뿌리.
   ¶ ~탕.

2. 갈분 (   )
   칡뿌리를 짓찧어 앙금을 물에 가라앉히어 말린 녹말 가루.
   ¶ ~차.

3. 감정 (   )
   원망하거나 성내는 마음.
   ¶ 서로 ~를 풀고 화해하라.

4. 유감 (   )
   마음에 차지 아니하여 섭섭하거나 불만스럽게 남아있는 느낌.
   ¶ 내게 ~이 있으면 말해 보아라.

5. 사감 (   )
   사사로운 일로 언짢게 여기는 마음.
   ¶ ~으로 공사를 처리하지 않았습니다.

6. 갱구 (   )
   갱도의 입구. 광구(鑛口).
   ¶ 고개를 젖혀 보았지만 벌써 ~ 위로 보이던 투명한 하늘은 보이지 않는다.

7. 갱도 (   )
   광산에서, 갱 안에 뚫어 놓은 길. 사람이 드나들며, 광석이나 자재를 나르거나 바람을 통하게 하는 데 쓴다.
   ¶ 아버지는 매일 ~를 드나들며 일을 하신다.

8. 갱내 (   )
   광산에서, 광물을 채취하기 위하여 파 놓은 구덩이의 안.
   ¶ ~ 보수 작업.

9. 갱부 (   )
   광산에서, 채굴 작업에 종사하는 인부. 굿일꾼
   ¶ ~들이 모이자 곧바로 막장으로 갔다.

10. 휴게소 (   )
    길을 가는 사람들이 잠깐 동안 머물러 쉴 수 있도록 마련하여 놓은 장소.
    ¶ 고속도로를 가다가 ~에서 김밥을 사 먹었다.

11. 휴게실 (   )
    잠깐 동안 머물러 쉴 수 있도록 마련해 놓은 방
    ¶ 트랩을 내린 일단의 승객들이 활주로를 거쳐 공항 ~로 몰려든다.

12. 게양 (   )
    기(旗) 따위를 높이 걺. '닮', '올림'으로 순화.
    ¶ 국기 ~.

13. 게시 (   )
    여러 사람에게 알리기 위하여 내붙이거나 내걸어 두루 보게 함. 또는 그런 물건.
    ¶ 합격자 명단이 과 사무실 알림판에 ~ 되었다.

14. 게재 (   )
    글이나 그림 따위를 신문이나 잡지 따위에 실음.
    ¶ 그의 논문은 유명 학회지에 ~될 예정이다.

15. 고용 (   )
    삯을 주고 사람을 부림.
    ¶ 각 기업에서는 신입 사원 중에 20%는 여성을 ~하기로 했다.

16. 해고 (   )
    고용주가 고용 계약을 해제하여 피고용자를 내보냄.
    ¶ 그는 회사에서 ~ 되었다.

17. 과검 (   )
    창과 칼을 아울러 이르는 말.
    ¶ 그 무사는 ~을 함께 가지고 있었다.

18. 간과 (   )
    방패와 창이라는 뜻으로, 전쟁에 쓰는 병기를 통틀어 이르는 말.
    ¶ 임진왜란이 나자 천지가 온통 ~뿐인 듯 하였다.

♣ 다음 낱말 풀이에 알맞은 한자(漢字)를 쓰시오.   ▶정답은 331쪽

1. 병과   (   )

창이라는 뜻으로, '무기(武器)'를 이르는 말
¶ 옛날에는 전쟁을 하면 주로 ~을 사용한다.

2. 과기   (   )

①싸움에 쓰는 벼슬의 임기가 끝나는 시기를 이르던 말. ②기한이 다 된 시기.
¶ ~가 다 되었다.

3. 과년   (   )

결혼하기에 적당한 여자의 나이.
¶ 딸이 자라 어느덧 ~에 이르렀다.

4. 파과   (   )

성교(性交)에 의하여 처녀막이 터짐
¶ ~之年

5. 과전불납리 (   )

오이 밭에서는 신을 고쳐 신지 말라는 뜻으로, 의심받기 쉬운 행동은 하지 말아야 함을 이르는 말.
¶ 자고로 오해를 안받으려면 ~ 해야 한다.

6. 과자   (   )

식물이 수정한 후 씨방이 자라서 생기는 것, 대개는 이 속에 씨가 들어 있다 (=열매)
¶ 이 나무의 ~가 탐스럽게 열렸구나.

7. 다과   (   )

차와 과실을 아울러 이르는 말.
¶ 손님이 오셨으니 ~를 좀 내 오너라.

8. 제과   (   )

과자나 빵을 만듦.
¶ 우리동네 빵집은 직접 ~한 빵을 판매한다.

9. 명과   (   )

특별한 방법으로 만들고 고유의 상표가 붙은 좋은 과자.
¶ 경주에 가면 유명한 ~가 있다.

10. 낙관   (   )

글씨나 그림 따위에 작가가 자신의 이름이나 호(號)를 쓰고 도장을 찍는 일. 또는 그렇게 찍는 도장.
¶ 서예의 마지막은 ~을 찍는 일이다.

11. 정관   (   )

법인의 목적, 조직, 업무 집행 따위에 관한 근본 규칙. 또는 그것을 적은 문서.
¶ 우리 회사는 ~에 맞춰 생활하도록 되어있다.

12. 차관   (   )

한 나라의 정부나 기업, 은행 따위가 외국 정부나 공적 기관으로부터 자금을 빌려 옴. 정치적·경제적으로 행하여지며, 정부 차관과 민간 차관 따위가 있다.
¶ ~ 협정.

13. 괴기   (   )

이상하고 기이함
¶ 요새는 ~영화가 많다.

14. 괴연   (   )

도량이나 능력, 업적 따위가 뛰어나고 훌륭하다.
¶ 그 사람은 ~하다.

15. 화교   (   )

외국에서 사는 중국 사람.
¶ 인천에는 ~가 많다.

16. 교거   (   )

남의 집이나 타향에서 임시로 몸을 붙여 삶. 또는 그런 집.
¶ 지금은 잠시 친구네서 ~하고 있습니다.

17. 해외교포 (   )

다른 나라에 살고 있는 동포.
¶ TV에서는 ~를 위한 방송을 하기도 한다.

18. 교살   (   )

목을 졸라 죽임.
¶ 그 자는 사람을 ~ 하였다.

295

♣ 다음 낱말 풀이에 알맞은 한자(漢字)를 쓰시오. ▶정답은 331쪽

1. 교수형 (　　　　　)
목을 옭아매어 죽이는 형벌.
¶ 그는 체포되어 대구 감영에서 ~을 당했다.

2. 고착 (　　　　　)
아주 단단히 달라붙음.
¶ 회담이 ~ 상태에 빠지다.

3. 고고 (　　　　　)
너무 굳어서 융통성이 없음
¶ ~한 성품으로 제자들의 존경을 받다.

4. 아교 (　　　　　)
짐승의 가죽, 힘줄, 뼈 따위를 진하게 고아서 굳힌 끈끈한 것. 주로 풀로 쓰는데 지혈제나 그림을 그리는 재료로도 사용한다.
¶ 나무 상자를 ~로 단단히 붙였다

5. 교주고슬 (　　　　　)
갓풀로 비파나 거문고의 기러기발을 붙여 놓으면 음조를 바꿀 수 없다는 뜻으로, 고지식하여 조금도 융통성이 없음을 이르는 말.
《사기》〈인상여전(藺相如傳)〉
¶ 너가 하는 행동이 ~과 같구나.

6. 구미 (　　　　　)
유럽 주와 아메리카 주를 아울러 이르는 말.
¶ ~의 나라들

7. 동구 (　　　　　)
'동유럽'의 음역어 = 東歐羅巴
¶ 이번 여행에서는 ~의 나라들을 둘러보았다.

8. 구토 (　　　　　)
먹은 음식물을 토함.
¶ ~가 나다.

9. 구입 (　　　　　)
물건을 사들임.
¶ ~비용.

10. 구독 (　　　　　)
책이나 신문, 잡지 따위를 구입하여 읽음.
¶ 신문 ~을 중단하다

11. 구매 (　　　　　)
물건 따위를 사들임.
¶ 상품을 ~ 하다.

12. 백구 (　　　　　)
갈매기
¶ 해변에 ~가 있다.

13. 발굴 (　　　　　)
땅속이나 큰 덩치의 흙, 돌 더미 따위에 묻혀 있는 것을 찾아서 파냄.
¶ 유적 ~작업

14. 채굴 (　　　　　)
땅을 파고 땅속에 묻혀 있는 광물 따위를 캐냄.
¶ 인원과 장비가 딸려 ~에 어려움이 있다.

15. 동굴 (　　　　　)
자연적으로 생긴 깊고 넓은 큰 굴.
¶ ~ 밖으로 나가다.

16. 석굴 (　　　　　)
바위에 뚫린 굴.
¶ 원시인들은 ~ 안에서 살았을 것이다.

17. 마굴 (　　　　　)
마귀들이 모여 있는 곳.
¶ 납치범들의 ~을 간신히 벗어나다.

18. 소굴 (　　　　　)
나쁜 짓을 하는 도둑이나 악한 따위의 무리가 활동의 본거지로 삼고 있는 곳.
¶ 적의 ~에 들어가다.

♣ 다음 낱말 풀이에 알맞은 한자(漢字)를 쓰시오. ▶정답은 331쪽

1. 권내 (　　　　　　)
   일정한 범위나 테두리의 안.
   ¶ 선용을 다시 희망과 열의의 ~로 집어넣을 만한 큰 세력을 가지고 있었다.

2. 상권 (　　　　　　)
   상업상의 세력이 미치는 범위.
   ¶ 상권이 형성되다.

3. 세력권 (　　　　　　)
   세력이 미치는 범위.
   ¶ ~에서 벗어나다.

4. 남극권 (　　　　　　)
   남위 66도 33분의 지점을 이은 선. 또는 그 선이남의 남극을 중심으로 하는 지역.
   ¶ ~은 1년에 적어도 하루는 낮뿐이거나 밤뿐인 날이 있다.

5. 궁궐 (　　　　　　)
   임금이 거처하는 집.
   ¶ ~을 짓다.

6. 대궐 (　　　　　　)
   궁궐의 다른 이름.
   ¶ ~ 역사는 한이 없다.

7. 궐내 (　　　　　　)
   궁궐 안. 궁중.
   ¶ 훈련대가 해산에 불평을 품고 ~에 뛰어들어 호소하기에 이르렀다.

8. 궐루 (　　　　　　)
   계율을 어기어 허물이 밖으로 드러남.
   ¶ 계율을 어기어 허물이 밖으로 드러남을 ~라 한다.

9. 궐석 (　　　　　　)
   나가야 할 자리에 나가지 않음. =결석.
   ¶ 아무 이유 없이 중요한 회의에 ~해서는 안 된다.

10. 규방 (　　　　　　)
    부녀자가 거처하는 방.
    ¶ 예전 아녀자들은 ~에서 멀리 나가지 못 했다.

11. 규수 (　　　　　　)
    남의 집 처녀를 정중하게 이르는 말.
    ¶ 양갓집 ~.

12. 기국 (　　　　　　)
    바둑판이나 장기판. 바둑이나 장기의 국면.
    ¶ TV에서 프로기사들의 ~하는 것을 방영해 준다.

13. 기보 (　　　　　　)
    바둑이나 장기 두는 법을 적은 책.
    ¶ 혼자서 ~를 보고 배운 솜씨치곤 바둑을 잘 둔다.

14. 기전 (　　　　　　)
    바둑이나 장기의 승부를 겨루는 일.
    ¶ 세계 ~에서 우승한 바둑 천재.

15. 장기 (　　　　　　)
    나무로 만든 32짝의 말을 붉은 글자와 푸른 글자의 두 종류로 나누어 판 위에 벌여 놓고 서로 번갈아 가며 공격과 수비를 교대로 하여 승부를 가리는 놀이.
    ¶ ~를 두다.

16. 농담 (　　　　　　)
    색깔이나 명암 따위의 짙음과 옅음. 또는 그런 정도.
    ¶ 저 수묵화는 ~을 잘 표현했구나.

17. 농도 (　　　　　　)
    용액 따위의 진함과 묽음의 정도.
    ¶ ~ 짙은 액체.

18. 농무 (　　　　　　)
    자욱하게 낀 짙은 안개.
    ¶ 이미 짙은 ~ 속에 감싸여 눈앞에는 아무것도 보이지 않았다.

♣ 다음 낱말 풀이에 알맞은 한자(漢字)를 쓰시오.　　　▶정답은 331쪽

1. 농후　(　　　　　　　)
맛, 빛깔, 성분 따위가 매우 짙다.
¶단백질이 ~한 사료

2. 요도　(　　　　　　　)
오줌을 방광으로부터 몸 밖으로 배출하기 위한 관.
¶오줌은 ~를 통해서 나온다.

3. 배뇨　(　　　　　　　)
①오줌을 눔. ②오줌 눈 것을 흘러 빠지게 함.
¶규칙적으로 배뇨하는 것도 건강의 비결이다.

4. 당뇨병　(　　　　　　)
소변에 당분이 많이 섞여 나오는 병.
¶ ~에 걸리다.

5. 삭뇨증　(　　　　　　)
'빈뇨증'을 한방에서 이르는 말. 하루의 배뇨량에는 거의 변화가 없으나, 배뇨 횟수가 많아지는 증세.
¶방광이나 후부 요도의 염증 때문에 ~이 걸린다.

6. 야뇨증　(　　　　　　)
밤에 자다가 무의식중에 오줌을 자주 싸는 증상.
¶어린이들에게 ~이 나타날 확률이 있다.

7. 이사　(　　　　　　　)
여승들이 사는 절.
¶여자 스님들은 ~에 모여 산다.

8. 이승　(　　　　　　　)
여자 중을 일컫는 말.
¶설월 스님은 늘 만화에게 나이가 조금만 더 차면 ~들만 사는 절로 보내겠다는 말을 하였다

9. 비구니　(　　　　　　)
출가하여 구족계를 받은 여자 중.
¶법전이 끝나자 왕후는 풍악을 잡히면서 ~들의 승무를 구경했다.

10. 익사　(　　　　　　　)
물에 빠져 죽음.
¶운이 나쁘면 접시 물에 자빠져도 ~를 하는 법이라고

11. 침닉　(　　　　　　　)
①침몰. ②술이나 노름, 여자에 빠짐.
¶배가 ~ 되었다.

12. 단련　(　　　　　　　)
쇠붙이를 불에 달군 후 두드려서 단단하게 함.
¶운동을 해서 몸을 ~시켰다.

13. 단조　(　　　　　　　)
금속을 두들기고 눌러서 필요한 형체로 만드는 일.
¶자동차 부품을 만들기 위해 금속을 ~한다.

14. 담수　(　　　　　　　)
깊은 못이나 늪의 물.
¶산에 이런 ~가 있을 줄 몰랐다.

15. 담연　(　　　　　　　)
깊은 못.
¶~이라서 들어가면 위험하다.

16. 청담　(　　　　　　　)
푸른빛의 깊은 못.
¶ ~이 펼쳐져 있구나.

17. 간담　(　　　　　　　)
간과 쓸개를 아울러 이르는 말.
¶오싹하여 ~이 서늘하다.

18. 담력　(　　　　　　　)
겁이 없고 용감한 기운.
¶ ~이 생기다.

19. 대담　(　　　　　　　)
담력이 크고 용감함.
¶그는 ~한 행동을 했다.

♣ 다음 낱말 풀이에 알맞은 한자(漢字)를 쓰시오.   ▶정답은 331쪽

1. 낙담 (   )

　바라던 일이 뜻대로 되지 않아 마음이 몹시 상함.
　¶시험에 떨어진 후 ~과 실의의 나날을 보냈다.

2. 간담상조 (   )

　서로 속마음을 털어놓고 친하게 사귐.
　¶~하던 벗이 떠나 마음이 쓸쓸하다.

3. 대지 (   )

　집터로서의 땅.
　¶~면적이 넓다.

4. 가대 (   )

　①집의 터전. ②집터와 그에 딸린 논밭, 산림 등
　¶널 위해 ~를 팔겠다고 내놓을 수도 없는 사정이다.

5. 추대 (   )

　윗사람으로 떠받듦.
　¶~를 받다.

6. 대관식 (   )

　유럽에서, 임금이 즉위한 뒤 처음으로 왕관을 써서 왕위에 올랐음을 일반에게 널리 알리는 의식.
　¶윌리엄이 ~을 가졌다.

7. 남부여대 (   )

　남자는 지고 여자는 인다는 뜻으로, 가난한 사람들이 살 곳을 찾아 이리저리 떠돌아다님을 비유적으로 이르는 말.
　¶~의 피난민 행렬이 이어졌다.

8. 애도 (   )

　사람의 죽음을 슬퍼함.
　¶~의 뜻을 보냈다.

9. 추도 (   )

　죽은 사람을 생각하여 슬퍼함.
　¶~ 모임을 가졌다.

10. 오동 (   )

　오동나무.
　¶~ 씨만 보아도 춤 춘다.

11. 동량 (   )

　기둥과 들보를 아울러 이르는 말.
　¶그는 그 집의 ~이나 마찬가지 이다.

12. 동량지재 (   )

　한 집안이나 한 나라를 떠받치는 중대한 일을 맡을 만한 인재.
　¶이 아이는 우리집의 ~입니다.

13. 병동 (   )

　병원 안의 건물 한 채 한 채를 이르는 말.
　¶외과 ~에서 나왔다.

14. 등가 (   )

　기둥을 세우고 그 위에 나무를 걸쳐 등나무 덩굴을 올리게 된 것.
　¶교정에 있는 ~에서 친구들과 이야기를 한다.

15. 갈등 (   )

　칡과 등나무가 서로 얽히는 것과 같이, 개인이나 집단 사이에 목표나 이해관계가 달라 서로 적대시하거나 불화를 일으키는 상태.
　¶노사 간의 ~이 계속된다.

16. 등사 (   )

　원본에서 베껴 옮김. =등초.
　¶원문을 ~하다.

17. 등본 (   )

　원본의 내용을 전부 베낌. 또는 그런 서류.
　¶주민등록 ~.

18. 등초본 (   )

　등사기로 찍어서 만든 책이나 인쇄물.
　¶~으로 된 교재를 가지고 다닌다.

299

♣ **다음 낱말 풀이에 알맞은 한자(漢字)를 쓰시오.**　　　▶정답은 331쪽

1. 반라　(　　　　　　)
   반나체.
   ¶팬티만 입은 ~의 여인.

2. 전라　(　　　　　　)
   옷을 아무것도 입지 아니한 맨몸.
   ¶알몸을 ~라고 한다.

3. 적나라 (　　　　　　)
   있는 그대로 다 드러내어 숨김이 없다.
   ¶환자의 얼굴에 고통이 ~하게 드러났다.

4. 낙서　(　　　　　　)
   중국 하나라의 우왕(禹王)이 홍수를 다스릴 때에, 뤄수이(洛水) 강에서 나온 거북의 등에 씌어 있었다는 마흔다섯 개의 점으로 된 아홉 개의 무늬.
   ¶~무늬.

5. 목우　(　　　　　　)
   목욕을 한 것처럼 비를 흠뻑 맞음.
   ¶~하였다.

6. 경락　(　　　　　　)
   한 나라의 중앙 정부가 있는 곳. =서울.
   ¶~에 가다.

7. 난만　(　　　　　　)
   꽃이 활짝 많이 피어 화려함.
   ¶백화가 ~하다.

8. 낙양지가귀(　　　　　　)
   중국 진(晉)나라의 좌사(左思)가 《삼도부(三都賦)》를 지었을 때 낙양 사람이 다투어 이것을 베낀 까닭에 종이 값이 올랐다는 데서 나온 말로, 어떤 책이 매우 잘 팔림을 비유적으로 이르는 말.
   ¶열하일기는 ~하듯 읽혔다.

9. 난숙　(　　　　　　)
   열매 따위가 무르익음.
   ¶~한 과일.

10. 문란　(　　　　　　)
    도덕, 질서, 규범 따위가 어지러움.
    ¶풍기 ~.

11. 남색　(　　　　　　)
    푸른색과 자주색의 중간색. 또는 그런 색의 물감.
    ¶~ 저고리.

12. 백화난만 (　　　　　　)
    온갖 꽃이 활짝 펴 아름답고 흐드러짐.
    ¶~하다.

13. 남실　(　　　　　　)
    쪽의 씨를 한방에서 이르는 말.
    ¶~은 열독으로 인한 발진이나 목이 아픈 데에 쓴다.

14. 청출어람 (　　　　　　)
    쪽에서 뽑아낸 푸른 물감이 쪽보다 더 푸르다는 뜻으로, 제자나 후배가 스승이나 선배보다 나음.
    ¶그 아이는 ~이다.

15. 선박　(　　　　　　)
    배.
    ¶~두 척이 있다.

16. 납치　(　　　　　　)
    강제 수단을 써서 억지로 데리고 감.
    ¶~ 기도.

17. 피랍　(　　　　　　)
    납치를 당함.
    ¶~ 당시 승객들이 많이 사망했다.

18. 차량　(　　　　　　)
    도로나 선로 위를 달리는 모든 차를 통틀어 이름.
    ¶~ 번호.

19. 연옥　(　　　　　　)
    죽은 사람의 영혼이 남은 죄를 씻기 위하여 불로써 단련을 받는 곳.
    ¶~에 던져지다.

♣ 다음 낱말 풀이에 알맞은 한자(漢字)를 쓰시오. ▶정답은 331쪽

1. 연유 (　　　　　　　)

우유를 진공 상태에서 2분의 1에서 3분의 1로 농축한 것.
¶ ~를 마시다.

2. 연탄 (　　　　　　　)

주원료인 무연탄과 코크스, 목탄 따위의 가루에 피치, 해조, 석회등의 점결제를 섞어 만든 연료.
¶ ~공장.

3. 농구 (　　　　　　　)

다섯 사람씩 두 편으로 나뉘어, 상대편의 바스켓에 공을 던져 넣어 얻은 점수의 많음을 겨루는 경기.
¶ ~경기를 구경하다.

4. 농락 (　　　　　　　)

남을 교묘한 꾀로 휘잡아서 제 마음대로 놀리거나 이용함.
¶ ~에 놀아나다.

5. 농성 (　　　　　　　)

적에게 둘러싸여 성문을 굳게 닫고 성을 지킴.
¶ 철야 ~에 들어가다.

6. 조롱 (　　　　　　　)

새장.
¶ 새들이 ~ 안에 갇혀 있다.

7. 요양 (　　　　　　　)

휴양하면서 조리하여 병을 치료함.
¶ 그 환자는 퇴원 후에도 지속적인 ~이 필요하다.

8. 치료 (　　　　　　　)

병이나 상처 따위를 잘 다스려 낫게 함.
¶ ~ 치료

9. 의료 (　　　　　　　)

의술로 병을 고치는 일.
¶ 의사들이 ~봉사활동을 펼쳤다.

10. 요기 (　　　　　　　)

시장기를 겨우 면할 정도로 조금 먹음.
¶ 아침 ~를 하다.

11. 유산 (　　　　　　　)

무색무취의 끈끈한 불휘발성 액체.
¶ 황산을 ~이라고 한다.

12. 유황 (　　　　　　　)

광물성 약재의 하나. 천연산 황을 융해하여 잡질(雜質)을 제거한 뒤에 사용한다.
¶ '대장금'을 보니, ~을 먹은 오리가 좋다고 합니다.

13. 유습 (　　　　　　　)

잘못된 버릇이나 습관.
¶ 정치인들도 감투싸움만 하는 ~에서 벗어나야 한다.

14. 오류 (　　　　　　　)

그릇되어 이치에 맞지 않는 일.
¶ ~를 범하다.

15. 착류 (　　　　　　　)

착각을 하여 잘못함. 또는 그런 잘못. =착오.
¶ ~를 일으키다.

16. 호양 (　　　　　　　)

남에게 딸리어 따라다니는 사람.
¶ 돌쇠는 주인을 ~하였다.

17. 마니 (　　　　　　　)

용왕의 뇌에서 나왔다고 하는 보배로운 구슬. 이것을 얻으면 소원이 이루어진다고 함.
¶ 여의 보주를 ~주라고도 한다.

18. 마천루 (　　　　　　　)

하늘에 닿는 집이라는 뜻으로, 아주 높게 지은 고층 건물.
¶ 특히, 미국 뉴욕의 고층 건물을 ~라 한다.

19. 마약 (　　　　　　　)

마취 작용을 하며, 습관성이 있어서 장복(長服)하면 중독 증상을 나타내는 물질을 통틀어 이르는 말.
¶ ~에 손을 대다.

301

♣ 다음 낱말 풀이에 알맞은 한자(漢字)를 쓰시오.　　　▶정답은 331쪽

1. 마취 (　　　　　　　)
약물 따위를 이용하여 얼마 동안 의식이나 감각을 잃게 함.
¶ ~에서 깨어나다.

2. 마력 (　　　　　　　)
사람을 현혹하는, 원인을 알 수 없는 이상한 힘.
¶ 그 여자에게는 사람을 사로잡는 이상한 ~이 있다.

3. 병마 (　　　　　　　)
'병(病)'을 악마에 비유하여 이르는 말.
¶ ~에 시달리다.

4. 마수 (　　　　　　　)
음험하고 흉악한 손길.
¶ ~를 뻗치다.

5. 마술 (　　　　　　　)
재빠른 손놀림이나 여러 가지 장치, 속임수 따위를 써서 불가사의한 일을 하여 보이는 술법.
¶ ~을 보여주다.

6. 마법 (　　　　　　　)
마력(魔力)으로 불가사의한 일을 행하는 술법.
¶ ~에 걸리다.

7. 악마 (　　　　　　　)
사람의 마음을 홀려 제정신을 차리지 못하게 하고 불도 수행을 방해하여 악한 길로 유혹하는 나쁜 신.
¶ ~의 유혹에 빠지다.

8. 고막 (　　　　　　　)
귓구멍 안쪽에 있는 막. 타원형의 반투명한 막으로, 공기의 진동을 속귀 쪽으로 전달하여 들을 수 있게 하여 준다.
¶ ~이 울리다.

9. 각막 (　　　　　　　)
눈알의 앞쪽에 약간 볼록하게 나와 있는 투명한 막.
¶ ~을 깎아내다.

10. 박막 (　　　　　　　)
기계 가공으로 만들 수 없는 두께 1/1000mm 이하의 막을 통틀어 이르는 말.
¶ 금속 ~으로 전자제품을 만들다.

11. 망막 (　　　　　　　)
눈알의 가장 안쪽에 있는 맥락막 안에 시신경의 세포가 막 모양으로 층을 이룬 부분.
¶ ~에 상이 비치다.

12. 결막염 (　　　　　　　)
결막에 생기는 염증.
¶ 눈꼽이 잘 끼는 것을 보니 ~이 의심된다.

13. 분만 (　　　　　　　)
해산.
¶ ~대기실에 있다.

14. 만통 (　　　　　　　)
해산을 하면서 느끼는 아픔.
¶ ~을 느끼기 시작했다.

15. 항만 (　　　　　　　)
바닷가가 굽어 들어가서 선박이 안전하게 머물 수 있고, 화물 및 사람이 배로부터 육지에 오르내리기에 편리한 곳.
¶ ~시설.

16. 대만 (　　　　　　　)
중국 남동쪽에 있는 큰 섬.
¶ 타이완을 우리 한자어로 ~이라고 한다.

17. 만용 (　　　　　　　)
분별없이 함부로 날뛰는 용맹.
¶ ~을 부리다.

18. 진주만 (　　　　　　　)
미국 하와이 주, 하와이 제도(諸島)의 오아후(Oahu) 섬에 있는 만.
¶ 태평양전쟁이 시작된 곳이 ~이다.

♣ 다음 낱말 풀이에 알맞은 한자(漢字)를 쓰시오.　　　▶정답은 331쪽

1. 만행　(　　　　　　　　)
야만스러운 행위.
¶천인공노할 ~을 저지르다.

2. 만족　(　　　　　　　　)
야만족.
¶~들과 전쟁을 치르다.

3. 야만　(　　　　　　　　)
미개하여 문화 수준이 낮은 상태. 또는 그런 종족.
¶~ 행위.

4. 망라　(　　　　　　　　)
물고기나 새를 잡는 그물이라는 뜻으로, 널리 받아들여 모두 포함함을 이르는 말.
¶각계각층의 지도자들이 ~되다.

5. 법망　(　　　　　　　　)
법의 그물이라는 뜻으로, 죄를 지은 사람에게 제재를 할 수 있는 법률이나 그 집행 기관을 비유적으로 이르는 말
¶~에 걸리다.

6. 어망　(　　　　　　　　)
물고기를 잡는 데 쓰는 그물.
¶~을 치다.

7. 투망　(　　　　　　　　)
물고기를 잡으려고 그물을 물속에 넣어 침.
¶배에서는 한창 ~ 준비에 바빴다.

8. 매수　(　　　　　　　　)
종이나 유리 따위의 장으로 셀 수 있는 물건의 수.
¶원고 ~를 세어 보아라

9. 일망타진　(　　　　　　　　)
한 번 그물을 쳐서 고기를 다 잡는다는 뜻으로, 어떤 무리를 한꺼번에 모조리 다 잡음을 이르는 말.
¶괴수들이 ~되었다.

10. 매거　(　　　　　　　　)
하나하나 들어서 말함.
¶~하여 이야기 하다.

11. 매력　(　　　　　　　　)
사람의 마음을 사로잡아 끄는 힘.
¶~ 있는 사람.

12. 매료　(　　　　　　　　)
사람의 마음을 완전히 사로잡아 홀리게 함.
¶그녀에게 ~되다.

13. 매혹　(　　　　　　　　)
남의 마음을 사로잡아 호림.
¶~을 느끼다.

14. 멸시　(　　　　　　　　)
업신여기거나 하찮게 여겨 깔봄.
¶~의 눈초리.

15. 경멸　(　　　　　　　　)
깔보아 업신여김.
¶~이 가득한 표정.

16. 모자　(　　　　　　　　)
머리에 쓰는 물건의 하나.
¶하얀 모자를 쓰고 왔다.

17. 탈모　(　　　　　　　　)
모자나 안전모 따위를 벗음.
¶실내에서는 ~가 예의이다.

18. 모순　(　　　　　　　　)
어떤 사실의 앞뒤, 또는 두 사실이 이치상 어긋나서 서로 맞지 않음을 이르는 말.
¶사회 구조의 ~이 있다.

19. 목욕　(　　　　　　　　)
머리를 감으며 온몸을 씻는 일.
¶공중 ~탕.

♣ **다음 낱말 풀이에 알맞은 한자(漢字)를 쓰시오.**   ▶정답은 331쪽

1. 박래품 (　　　　　)

   다른 나라에서 배로 실어 온 물품.
   ¶ ~이 도착했다.

2. 운반 (　　　　　)

   물건 따위를 옮겨 나름
   ¶아사짐을 ~하다.

3. 반출 (　　　　　)

   운반하여 냄.
   ¶문화재를 ~하다.

4. 방직 (　　　　　)

   실을 뽑아서 천을 짬.
   ¶~작업을 마치다.

5. 방적 (　　　　　)

   동식물의 섬유나 화학 섬유를 가공하여 실을 뽑는 일.
   ¶~공장에서 일하다.

6. 방사 (　　　　　)

   섬유를 만들 수 있는 고분자 물질을 녹여서 가는 구멍을 통하여 실을 뽑아내는 일.
   ¶건습 ~기술을 이용하였다.

7. 배우 (　　　　　)

   연극이나 영화 따위에 등장하는 인물로 분장하여 연기를 하는 사람.
   ¶영화의 주역을 맡은 ~이다.

8. 배상 (　　　　　)

   남의 권리를 침해한 사람이 그 손해를 물어 주는 일.
   ¶피해자 쪽에서 ~을 금전으로 요구해 왔다.

9. 송백 (　　　　　)

   소나무와 잣나무를 아울러 이르는 말.
   ¶ ~이 어울어지다.

10. 백자 (　　　　　)

    잣나무의 열매. 희고 고소한 맛이 있다.
    ¶식혜 위에 ~를 띄우다.

11. 측백 (　　　　　)

    측백나무. 측백나뭇과의 상록 침엽 교목.
    ¶ ~나무가 서다.

12. 벌열 (　　　　　)

    나라에 공이 많고 벼슬 경력이 많음. 또는 그런 집
    ¶ ~ 가문의 자손이다.

13. 문벌 (　　　　　)

    대대로 내려오는 그 집안의 사회적 신분이나 지위.
    ¶ ~을 형성하다.

14. 재벌 (　　　　　)

    재계(財界)에서, 여러 개의 기업을 거느리며 막강한 재력과 거대한 자본을 가지고 있는 자본가·기업가의 무리.
    ¶ ~ 총수

15. 족벌 (　　　　　)

    큰 세력을 가진 가문의 일족.
    ¶ ~ 체제.

16. 학벌 (　　　　　)

    학문을 닦아서 얻게 된 사회적 지위나 신분. 또는 출신 학교의 사회적 지위나 등급.
    ¶ ~이 좋다.

17. 파벌 (　　　　　)

    개별적인 이해관계에 따라 따로 갈라진 사람의 집단.
    ¶ ~ 싸움.

18. 범애 (　　　　　)

    차별 없이 널리 사랑함.
    ¶ ~정신.

♣ 다음 낱말 풀이에 알맞은 한자(漢字)를 쓰시오.　▶정답은 331쪽

1. 범칭　(　　　　　　　　)

넓은 범위로 부르는 이름. 또는 두루 쓰이는 이름.
¶그 별명이 ~으로 쓰입니다.

2. 벽자　(　　　　　　　　)

흔히 쓰지 아니하는 야릇하고 까다로운 글자.
¶ ~가 많은 고문서.

3. 벽지　(　　　　　　　　)

외따로 뚝 떨어져 있는 궁벽한 땅.
¶도서 ~의 주민들을 위한 편의시설 마련.

4. 벽촌　(　　　　　　　　)

외따로 떨어져 있는 궁벽한 마을.
¶나는 전깃불도 없는 ~에서 어린 시절을 보냈다.

5. 궁벽　(　　　　　　　　)

매우 후미지고 으슥하다.
¶그곳은 ~한 곳이라 찾기 힘들다.

6. 편벽　(　　　　　　　　)

한쪽으로 치우쳐 공평하지 못하다.
¶ ~된 견해.

7. 병용　(　　　　　　　　)

아울러 같이 씀.
¶한글과 한자의 ~.

8. 병합　(　　　　　　　　)

둘 이상의 기구나 단체, 나라 따위를 하나로 합침. 또는 그렇게 만듦.
¶고구려가 신라에 ~되다

9. 봉급　(　　　　　　　　)

어떤 직장에서 계속적으로 일하는 사람이 그 일의 대가로 정기적으로 받는 일정한 보수.
¶한 달치 ~을 받다.

10. 녹봉　(　　　　　　　　)

벼슬아치에게 일 년 또는 계절 단위로 나누어 주던 금품을 통틀어 이르는 말. 쌀, 보리, 명주, 베, 돈 따위이다.
¶나라에서 주는 ~을 받다.

11. 감봉　(　　　　　　　　)

봉급을 줄임
¶무단결근으로 ~처결을 받았다.

12. 박봉　(　　　　　　　　)

적은 봉급.
¶ ~에 시달리다.

13. 연봉　(　　　　　　　　)

일 년 동안에 받는 봉급의 총액.
¶ ~ 책정을 하다.

14. 봉제　(　　　　　　　　)

재봉틀이나 손으로 바느질하여 의류나 완구 따위의 제품을 만듦.
¶ ~ 인형.

15. 봉합　(　　　　　　　　)

수술을 하려고 절단한 자리나 외상(外傷)으로 갈라진 자리를 꿰매어 붙이는 일.
¶상처를 ~하다.

16. 재봉　(　　　　　　　　)

옷감 따위를 말라서 재봉틀로 하는 바느질.
¶ ~ 기술을 배우다.

17. 미봉　(　　　　　　　　)

일의 빈 구석이나 잘못된 것을 임시변통으로 이리저리 주선하여 꾸며 댐.
¶과실을 ~하다.

18. 섬유　(　　　　　　　　)

생물체의 몸을 이루는 가늘고 긴 실 모양의 물질.
¶몸에 ~질을 적절히 섭취해야 한다.

♣ 다음 낱말 풀이에 알맞은 한자(漢字)를 쓰시오. ▶정답은 332쪽

1. 부연　(　　　　　　　)

이해하기 쉽도록 설명을 덧붙여 자세히 말함.
¶부연 설명.

2. 피부　(　　　　　　　)

척추동물의 몸을 싸고 있는 조직. 신체 보호, 체온 조절, 배설, 피부 호흡 따위의 작용을 한다.
¶ ~ 피부를 가지고 있다.

3. 부천　(　　　　　　　)

지식이나 말이 천박하다.
¶~하다.

4. 불화　(　　　　　　　)

달러를 단위로 하는 화폐. 미국의 화폐를 이르는 말.
¶여행을 위해 ~로 환전하다.

5. 불예　(　　　　　　　)

임금이나 왕비가 편치 않거나 죽음.
¶ ~ 전갈을 받고 입궐한 신하들이다.

6. 비적　(　　　　　　　)

무장을 하고 떼를 지어 다니면서 사람들을 해치는 도둑.
¶~이 들끓다.

7. 토비　(　　　　　　　)

지방에서 일어나는 도둑 떼. =토구.
¶~를 물리치다.

8. 공비　(　　　　　　　)

공산당의 유격대. 중국에서, 국민 정부 시대에 공산당의 지도 아래 활동하던 게릴라를 비적(匪賊)이라고 욕하며 부르던 데서 유래한다.
¶~를 소탕하다.

9. 교사　(　　　　　　　)

남을 꾀거나 부추겨서 나쁜 짓을 하게 함.
¶폭력배에게 살인을 ~하다.

10. 시사　(　　　　　　　)

어떤 것을 미리 간접적으로 표현해 줌.
¶낙관적인 ~를 던져주다.

11. 사면　(　　　　　　　)

죄를 용서하여 형벌을 면제함.
¶ ~조치를 내리다.

12. 대사　(　　　　　　　)

성사를 통하여 죄가 사면된 후에 남아 있는 벌을 교황이나 주교가 면제하여 줌.
¶ ~하다.

13. 특사　(　　　　　　　)

'특별 사면'을 줄여 이르는 말.
¶광복절 ~가 되다.

14. 사료　(　　　　　　　)

가축에게 주는 먹을거리.
¶ ~를 주다.

15. 사육　(　　　　　　　)

가축이나 짐승을 먹이어 기름.
¶돼지를 ~하다.

16. 산하　(　　　　　　　)

어떤 조직체나 세력의 관할 아래.
¶교육부 ~ 각급 학교 교원.

17. 사육장　(　　　　　　　)

가축이나 짐승을 먹이어 기르는 곳.
¶동물 ~.

18. 양산　(　　　　　　　)

서양식의 헝겊 우산.
¶여자가 ~을 쓰고 간다.

19. 산성　(　　　　　　　)

수소 이온의 농도가 더 큰 물질의 성질.
¶ ~비가 내린다.

♣ 다음 낱말 풀이에 알맞은 한자(漢字)를 쓰시오. ▶정답은 332쪽

1. 산소 (　　　　　)
공기의 주성분이면서 맛과 빛깔과 냄새가 없는 원소.
¶맑은 ~가 있어야 한다.

2. 상자 (　　　　　)
물건을 넣어 두기 위하여 나무, 대나무, 두꺼운 종이 같은 것으로 만든 네모난 그릇.
¶케이크 ~.

3. 신산 (　　　　　)
①맛이 맵고 심. ②힘들고 고생스러운 세상살이를 비유적으로 이르는 말.
¶고개를 들어 선웅의 ~에 젖은 얼굴을 바라보다.

4. 황산 (　　　　　)
무색무취의 끈끈한 불휘발성 액체.
¶~은 강한 산성의 성질을 가지고 있다.

5. 염산 (　　　　　)
염화수소의 수용액.
¶~을 다룰 땐 조심해야 한다.

6. 인삼 (　　　　　)
두릅나뭇과의 여러해살이풀.
¶~을 캐다.

7. 홍삼 (　　　　　)
수삼을 쪄서 말린 붉은 빛깔의 인삼.
¶~드링크제.

8. 백삼 (　　　　　)
잔털뿌리를 다듬어서 햇볕에 말린 인삼.
¶몸에 좋은 ~을 먹었다.

9. 삽입 (　　　　　)
틈이나 구멍 사이에 다른 물체를 끼워 넣음.
¶단서 조항의 삽입.

10. 삽화 (　　　　　)
서적·신문·잡지 따위에서, 내용을 보충하거나 기사의 이해를 돕기 위하여 넣는 그림.
¶~를 그려넣다.

11. 산화 (　　　　　)
어떤 원자, 분자, 이온 따위가 전자를 잃는 일.
¶철이 ~된다.

12. 봉상 (　　　　　)
벌통.
¶벌들을 기르는 ~이 있다.

13. 서상 (　　　　　)
책을 넣어 두는 궤짝. 서궤
¶책을 ~에 보관하다.

14. 서기 (　　　　　)
상서로운 기운.
¶산등성마루들에 ~가 돌고있다.

15. 서광 (　　　　　)
①상서로운 빛. ②좋은 일이 일어날 조짐.
¶암울한 역사는 가고 이제 ~의 시대가 열릴 것이다.

16. 서몽 (　　　　　)
상서로운 꿈.
¶그 꿈은 ~이구나.

17. 길서 (　　　　　)
운수가 좋을 조짐. =길서(吉瑞)
¶그 것은 ~구나.

18. 상서 (　　　　　)
복되고 길한 일이 일어날 조짐.
¶~로운 일이다.

19. 석학 (　　　　　)
학식이 많고 깊은 사람.
¶다산은 조선후기의 ~이었다.

307

♣ 다음 낱말 풀이에 알맞은 한자(漢字)를 쓰시오.　　　▶정답은 332쪽

1. 석사　(　　　　　　　)
대학원 과정을 마치고 전공과목에 대한 학위 논문이 통과된 사람에게 주는 학위. 그 학위를 받은 사람.
¶ ~과정을 마쳤다.

2. 선사　(　　　　　　　)
잘못을 바로잡아 다시 고쳐 베낌.
¶ ~하다.

3. 수선　(　　　　　　　)
낡거나 헌 물건을 고침.
¶옷 ~을 맡기다.

4. 영선　(　　　　　　　)
건축물 따위를 새로 짓거나 수리함.
¶ ~ 계획을 세우다.

5. 시체　(　　　　　　　)
송장.
¶ ~를 화장하다.

6. 섬세　(　　　　　　　)
곱고 가늘다.
¶ ~한 필치를 가졌다.

7. 천의무봉　(　　　　　　　)
천사의 옷은 꿰맨 흔적이 없다는 뜻으로, 일부러 꾸민 데 없이 자연스럽고 아름다우면서 완전함을 이르는 말.
¶꾸밈이 없는 ~의 화원이다.

8. 세가　(　　　　　　　)
셋집.
¶ ~에서 살다.

9. 섬섬옥수　(　　　　　　　)
가냘프고 고운 여자의 손을 이르는 말.
¶손은 ~는 아니었지만 두툼하고 부드러워 보였다.

10. 월세　(　　　　　　　)
집이나 방을 빌려 쓰고 다달이 내는 돈.
¶ ~ 계약을 맺다.

11. 전세　(　　　　　　　)
계약에 의하여 일정 기간 동안 그 사람에게만 빌려 주어 다른 사람의 사용을 금하는 일.
¶ ~ 버스.

12. 전세금　(　　　　　　　)
전셋돈.
¶ ~ 대출하다.

13. 전세방　(　　　　　　　)
전세로 빌려 주는 방. 또는 전세로 빌려 쓰는 방.
¶지하 ~에서 살림을 시작하다.

14. 소개　(　　　　　　　)
두 사람 사이에 서서 양편의 일이 어울리게 주선함.
¶직업 ~해다.

15. 소술　(　　　　　　　)
선대(先代)의 위업을 이어받아 밝힘.
¶ ~을 하다.

16. 자기소개서　(　　　　　　　)
자기의 이름, 경력, 직업 따위를 말하여 알리는 글.
¶대학에 들어가기 전에 ~를 제출한다.

17. 신사숙녀　(　　　　　　　)
사람됨이나 몸가짐이 점잖고 교양이 있으며 예의 바른 남자와 교양과 예의와 품격을 갖춘 현숙한 여자.
¶ ~여러분 안녕하십니까?

18. 승평　(　　　　　　　)
나라가 태평함.
¶일이 있을 때는 나아가서 적을 막아 싸우고, 일이 없는 ~ 세월엔 만백성을 다스리는 정승이 된다 하지 않았는가.

♣ 다음 낱말 풀이에 알맞은 한자(漢字)를 쓰시오.   ▶정답은 332쪽

1. 검시 (   )
사람의 사망이 범죄로 인한 것인가를 판단하기 위하여 수사 기관이 변사체를 조사하는 일.
¶군의관은 ~를 결정했다.

2. 번식 (   )
붇고 늘어서 많이 퍼짐.
¶집안에 세균이 ~하다.

3. 모순 (   )
어떤 사실의 앞뒤, 또는 두 사실이 이치상 어긋나서 서로 맞지 않음을 이르는 말.
¶사회적 구조의 ~이 드러나다.

4. 신장 (   )
콩팥과 창자라는 뜻으로, '진심(眞心)'을 이르는 말.
¶~이 좋지 않다.

5. 신장염 (   )
신장에 생기는 염증. 급성, 만성, 위축신 등이 있다.
¶~이 걸렸다.

6. 위암 (   )
위에 발생하는 암. 위 부위의 통증이나 팽만감, 메스꺼움, 식욕 부진 따위의 증상이 나타난다.
¶~ 판정을 하다.

7. 악수 (   )
인사, 감사, 친애, 화해 따위의 뜻을 나타내기 위하여 두 사람이 각자 한 손을 마주 내어 잡는 일.
¶~를 하다.

8. 장악 (   )
손안에 잡아 쥔다는 뜻으로, 무엇을 마음대로 할 수 있게 됨을 이르는 말.
¶~을 장악했다.

9. 폐암 (   )
폐에 생기는 암.
¶담배를 피면 ~이 걸린다.

10. 구애 (   )
거리끼거나 얽매임.
¶생활에 아무런 ~ 없이 지내다.

11. 장애 (   )
어떤 사물의 진행을 가로막아 거치적거리게 하거나 충분한 기능을 하지 못하게 함. 또는 그런 일.
¶의사소통의 ~가 있다.

12. 연적 (   )
벼루에 먹을 갈 때 쓰는, 물을 담아 두는 그릇.
¶청자 ~.

13. 영양 (   )
윗사람의 딸을 높여 이르는 말.
¶~는 안녕 하십니까?

14. 연석 (   )
벼루를 만드는 데 쓰는 돌.
¶~을 다듬기 시작했다.

15. 연지 (   )
벼루의 앞쪽에 오목하게 팬 곳.
¶~이 먹이 고여있다.

16. 지필묵연 (   )
종이·붓·먹·벼루의 네 가지를 아울러 이르는 말.
¶문방사우는 ~이 있다.

17. 염세 (   )
세상을 괴롭고 귀찮은 것으로 여겨 비관함.
¶~주의자.

18. 염증 (   )
싫은 생각이나 느낌. 또는 그런 반응. =싫증.
¶~이 나다.

19. 예탁 (   )
부탁하여 맡겨 둠.
¶~ 증서.

♣ 다음 낱말 풀이에 알맞은 한자(漢字)를 쓰시오. ▶정답은 332쪽

1. 예탁 (　　　　　　　)
미리 헤아려 짐작함.
¶ ~에서 무덤까지.

2. 벽오동 (　　　　　　　)
벽오동과의 낙엽 활엽 교목.
¶ ~으로 만들어진 악기다.

3. 온건 (　　　　　　　)
생각이나 행동 따위가 사리에 맞고 건실함.
¶ ~ 개혁파이다.

4. 용해 (　　　　　　　)
고체의 물질이 열에 녹아서 액체 상태로 되는 일.
¶설탕이 고온에서 ~되다.

5. 안온 (　　　　　　　)
조용하고 편안함
¶육체적 ~을 얻어내었다.

6. 왜곡 (　　　　　　　)
사실과 다르게 해석하거나 그릇되게 함.
¶역사 ~을 하다.

7. 요괴 (　　　　　　　)
요사스러운 귀신.
¶ ~같은 얼굴.

8. 요망 (　　　　　　　)
요사스럽고 망령됨.
¶ ~한 인물이다.

9. 요사 (　　　　　　　)
요망하고 간사함.
¶ ~를 떨다.

10. 용병 (　　　　　　　)
지원한 사람에게 봉급을 주어 병력에 복무하게 함. 또는 그렇게 고용한 병사.
¶ ~을 모집하다.

11. 용원 (　　　　　　　)
관청에서 임시로 채용한 사람.
¶이번에 새로 ~되었다.

12. 고용 (　　　　　　　)
삯을 받고 남의 일을 해 줌.
¶회사에 ~되었다.

13. 용암 (　　　　　　　)
화산의 분화구에서 분출된 마그마. 또는 그것이 냉각·응고된 암석
¶일본 화산에서 ~이 분출했다.

14. 용접 (　　　　　　　)
두 개의 금속·유리·플라스틱 따위를 녹이거나 반쯤 녹인 상태에서 서로 이어 붙이는 일.
¶포항제철에서 ~한다.

15. 온당 (　　　　　　　)
판단이나 행동 따위가 사리에 어긋나지 아니하고 알맞다.
¶법을 어겼으면 처벌을 받는 것이 ~하다.

16. 울분 (　　　　　　　)
답답하고 분함. 또는 그런 마음.
¶ ~을 토하다.

17. 울적 (　　　　　　　)
마음이 답답하고 쓸쓸하다.
¶마음이 ~하다.

18. 우울 (　　　　　　　)
근심스럽거나 답답하여 활기가 없음.
¶ ~에 잠기다.

19. 비원 (　　　　　　　)
서울 창덕궁 북쪽 울안에 있는 최대의 궁원(宮苑).
¶ ~을 구경하다.

♣ **다음 낱말 풀이에 알맞은 한자(漢字)를 쓰시오.**　　　▶정답은 332쪽

1. 문원　(　　　　　　　　)
문인(文人)들의 사회. 문단.
¶ ~의 일원이 되다.

2. 위관　(　　　　　　　　)
준위, 소위, 중위, 대위의 하급 장교를 통틀어 이르는 말. 하사관보다 높고 영관(領官)보다 낮은 계급.
¶ ~들이 모였다.

3. 대위　(　　　　　　　　)
위관 계급의 하나. 소령의 아래, 중위의 위로 위관 계급에서 가장 높은 계급이다.
¶ ~의 명령을 받다.

4. 준위　(　　　　　　　　)
위관 계급의 하나. 소위의 아래, 원사의 위로 위관 계급에서 가장 낮은 계급이다.
¶ ~가 되었다.

5. 융합　(　　　　　　　　)
다른 종류의 것이 녹아서 서로 구별이 없게 하나로 합하여지는 일.
¶ 두 조직이 ~되었다.

6. 자침　(　　　　　　　　)
중앙 부분을 수평 방향으로 자유로이 회전할 수 있도록 한 작은 영구 자석.
¶ ~이 빙빙 돌았다.

7. 융자　(　　　　　　　　)
자금을 융통함. 또는 그 자금.
¶ 은행 ~를 받다.

8. 이거　(　　　　　　　　)
임금이 거둥할 때 여벌로 따라가던 수레.
¶ 백마 여덟 필이 멍에를 매인 ~가 나아가다.

9. 이심　(　　　　　　　　)
두 가지 마음 또는 배반하는 마음.
¶ ~을 품다.

10. 이상　(　　　　　　　　)
조선 시대에, '좌우찬성'을 달리 이르던 말.
¶ ~이 되었다.

11. 백인　(　　　　　　　　)
서슬이 시퍼렇게 번쩍이는 날카로운 칼날.
¶ ~을 갈고 있다.

12. 일의　(　　　　　　　　)
한 가지 사물에 뜻을 기울임. 또는 그 뜻.
¶ 그 뜻의 ~를 갖고 있다.

13. 불임　(　　　　　　　　)
임신하지 못하는 일.
¶ ~ 치료를 받다.

14. 회임　(　　　　　　　　)
아이를 뱀.
¶ 중전마마께서 ~을 하셨습니다.

15. 자석　(　　　　　　　　)
자성(磁性)을 가진 천연의 광석.
¶ ~으로 바닥에 떨어진 바늘을 찾았다.

16. 융화　(　　　　　　　　)
열에 녹아서 다른 물질로 변화함.
¶ 금속이 ~되었다.

17. 자문　(　　　　　　　　)
어떤 일을 좀 더 효율적이고 바르게 처리하려고 그 방면의 전문가에게 의견을 물음.
¶ 임금이 ~ 위원에게 물었다.

18. 자웅　(　　　　　　　　)
암수.
¶ 펄펄나는 저 꾀꼬리, ~서로 정답구나. <황조가 中>

19. 잠실　(　　　　　　　　)
누에를 치는 방.
¶ ~에서 누에를 쳐서 먹고 살았다.

♣ 다음 낱말 풀이에 알맞은 한자(漢字)를 쓰시오.　　▶정답은 332쪽

1. 저지　(　　　　　　　　)
   막아서 못하게 함.
   ¶집회는 경찰의 ~로 무산되었다.

2. 저해　(　　　　　　　　)
   막아서 못하도록 해침.
   ¶ ~ 요인이 무엇인가?

3. 정찰　(　　　　　　　　)
   더듬어 살펴서 알아냄.
   ¶경찰이 ~하다.

4. 정탐　(　　　　　　　　)
   드러나지 않은 사정을 몰래 살펴 알아냄. =탐정.
   ¶ ~을 나가다.

5. 밀정　(　　　　　　　　)
   남몰래 사정을 살핌. 또는 그런 사람.
   ¶ ~을 파견하다.

6. 노정　(　　　　　　　　)
   겉으로 다 드러내어 보임.
   ¶1차 검사에서 ~된 문제들은 심각한 것들이었다.

7. 헌정　(　　　　　　　　)
   물품을 올림. 주로 책 따위를 남에게 줄 때 쓴다.
   ¶내 책을 ~했다.

8. 소정　(　　　　　　　　)
   작은 배.
   ¶강 위에는 낡은 ~ 몇 척이 떠다니고 있었다.

9. 주정　(　　　　　　　　)
   소형(小型)의 배.
   ¶ ~을 타고 가다.

10. 조제　(　　　　　　　　)
    여러 가지 약품을 적절히 조합하여 약을 지음. 또는 그런 일.
    ¶약사가 감기약을 ~하다.

11. 약제　(　　　　　　　　)
    여러 가지 약재를 섞어 조제한 약.
    ¶약사가 ~를 만들다.

12. 세제　(　　　　　　　　)
    물에 풀어서 고체의 표면에 붙은 이물질을 씻어 내는 데 쓰는 물질.
    ¶물에 ~를 풀다.

13. 조탁　(　　　　　　　　)
    보석과 같이 단단한 것을 새기거나 쫌.
    ¶옥돌을 ~하는 장인의 숨결.

14. 조각　(　　　　　　　　)
    재료를 새기거나 깎아서 입체 형상을 만듦.
    ¶그는 회화보다는 ~에 소질이 있다.

15. 조치　(　　　　　　　　)
    제기된 문제나 사태를 살펴서 필요한 대책을 세움.
    ¶신속한 ~를 취하다.

16. 조처　(　　　　　　　　)
    제기된 문제나 일을 잘 정돈하여 처치함.
    ¶귀가 ~를 내리다.

17. 조선　(　　　　　　　　)
    낚시배.
    ¶아버지는 ~을 타셨다.

18. 조어　(　　　　　　　　)
    물고기를 낚음.
    ¶강가에서 ~를 하다.

19. 종합　(　　　　　　　　)
    여러 가지를 한데 모아서 합함.
    ¶ ~점수를 내다.

20. 증정　(　　　　　　　　)
    어떤 물건 따위를 성의 표시나 축하 인사로 줌.
    ¶기념품 ~.

♣ 다음 낱말 풀이에 알맞은 한자(漢字)를 쓰시오.　　　▶정답은 332쪽

1. 주재　(　　　　　　　)
한곳에 머물러 있음.
¶서울에 ~하고 있는 각국의 외교관들.

2. 주둔　(　　　　　　　)
군대가 임무 수행을 위하여 일정한 곳에 집단적으로 얼마 동안 머무르는 일.
¶우리 마을에 ~하고 있는 부대가 있다.

3. 주한　(　　　　　　　)
공무를 띠고 한국에 주재함.
¶ ~ 유엔군 사령부.

4. 비준　(　　　　　　　)
조약을 헌법상의 조약 체결권자가 최종적으로 확인, 동의하는 절차. 우리나라에서는 대통령이 국회의 동의를 얻어 행한다.
¶국회 ~.

5. 인준　(　　　　　　　)
입법부가 법률에 지정된 공무원의 임명과 행정부의 행정 행위를 인정하는 일.
¶총리 ~을 거부하다.

6. 준장　(　　　　　　　)
장성 계급의 하나. 소장의 아래, 대령의 위로 장성 계급에서 가장 낮은 계급이다.
¶ ~이 되었다.

7. 취지　(　　　　　　　)
어떤 일의 근본이 되는 목적이나 긴요한 뜻.
¶영화 제작의 ~를 밝히다.

8. 본지　(　　　　　　　)
근본이 되는 취지.
¶ ~에서 벗어나지 마세요.

9. 주지　(　　　　　　　)
종문(宗門)의 교의(教義)의 취지.
¶참다운 인간을 양성하는 것이 본교의 ~입니다.

10. 수지　(　　　　　　　)
주로 소나무 등 침엽수에서 분비된 점도 높은 액체.
¶ ~를 이용하여 전기 절연제를 만들다.

11. 유지　(　　　　　　　)
①크림(cream) ②젖이나 우유에 들어 있는 지방.
¶ ~를 너무 많이 섭취하였다.

12. 분진　(　　　　　　　)
티끌.
¶공기 중에 ~들이 많다.

13. 진토　(　　　　　　　)
티끌과 흙을 통틀어 이르는 말.
¶황금을 ~같이 여기다.

14. 낙진　(　　　　　　　)
핵폭발이나 핵 실험으로 대기 중에 흩어지거나 떨어지는 방사능 물질.
¶히로시마에 1945년 ~이 많았을 것이다.

15. 풍진　(　　　　　　　)
바람에 날리는 티끌.
¶차가 갑자기 서면서 ~이 일었다.

16. 진액　(　　　　　　　)
생물의 몸 안에서 생겨나는 액체.
¶고름으로 ~이 나오고 있다.

17. 강진　(　　　　　　　)
전라남도 강진군에 있는 지명.
¶절암(節庵) 윤세현(尹世顯) 선생은 ~ 출신으로, 갑오동학혁명의 반침략적운동의 일환인 척왜구국 투쟁에 나선 주요 인물이었다.

18. 당진　(　　　　　　　)
충청남도에 있는 지명.
¶ ~에서는 농업을 주산업으로 하고 있다.

19. 진단　(　　　　　　　)
의사가 환자의 병 상태를 판단하는 일.
¶의사의 ~을 받다.

♣ **다음 낱말 풀이에 알맞은 한자(漢字)를 쓰시오.** ▶정답은 332쪽

1. 진맥 (　　　　　　)
병을 진찰하기 위하여 손목의 맥을 짚어 보는 일.
¶의원이 ~을 짚고 약을 지어 주었다.

2. 검진 (　　　　　　)
건강 상태와 질병의 유무를 알아보기 위하여 증상이나 상태를 살피는 일.
¶병원에서 ~을 받았다.

3. 질산 (　　　　　　)
질소와 산소, 수소로 된 강한 1 염기성 무기산의 하나.
¶~으로 물감을 만든다.

4. 질식 (　　　　　　)
숨통이 막히거나 산소가 부족하여 숨을 쉴 수 없음.
¶유독 가스에 ~되다

5. 특집 (　　　　　　)
신문, 잡지, 방송 따위에서 특정한 내용이나 대상에 중점을 두고 하는 편집. 또는 그런 편집물.
¶~방송을 하다.

6. 초집 (　　　　　　)
글에서 필요한 부분만을 간략하게 뽑아서 모음.
¶기사들을 ~하였다.

7. 차광 (　　　　　　)
햇빛이 밖으로 새거나 들어오는 것을 가리개로 막음
¶~ 시설을 설치하다.

8. 차양 (　　　　　　)
의자와 비슷하고 뚜껑이 없는 작은 가마. 승지나 참의 이상의 벼슬아치가 탔다.
¶정승께서 ~를 타고 퇴궐하셨다.

9. 오찬 (　　　　　　)
보통 때보다 잘 차려서 손님을 대접하는 점심 식사.
¶~ 회담을 갖다.

10. 조찬 (　　　　　　)
손님을 초대하여 함께 먹는 아침 식사.
¶~ 간담회를 갖다.

11. 사찰 (　　　　　　)
중이 불상을 모시고 불도를 닦으며 교법을 펴는 집.
¶어머니가 ~을 찾아가 불공을 드리다.

12. 고찰 (　　　　　　)
역사가 오래된 옛 절.
¶~에는 유적이 많다.

13. 잠식 (　　　　　　)
누에가 뽕잎을 먹듯이 점차 침략하여 먹어 들어감.
¶수입농산물 개방으로 국내 시장의 ~이 우려된다.

14. 양잠 (　　　　　　)
누에를 기름. 또는 그 일.
¶이 지역은 ~이 성행한다.

15. 서찰 (　　　　　　)
안부, 소식, 용무 따위를 적어 보내는 글. =편지.
¶오라비에게서 온 ~이다.

16. 낙찰 (　　　　　　)
경매나 경쟁 입찰 따위에서 물건이나 일이 어떤 사람에게 돌아가도록 결정되는 일.
¶싼 값에 ~되었다.

17. 참수 (　　　　　　)
목을 벰.
¶조선시대에 중형으로 ~가 있었다.

18. 참형 (　　　　　　)
목을 베어 죽임. 또는 그런 형벌.
¶서소문 밖에서 ~을 당하였다.

19. 창랑 (　　　　　　)
넓고 큰 바다의 맑고 푸른 물결.
¶~이 부서지는 절벽에 서있다.

♣ 다음 낱말 풀이에 알맞은 한자(漢字)를 쓰시오.　　　▶정답은 332쪽

1. 창해 (　　　　　　　)
넓고 큰 바다.
¶~를 가르고 항해 하였다.

2. 창파 (　　　　　　　)
납일(臘日)에 한 해 동안 지은 농사 형편과 그 밖의 일들을 여러 신에게 고하는 제사.
¶납일이 되어 종묘사직에 납향을 지냈다.

3. 철시 (　　　　　　　)
시장, 가게 따위가 문을 닫고 영업을 하지 아니함.
¶상인들은 휴가 기간에 일제히 ~를 하였다.

4. 처참 (　　　　　　　)
몸서리 칠 정도로 슬프고 끔찍하다.
¶그는 역적으로 몰려서 ~하게 죽었다.

5. 척수 (　　　　　　　)
매우 외로움을 비유적으로 이르는 말.
¶신세가 ~나 마찬가지이다.

6. 철거 (　　　　　　　)
건물, 시설 따위를 무너뜨려 없애거나 걷어치움.
¶무허가 건물을 ~하다.

7. 철수 (　　　　　　　)
거두어들이거나 걷어치움.
¶장비들을 ~하다.

8. 철폐 (　　　　　　　)
전에 있던 제도나 규칙 따위를 걷어치워서 없앰.
¶신분제도를 ~하다.

9. 첩보 (　　　　　　　)
싸움에 이겼다는 소식이나 보고.
¶초조하게 걱정하며 ~를 기다리고 있다.

10. 전초전 (　　　　　　)
전초선에서 벌이는 작은 규모의 전투.
¶~을 펼치다.

11. 체결 (　　　　　　　)
얽어서 맺음. 계약을 공식적으로 맺음.
¶두 나라 사이에 조약이 ~되었다.

12. 체맹 (　　　　　　　)
약속을 하거나 동맹을 맺음. =정맹.
¶침범하지 않기로 ~하였다.

13. 보초 (　　　　　　　)
부대의 경계선이나 각종 출입문에서 경계와 감시의 임무를 맡은 병사.
¶~근무를 서다.

14. 초병 (　　　　　　　)
초소를 지키는 병사.
¶~이 되었다.

15. 초소 (　　　　　　　)
보초를 서는 장소.
¶방범 ~에 가다.

16. 취체역 (　　　　　　)
예전에, 주식회사의 이사(理事)를 이르던 말.
¶~을 맡다.

17. 초점 (　　　　　　　)
사람들의 관심이나 주의가 집중되는 사물의 중심 부분.
¶논쟁의 ~을 알다.

18. 간첩 (　　　　　　　)
국가나 단체의 비밀이나 상황을 몰래 알아내어 경쟁 또는 대립 관계에 있는 국가나 단체에 제공하는 사람.
¶~을 검거하다.

19. 초심 (　　　　　　　)
마음을 졸여서 태움.
¶자식의 안부를 ~하다.

315

♣ 다음 낱말 풀이에 알맞은 한자(漢字)를 쓰시오.   ▶정답은 332쪽

1. 초조   (   )
애가 타서 마음이 조마조마함.
¶~의 빛을 띠다.

2. 귀추   (   )
일이 되어 가는 형편. 늑귀취(歸趣).
¶이번 사건의 ~가 주목된다.

3. 탁마   (   )
옥이나 돌 따위를 쪼고 갊. 또는 학문이나 덕행 따위를 닦음을 비유적으로 이르는 말.
¶학문을 연구하면서 나의 실력을 ~한다.

4. 추세   (   )
어떤 현상이 일정한 방향으로 나아가는 경향.
¶세계적 ~를 따른다.

5. 축구   (   )
주로 발로 공을 차서 상대편의 골에 공을 많이 넣는 것으로 승부를 겨루는 경기.
¶월드컵은 전 세계사람들이 ~로 하나되는 축제이다.

6. 기축   (   )
기관이나 바퀴 따위의 굴대. 어떤 일의 중심부.
¶~되다.

7. 차축   (   )
두 개의 차바퀴를 이은 바퀴 회전의 중심축이 되는 쇠막대기.
¶~이 망가져서 폐차시켰다.

8. 신탁   (   )
믿고 맡김.
¶미 군정부는 ~통치라는 이름으로 우리 정치문제에 관여했다.

9. 충정   (   )
마음에서 우러나오는 참된 정.
¶~으로 권고하다.

10. 절충   (   )
서로 다른 사물이나 의견, 관점 따위를 알맞게 조절하여 서로 잘 어울리게 함.
¶두 조직의 의견을 ~하여 타협하였다.

11. 취사   (   )
끼니로 먹을 음식 따위를 만드는 일.
¶이 곳은 ~금지 구역입니다.

12. 자취   (   )
손수 밥을 지어 먹으면서 생활함.
¶객지에서 ~ 생활을 하다.

13. 노심초사 (   )
몹시 마음을 쓰며 애를 태움.
¶어머니는 집나간 아들을 생각하면 항상 ~하셨다.

14. 탁송   (   )
남에게 부탁하여 물건을 보냄.
¶~ 화물을 취급하다.

15. 부탁   (   )
어떤 일을 해 달라고 청하거나 맡김. 그 일거리.
¶교장선생님의 ~ 말씀이 있었습니다.

16. 결탁   (   )
마음을 결합하여 서로 의탁함.
¶그는 출세를 위하여 권력가와 ~을 하였다.

17. 충심   (   )
마음속에서 우러나는 참된 마음.
¶당신이 잘되기를 ~으로 기원합니다.

18. 예탁   (   )
부탁하여 맡겨 둠.
¶~ 증서를 받다.

19. 의탁   (   )
어떤 것에 몸이나 마음을 의지하여 맡김.
¶할머니는 양로기관에 여생을 ~하셨다.

♣ 다음 낱말 풀이에 알맞은 한자(漢字)를 쓰시오.　　　▶정답은 332쪽

1. 태교　(　　　　　　　)
아이를 밴 여자가 태아에게 좋은 영향을 주기 위하여 마음을 바르게 하고 언행을 삼가는 일.
¶ ~를 잘 하면 아이의 심성에 도움이 된다.

2. 수태　(　　　　　　　)
아이를 뱀. 또는 새끼를 뱀. '아이 배기', '새끼 배기'
¶ 결혼한 지 십 년인데, 아내는 ~를 하지 못했다

3. 태풍　(　　　　　　　)
북태평양 남서부에서 발생하여 아시아 대륙 동부로 불어오는, 폭풍우를 수반한 맹렬한 열대 저기압.
¶ ~이 우리나라를 강타했다.

4. 환골탈태　(　　　　　　　)
사람이 나은 방향으로 변하여 전혀 딴사람처럼 됨.
¶ 아무리 ~라지만, 그가 이렇게 달라질 수가!

5. 패권　(　　　　　　　)
어떤 분야에서 우두머리나 으뜸의 자리를 차지하여 누리는 공인된 권리와 힘.
¶ ~을 차지하다.

6. 패왕　(　　　　　　　)
패자(覇者)와 왕자(王者)를 아울러 이르는 말.
¶ 중국의 연극으로 ~별희가 유명하다.

7. 제패　(　　　　　　　)
패권을 잡음.
¶ 세계를 ~할 권투 선수가 등장했다.

8. 평수　(　　　　　　　)
평으로 계산한 넓이나 부피.
¶ 논을 ~로 따지다.

9. 한림원　(　　　　　　　)
고려 시대에, 임금의 명령을 받아 문서를 꾸미는 일을 맡아보던 관아.
¶ ~학사들이 모여서 한림별곡을 부른다.

10. 공포　(　　　　　　　)
두렵고 무서움.
¶ ~에 떨다.

11. 포기　(　　　　　　　)
하려던 일을 도중에 그만두어 버림.
¶ 중도 ~를 선언하다.

12. 포도　(　　　　　　　)
포장도로.
¶ 시골 신작로보다 다섯 배는 더 넓은 ~ 위를 차가 연달아 오고 갔다.

13. 점포　(　　　　　　　)
물건을 늘어놓고 파는 곳.
¶ ~ 임대.

14. 학대　(　　　　　　　)
몹시 괴롭히거나 가혹하게 대우함.
¶ 동물 ~를 하지 맙시다.

15. 학살　(　　　　　　　)
가혹하게 마구 죽임.
¶ 민간인을 대량 ~하였다.

16. 자학　(　　　　　　　)
자기를 스스로 학대함.
¶ ~에 빠지다.

17. 서한　(　　　　　　　)
편지.
¶ 할아버지께서 인편에 ~을 보내오셨다.

18. 공한　(　　　　　　　)
공적인 편지.
¶ 관계 당국에 ~을 보내서 협조를 부탁했다.

19. 건평　(　　　　　　　)
건물이 차지한 밑바닥의 평수.
¶ 이 집의 ~은 얼마나 되죠?

♣ 다음 낱말 풀이에 알맞은 한자(漢字)를 쓰시오. ▶정답은 333쪽

1. 함상 (　　　　　)
군함의 위.
¶선장님께서 ~에 서서 바다를 바라보신다.

2. 호주 (　　　　　)
오스트레일리아 대륙의 대부분을 차지하는, 영연방의 자치국. 지구 남반구에 존재한다.
¶~의 수도는 캔버라이다.

3. 전함 (　　　　　)
전쟁할 때 쓰는 배.
¶인천에 ~이 등장했다.

4. 환상 (　　　　　)
현실적인 기초나 가능성이 없는 헛된 생각이나 공상.
¶~이 깨지다.

5. 하현 (　　　　　)
음력 매달 22~23일에 나타나는 달의 형태. 활 모양의 현(弦)을 엎어 놓은 것 같은 모양이다.
¶~달이 떴다.

6. 협곡 (　　　　　)
험하고 좁은 골짜기.
¶아침 안개가 걷히며 드러나는 ~과 준봉은 독기를 내뿜듯 짙푸르러 있었다.

7. 환멸 (　　　　　)
꿈이나 기대나 환상이 깨어짐. 또는 그때 느끼는 괴롭고도 속절없는 마음.
¶그는 기업 경영에 ~을 느껴 결국 입산하고 말았다.

8. 장화 (　　　　　)
목이 길게 올라오는 신. 가죽이나 고무로 만드는데 비가 올 때나 말을 탈 때에 신는다.
¶가죽 ~를 신었다.

9. 전형 (　　　　　)
기준이 되는 형. 같은 부류의 특징을 가장 잘 나타내고 있는 본보기.
¶그는 고뇌하는 인간의 ~이다.

10. 함장 (　　　　　)
군함의 우두머리.
¶~의 지휘 아래 전투 준비를 하다.

11. 혹독 (　　　　　)
몹시 심하다.
¶~한 추위를 견디다.

12. 혹서 (　　　　　)
깃과 띠를 아울러 이르는 말.
¶~를 하시고 야행을 하셨다.

13. 혹한 (　　　　　)
몹시 심한 추위.
¶~으로 많은 등산객이 동상에 걸렸다.

14. 잔혹 (　　　　　)
잔인하고 혹독함.
¶~ 행위.

15. 군화 (　　　　　)
전투하는 데에 편리하게 만든 군인용 구두.
¶~ 소리가 들려왔다.

16. 모형 (　　　　　)
모양이 같은 물건을 만들기 위한 틀.
¶건물 ~을 살펴보았다.

17. 구형 (　　　　　)
공같이 둥근 형태.
¶지구는 ~이다.

18. 관현 (　　　　　)
관악기와 현악기를 아울러 이르는 말.
¶야외 무대에서 ~악 연주가 시작되었다.

19. 환영 (　　　　　)
눈앞에 없는 것이 있는 것처럼 보이는 것.
¶죽은 이의 ~에 시달리다.

♣ 다음 낱말 풀이에 알맞은 한자(漢字)를 쓰시오.   ▶정답은 333쪽

1. 활강   (   )
   비탈진 곳을 미끄러져 내려오거나 내려감.
   ¶스키선수가 직 ~하며 내려오고 있다.

2. 활공   (   )
   새가 날개를 움직이지 아니하고 낢.
   ¶도요새가 강 위에서 ~으로 미끄러져 내려온다.

3. 원활   (   )
   모난 데가 없고 원만함.
   ¶인간 상호 관계의 ~은 생활에서 중요하다.

4. 윤회   (   )
   차례로 돌아감.
   ¶~에서 벗어나다.

5. 상회   (   )
   어떤 기준보다 웃돎.
   ¶이번 수출량은 목표량을 크게 ~한다.

6. 후두   (   )
   인두(咽頭)와 기관(氣管) 사이의 부분.
   ¶~는 발성기관이다.

7. 후설   (   )
   목구멍과 혀를 아울러 이르는 말.
   ¶조음기관 중에 ~의 기능이 가장 많다.

8. 훈작   (   )
   훈등(勳等)과 작위(爵位)를 아울러 이르는 말.
   ¶신하들에게 골고루 ~을 내려줬다.

9. 공훈   (   )
   나라나 회사를 위하여 두드러지게 세운 공로.
   ¶~을 세우다.

10. 상훈   (   )
    상과 훈장을 아울러 이르는 말.
    ¶~을 수여하다.

11. 가희   (   )
    여자 가수를 아름답게 이르는 말.
    ¶그녀의 노래 부르는 모습을 보니 진정한 ~였다.

12. 무희   (   )
    춤을 잘 추거나 춤추는 것을 직업으로 하는 여자.
    ¶공연을 앞둔 ~들이 열심히 춤 연습을 하고 있다.

13. 미희   (   )
    아름다운 여자.
    ¶소개팅에 나온 여자는 ~였다.

14. 가람   (   )
    중이 살면서 불도를 닦는 곳.
    ¶스님이 ~에 들어갔다.

15. 승가   (   )
    부처의 가르침을 믿고 불도를 실천하는 사람 집단.
    ¶~에 들어가게 되었다.

16. 가도   (   )
    중국 당나라의 시인으로 오언 율시에 뛰어났음.
    ¶~의 저서로 <장강집(長江集)>

17. 맹가   (   )
    맹자의 본명.
    ¶유가는 ~의 가르침을 따르는 것이다.

18. 상고   (   )
    장사하는 사람.
    ¶시전의 ~들끼리 이권을 다퉜다.

19. 고선   (   )
    상고선. 장사할 물건을 싣고 다니는, 그리 크지 아니한 배.
    ¶~을 타고 중국을 다녀왔다.

20. 난간   (   )
    층계 끝에 일정 높이로 막아 세우는 구조물.
    ¶~에 기대다.

♣ **다음 낱말 풀이에 알맞은 한자(漢字)를 쓰시오.** ▶정답은 333쪽

1. 간성 (   )
강원도 고성군에 있는 지명. 영동 지방의 교통 요지. 관동 팔경(關東八景) 중에 청간정(淸澗亭)이 있다.
¶ ~을 지나서 왔다.

2. 간괘 (   )
팔괘(八卦)의 하나. 산을 상징한다.
¶ ~가 뽑혔다.

3. 말갈 (   )
중국 수나라·당나라 때에 동북(東北) 지방에서 한반도 북부에 거주한 퉁구스게의 여러 민족을 가리킴.
¶ ~민족이 금나라를 세웠다.

4. 갑각 (   )
바다 쪽으로, 부리 모양으로 뾰족하게 뻗은 육지.
¶ ~에 서서 바다를 바라 보았다.

5. 자강불식 (   )
스스로 힘써 몸과 마음을 가다듬어 쉬지 아니함.
¶ ~의 기상을 발휘 해 보렴.

6. 강태공 (   )
중국 주나라 초엽의 조신인 '태공망(太公望)' 말함.
¶ ' ~ 위수 변에 주 문왕 기다리듯' 하는 구나.

7. 강릉 (   )
언덕이나 작은 산.
¶집 뒤에 ~이 있다.

8. 복강 (   )
후쿠오카의 한자표기. 일본 큐슈의 북서부에 있는 시.
¶ ~에 머무르다.

9. 건반 (   )
피아노, 오르간, 타자기 따위에서 손가락으로 치도록 된 부분을 늘어놓은 면.
¶그녀가 ~을 눌렀다.

10. 이개 (   )
조선 전기의 문신(1417 ~1456). 사육신의 한 사람.
¶세종 2년에 ~는 단종복위를 꾀하다 처형되었다.

11. 관건 (   )
문빗장과 자물쇠를 아울러 이르는 말.
¶문제해결의 ~을 쥐고 있다.

12. 인걸 (   )
특히 뛰어난 인재(人材).
¶당대의 ~이다.

13. 걸왕 (   )
중국 하나라의 마지막 왕. 동양의 폭군의 대명사.
¶은나라 탕왕이 ~을 쳐서 이겼다.

14. 견별 (   )
뚜렷하게 나눔.
¶ 문제를 ~하여서 제시하였다.

15. 경계 (   )
뜻밖의 사고가 생기지 않도록 조심하여 단속함.
¶ ~의 눈초리로 지켜보다.

16. 경옥 (   )
아름다운 구슬.
¶ ~을 가졌다.

17. 고월 (   )
음력 5월을 이르는 말.
¶ ~의 단오를 기다린다.

18. 괴목 (   )
느티나무.
¶길가에 ~이 서있다.

19. 괴문 (   )
삼공(三公)을 달리 부르는 말. 삼정승.
¶아버지는 ~에 반열에 오르셨다.

♣ 다음 낱말 풀이에 알맞은 한자(漢字)를 쓰시오. ▶정답은 333쪽

1. 구릉 (   )
   언덕.
   ¶~을 달려 올라갔다.

2. 기화요초 (   )
   옥같이 고운 풀에 핀 구슬같이 아름다운 꽃.
   ¶정원엔 갖가지 ~가 있었다.

3. 국육 (   )
   양육. 아이를 보살펴서 자라게 함
   ¶아이들을 ~하였다.

4. 도규 (   )
   예전 가루약을 뜨던 숟가락, 의술이라는 의미도 됨.
   ¶그의 ~로 많은 사람을 살렸다.

5. 규성 (   )
   이십팔수(二十八宿)의 열다섯째 별자리에 있는 별들.
   ¶~이 밝으면 천하가 태평하다.

6. 근화 (   )
   무궁화.
   ¶우리나라 국화는 ~이다

7. 전전긍긍 (   )
   몹시 두려워서 벌벌 떨며 조심함.
   ¶밖에 소리를 듣고 곡식을 숨기느라 ~하였다.

8. 긍긍 (   )
   삼가고 두려워하다.
   ¶밤새 일이 잘못될까 ~하다 새벽녘에 겨우 잠들었다

9. 기로 (   )
   갈림길.
   ¶선택의 ~에 서다.

10. 기망 (   )
    소망, 희망.
    ¶국민들은 정부가 요구를 들어주길 ~한다.

11. 기행 (   )
    훌륭한 행동.
    ¶그의 ~에 대해 알려진 것은 별로 없다.

12. 국문 (   )
    국청(鞫廳)에서 형장(刑杖)을 가하여 중죄인(重罪人)을 신문하던 일.
    ¶임금님이 친히 죄인을 ~하였다.

13. 주기 (   )
    '주'는 둥근 구슬, '기'는 둥글지 아니한 구슬이라는 뜻으로, 온갖 구슬을 다 이르는 말.
    ¶그는 ~를 많이 가지고 있다.

14. 기로 (   )
    연로하고 덕이 높은 사람
    ¶벼슬을 내려줌에 반드시 ~를 가렸다.

15. 기족 (   )
    발이 빠른 훌륭한 말. 또는 재주가 뛰어난 사람을 비유적으로 이르는 말.
    ¶너는 미술에 ~을 가졌구나.

16. 기린 (   )
    목이 길고, 몸집이 큰, 초식동물.
    ¶동물원에 목을 길게 뺀 ~이 있었다.

17. 단수 (   )
    소용돌이치는 물.
    ¶~ 안 진주를 빠뜨리다.

18. 비단 (   )
    물살이 세고 빠른 여울.
    ¶그 곳은 ~이 있는 곳이다.

19. 돈덕 (   )
    도타운 덕.
    ¶~을 행하시오.

321

♣ 다음 낱말 풀이에 알맞은 한자(漢字)를 쓰시오. ▶정답은 333쪽

1. 돈신 (　　　　　)
   두텁게 믿음.
   ¶임금이 신하는 ~하였다

2. 돈수 (　　　　　)
   ①구배의 하나. 머리가 땅에 닿도록 하는 절이다.
   ¶청나라에게 항복 할때, 인종은 ~를 했다. 그 날을 국치일로 삼는다.

3. 여주 (　　　　　)
   경기도 여주군에 있는 지명. 교통의 요충지로 쌀과 소의 농축산물이 나고, 도자기 공장이 있다.
   ¶~와 이천의 도자기 축제가 있다.

4. 갑돌 (　　　　　)
   예전에 남자 이름으로 자주 쓰던 글자.
   ¶~이와 갑순이는 한마을에 살아 드래요.

5. 골동품 (　　　　　)
   오래되었거나 희귀한 옛 물품.
   ¶ ~ 가게.

6. 두절 (　　　　　)
   교통이나 통신 따위가 막히거나 끊어짐.
   ¶연락이 ~되다.

7. 동예 (　　　　　)
   1세기 초, 함경 남도 남부와 강원도 북부 지역에 있던 부족 국가.
   ¶ ~는 10월에 무천이라는 추수 감사제를 거행 하였다.

8. 노래자 (　　　　　)
   초나라의 사람으로 70세에 어린아이 옷을 입고 어린애 장난을 하여 늙은 부모를 위안하였다고 한다.
   ¶부모님께 효도하는 것은 ~를 본 받을만 하다.

9. 여막 (　　　　　)
   궤연(几筵) 옆이나 무덤 가까이에 지어 놓고 상제가 거처하는 초막.
   ¶ ~을 지키다.

10. 율려 (　　　　　)
    국악에서, 음악이나 음성의 가락을 이르는 말.
    ¶ ~를 맞추다.

11. 노원구 (　　　　　)
    서울시에 위치한 북동쪽에 있는 구.
    ¶서울특별시 ~구 상계동.

12. 돈오 (　　　　　)
    갑자기 깨달음.
    ¶스님이 도를 닦다가 ~한다.

13. 청련 (　　　　　)
    물이 맑고 잔잔하다.
    ¶시냇물이 ~하게 흐른다.

14. 노화 (　　　　　)
    갈대꽃.
    ¶갈대 숲 사이로 ~가 보인다.

15. 예천 (　　　　　)
    중국에서 태평할 때에 단물이 솟는다고 하는 샘.
    ¶ ~을 보고 싶다.

16. 백로 (　　　　　)
    왜가릿과의 새를 통틀어 이르는 말.
    ¶ ~는 부리와 목과 다리가 길어 두루미와 비슷하다.

17. 요동 (　　　　　)
    만주지역 부근에 요하를 중심으로 동쪽 지방.
    ¶고구려는 ~지방을 모두 차지하고 있었다.

18. 유방 (　　　　　)
    중국 한나라 초대 황제인 고조.
    ¶ ~과 항우의 전투는 유명하다.

19. 능엄경 (　　　　　)
    불경의 하나. 선종(禪宗)의 주요 경전으로, 인연(因緣)과 만유(萬有)를 설명하였다
    ¶스님이 ~을 강했다.

♣ 다음 낱말 풀이에 알맞은 한자(漢字)를 쓰시오.　　　▶정답은 333쪽

1. 기린아 (　　　　　　　　　)
   지혜와 재주가 썩 뛰어난 사람.
   ¶문단의 ~.

2. 예맥족 (　　　　　　　　　)
   한족(韓族)을 형성한 예족과 맥족을 통틀어 이르는 말.
   ¶~은 만주와 한반도 북부지방에서 활동하였다.

3. 배극렴 (　　　　　　　　　)
   조선 초기의 무신(1325 ~1392).으로 이성계를 왕으로 추대하는데 공을 세웠다.
   ¶~은 성산백의 작위를 받는다.

4. 목멱산 (　　　　　　　　　)
   서울 남산의 옛 이름.
   ¶~이 그립다.

5. 발해 (　　　　　　　　　)
   699년에 고구려의 장수 대조영이 고구려의 유민과 말갈족을 거느리고 동모산에 도읍하여 세운 나라.
   ¶고구려와 더불어 ~도 우리 역사이다.

6. 석가모니 (　　　　　　　　　)
   과거칠불의 일곱째 부처로, 세계 4대 성인의 한 사람이다.
   ¶~를 따르는 사람들이 불교인들이다.

7. 변계량 (　　　　　　　　　)
   고려 말기 조선 전기의 학자(1369 ~1430). 조선 시대 초에 권근에 이어 20년간 대제학을 맡은 문장가.
   ¶~은 관각문학을 발달시켰다.

8. 목릉 (　　　　　　　　　)
   경기도 구리시에 있는 조선 선조와 비(妃) 의인 왕후 및 계비(繼妃) 인목 대비의 능.
   ¶~은 동구릉에 하나이다.

9. 미구 (　　　　　　　　　)
   동안이 매우 오래됨.
   ¶~한 광일이다.

10. 미봉책 (　　　　　　　　　)
    눈가림만 하는 일시적인 계책(計策).
    ¶그 대책은 ~에 불구하다.

11. 민비 (　　　　　　　　　)
    명성황후를 낮추어 부르는 말.
    ¶일본인들은 ~를 시해 할 계획을 세웠다.

12. 반계수록 (　　　　　　　　　)
    조선 시대에, 실학자 유형원이 지은 논집.
    ¶조선시대 경제, 사회 연구에 ~이 귀중한 자료이다.

13. 의발 (　　　　　　　　　)
    가사(袈裟)와 바리때를 아울러 이르는 말.
    ¶~을 전하다.

14. 탁발승 (　　　　　　　　　)
    탁발하는 중.
    ¶집집마다 ~이 돌아다니며 동냥하였다.

15. 면시 (　　　　　　　　　)
    고개를 숙이고 바라본다.
    ¶~하다.

16. 면류관 (　　　　　　　　　)
    제왕(帝王)의 정복(正服)에 갖추어 쓰던 관.
    ¶왕의 제위 때, ~을 쓰다.

17. 모략 (　　　　　　　　　)
    계책이나 책략.
    ¶~에 빠지다.

18. 윤보선 (　　　　　　　　　)
    정치가(1897 ~1990). 1960년 4월 대통령 당선.
    ¶5·16 군사정변으로 ~은 대통령직을 사임하였다.

19. 마중지봉 (　　　　　　　　　)
    삼밭에 나는 쑥.
    ¶~이라는 말이 있는 친구를 잘 사귀어야 한다.

♣ 다음 낱말 풀이에 알맞은 한자(漢字)를 쓰시오.　　　▶정답은 333쪽

1. 부산 (　　　　　　　)
경상남도 남동부에 있는 광역시.
¶ ~은 우리나라 제 1의 항구도시이다.

2. 분란 (　　　　　　　)
핀란드를 한자로 표현할 때 쓰는 말.
¶ ~의 사신.

3. 징비록 (　　　　　　　)
유성룡이 선조 25년(1592)부터 31년(1598)까지 7년 동안에 걸친 임진왜란에 대하여 적은 책.
¶ ~에는 임진왜란의 원인과 전황이 잘 나타나 있다.

4. 비로봉 (　　　　　　　)
고성군 장전읍과 회양군 내금강면 사이에 있는 산봉우리. 금강산의 최고봉이다.
¶ ~ 상상두에 오르고 싶어라.

5. 빈빈 (　　　　　　　)
문채와 바탕이 잘 갖추어져 훌륭하다.
¶조정에 벼슬하는 사람들은 문질(文質)이 ~하게 갖추어져 있습니다.

6. 빙릉 (　　　　　　　)
세력을 믿고 침범함.
¶그들이 ~하다.

7. 사천 (　　　　　　　)
경상남도 남서부에 있는 시. 한려 해상공원에 딸린 섬들이 있다.
¶행정구역 개편 때, 삼천포시와 ~군을 통합하였다.

8. 서지 (　　　　　　　)
점잖고 조용한 모양.
¶고양이가 ~하다.

9. 서천 (　　　　　　　)
서천군에 있는 지명.
¶ ~은 군청 소재지이다.

10. 주석 (　　　　　　　)
탄소족 원소의 하나. 은백색의 고체 금속으로, 연성과 전성이 크며 녹슬지 않는다.
¶ ~잔에 음료를 마시면 시원함이 오래 간다.

11. 석광 (　　　　　　　)
주석을 파내는 광산.
¶태백산 인근에 ~이 있다.

12. 천석 (　　　　　　　)
하늘이 내려 줌.
¶벼슬을 나에게 ~하셨다.

13. 설총 (　　　　　　　)
신라 경덕왕 때의 학자로 화왕계를 지었다.
¶원효의 아들이 ~이다.

14. 섬진강 (　　　　　　　)
전라북도 진안군에서 시작하여 전라남도를 거쳐 경상남도 하동을 지나 남해로 흘러 들어가는 강.
¶화계장터가 열리는 곳이 ~가 이다.

15. 소굴 (　　　　　　　)
나쁜 짓을 하는 도둑이나 악한 따위의 무리가 활동의 본거지로 삼고 있는 곳.
¶도적들의 ~로 들어갔다.

16. 송시열 (　　　　　　　)
조선 숙종 때의 문신·학자로 호는 우암이다.
¶유학자들은 ~을 송자라고 까지 극존칭을 쓴다.

17. 순박 (　　　　　　　)
거짓이나 꾸밈이 없이 순수하며 인정이 두텁다.
¶ ~한 농촌 총각을 만났다.

18. 요순 (　　　　　　　)
고대 중국의 요임금과 순임금을 아울러 이르는 말. 동양의 현명한 임금의 대표적 인물.
¶ ~시대의 태평성대.

♣ 다음 낱말 풀이에 알맞은 한자(漢字)를 쓰시오.　　　　　▶정답은 333쪽

1. 금실　(　　　　　　　)

　거문고와 비파를 아울러 이르는 말.
　¶사이좋은 부부를 가리켜 ~이 좋다고 한다.

2. 시탄　(　　　　　　　)

　땔나무와 숯, 또는 석탄 따위를 이르는 말.
　¶ ~을 가지고 왔다.

3. 압록강　(　　　　　　　)

　우리나라와 중국과의 경계를 이루는 강.
　¶ ~은 백두산에서 황해로 흘러간다.

4. 염마　(　　　　　　　)

　염라대왕.
　¶ ~를 만났는 줄 알았다.

5. 영덕　(　　　　　　　)

　경상북도 영덕군 중부에 있는 지명.
　¶해안가에 있는 ~은 게가 유명하다.

6. 예종　(　　　　　　　)

　조선의 제8대 왕(1450~1469). 경국대전을 완성.
　¶ ~의 재위기간은 1년 뿐이었다.

7. 옥천　(　　　　　　　)

　충청북도 옥천군에 있는 지명.
　¶ ~은 군청소재지이다.

8. 옹기　(　　　　　　　)

　옹기그릇.
　¶사람의 손이 닿지 않은 ~는 특유의 질감이있다.

9. 옹진　(　　　　　　　)

　황해도 옹진군에 있는 지명. 황해선의 종점.
　¶ ~에는 온천이 있다.

10. 의왕　(　　　　　　　)

　경기도 동남쪽에 있는 시.
　¶~시 주변엔 번화한 위성도시들이 위치해 있다.

11. 왜인　(　　　　　　　)

　일본 사람을 낮잡아 이르는 말
　¶부산에 ~들이 장사하러 왔다.

12. 왜식　(　　　　　　　)

　'일본풍'을 낮잡아 이르는 말.
　¶ ~ 국수.

13. 당요　(　　　　　　　)

　중국의 요임금을 달리 이르는 말. 당(唐)이라는 곳에서 봉(封)함을 받은 데서 유래한다.
　¶유학자들은 ~의 시대를 이상으로 삼는다.

14. 용유　(　　　　　　　)

　유화용 물감을 갤 때 쓰는 기름.
　¶ ~가지고 왔다.

15. 용제　(　　　　　　　)

　물질을 용해하는 데 쓰는 액체.
　¶실험실에 ~를 두었다.

16. 용접　(　　　　　　　)

　두 개의 금속·유리·플라스틱 따위를 녹이거나 만쯤 녹인 상태에서 서로 이어 붙이는 일.
　¶공사장에서 ~하는 소리가 요란하게 들린다.

17. 천우신조　(　　　　　　　)

　하늘이 돕고 신령이 도움. 또는 그런 일.
　¶ ~를 바라다.

18. 우역　(　　　　　　　)

　중국 고대의 임금인 우(禹)가 치수한 지역이라는 뜻으로 중국이라는 의미를 가짐.
　¶ ~으로 넘어갔다.

19. 울산　(　　　　　　　)

　경상남도 동북쪽에 있는 광역시. 중화학 공업이 발달한 도시.
　¶ ~은 국내에서 가장 큰 공업도시이다.

325

♣ 다음 낱말 풀이에 알맞은 한자(漢字)를 쓰시오. ▶정답은 333쪽

1. 웅진　(　　　　　　　)
   공주의 옛 이름.
   ¶백제의 수도는 ~이었다.

2. 위수　(　　　　　　　)
   중국 황허 강(黃河江)의 큰 지류(支流).
   ¶~는 결국 황하강으로 흘러들어간다.

3. 기전　(　　　　　　　)
   나라의 수도를 중심으로 하여 사방으로 뻗어 나간 가까운 행정 구역의 안.
   ¶우리나라의 ~는 수도권으로 매우 비대해지고 있다.

4. 김유신　(　　　　　　　)
   신라의 명장(595 ~673). 태종 무열왕을 도와 삼국 통일의 기반을 다진 인물.
   ¶~은 그의 여동생 문희를 김춘추와 결혼시키려 분신극을 벌이기도 하였다.

5. 수유리　(　　　　　　　)
   서울특별시 강북구 소재. 수유동을 일컫는 말.
   ¶~ 영어마을.

6. 하은주　(　　　　　　　)
   중국 전설상의 가장 오래 된 왕조로 하나라, 은나라, 주나라를 합하여 부르는 말로, 이상적인 시대로 봄.
   ¶~ 시대를 전설 속에 존재하는 시대로 본다.

7. 응시　(　　　　　　　)
   매처럼 날카롭게 노려봄
   ¶눈을 ~한다

8. 응암동　(　　　　　　　)
   서울시 은평구에 위치한 행정구역.
   ¶6호선 끝 자락에 ~이 위치한다.

9. 이열　(　　　　　　　)
   즐겁고 기쁨.
   ¶~을 느낀다.

10. 이이　(　　　　　　　)
    조선 중기의 문신·학자(1536 ~1584)로 성리학의 대가이다. 십만양병설을 지었다.
    ¶율곡 ~의 어머니는 신사임당이다.

11. 자번　(　　　　　　　)
    우거져 무성하다. 많아서 번거롭다.
    ¶풀들이 ~하다.

12. 전장　(　　　　　　　)
    개인이 소유하는 논밭.
    ¶지금 지니고 있는 ~은 천 리에 가득히 뻗쳤다.

13. 장각　(　　　　　　　)
    노루의 굳은 뿔을 한방에서 이르는 말.
    ¶임질이나 임부병에 ~을 사용한다.

14. 욱일승천　(　　　　　　　)
    아침 해가 하늘에 떠오름. 또는 그런 기세.
    ¶~의 기세.

15. 수정　(　　　　　　　)
    무색투명한 석영의 하나.
    ¶목걸이에 ~이 박혀있다.

16. 정족　(　　　　　　　)
    솥발.
    ¶삼발이는 ~이 세 개이다.

17. 구정　(　　　　　　　)
    중국 하(夏)나라의 우왕(禹王) 때에, 전국의 아홉 주(州)에서 거두어들인 금으로 만들었다는 솥. 주(周)나라 때까지 대대로 천자에게 전해진 보물이었다고 한다.
    ¶~을 갖고 싶어 하였다.

18. 복조　(　　　　　　　)
    복. 삶에서 누리는 좋고 만족할 만한 행운. 또는 거기서 얻는 행복.
    ¶~를 빈다.

♣ 다음 낱말 풀이에 알맞은 한자(漢字)를 쓰시오. ▶정답은 333쪽

1. 준재 (　　　　　　)
   아주 뛰어난 재주. 또는 재주가 뛰어난 사람.
   ¶그 녀석은 ~이다.

2. 지대 (　　　　　　)
   건축물을 세우기 위하여 터를 잡고 돌로 쌓은 부분.
   ¶~를 세웠다.

3. 영지 (　　　　　　)
   불로초과의 버섯.
   ¶~버섯.

4. 찬란 (　　　　　　)
   빛이 번쩍거리거나 수많은 불빛이 빛나고 있다. 또는 그 빛이 매우 밝고 강렬하다.
   ¶~한 광채.

5. 정철 (　　　　　　)
   조선 명종·선조 때의 문신·시인(1536~1593). 관동별곡과 사미인곡 등의 가사로 유명하다.
   ¶송강 ~의 양미인곡은 뛰어난 문학작품이다.

6. 기지 (　　　　　　)
   건축물의 기초. 사업의 근본을 비유적으로 이름.
   ¶그 일을 하는데 ~가 되는 것을 말견해야 한다.

7. 촉한 (　　　　　　)
   중국 삼국 시대 221년에 유비(劉備)가 세운 나라.
   ¶~은 263년 위나라에 멸망하였다.

8. 취락 (　　　　　　)
   인간의 생활 근거지인 가옥의 집합체. 넓은 의미로는 가옥을 중심으로 한 인간의 거주 형태 전반.
   ¶강가를 중심으로 ~이 발달하였다.

9. 대치동 (　　　　　　)
   서울특별시 강남구 소재 행정구역. 강남지역의 중심지로 발달하였다.
   ¶신흥부자들이 ~에 많이 모여 산다.

10. 파주 (　　　　　　)
    경기도 북서쪽에 있는 시.
    ¶고양시와 ~시 사이에 임진강이 흐른다.

11. 한탄강 (　　　　　　)
    강원도 평강군에서 시작하여 철원군을 지나 임진강으로 흘러 들어가는 강.
    ¶~ 래프팅 사업.

12. 편작 (　　　　　　)
    중국 전국 시대의 의사로 임상경험을 바탕으로 치료하였던 의술이 뛰어난 사람으로 알려져 있다.
    ¶~를 하시고 야행을 하셨다.

13. 대판 (　　　　　　)
    일본 오사카 만에 접해 있는 시(市)의 한자표기.
    ¶이모가 일본 ~에 살고 계신다.

14. 정지용 (　　　　　　)
    1902년생. 문학가. 훗날 청록파에 영향을 줌.
    ¶~의 시세계는 섬세한 이미지 구사와 언어에 대한 각별한 배려를 보여준 것이 특징이다.

15. 행화 (　　　　　　)
    살구꽃.
    ¶우물가에 ~가 피어있다.

16. 보필 (　　　　　　)
    윗사람의 일을 도움. 또는 그런 사람
    ¶대신들이 어린 임금을 ~하였다.

17. 행당동 (　　　　　　)
    서울특별시 성동구 소재 행정구역. 행당초등학교 동쪽 산 일대. 즉 아기씨당(阿祈氏堂)이 있는 곳에 살구나무와 은행나무가 많아 붙은 이름이다.
    ¶~은 왕십리와 인접한 곳이다.

18. 아현동 (　　　　　　)
    서울특별시 마포구 소재 행정구역.
    ¶~은 신촌과 가깝다.

【정답】-한자어독음쓰기

▶ **282쪽**

1.갈근 2.갈분 3.감정 4.유감 5.사감
6.갱구 7.갱도 8.갱내 9.갱부 10.휴게소
11.휴게실 12.게양 13.게시 14.게재 15.고용
16.해고 17.과검 18.간과 19.병과 20.과기
21.과년 22.파과 23.과전불납리 24.과자 25.과품
26.다과 27.제과 28.명과 29.낙관 30.약관
31.정관 32.차관 33.괴기 34.괴연 35.화교
36.교거 37.해외교포 38.교살 39.교수형 40.교착
41.교고 42.아교 43.교주고슬 44.구미 45.동구
46.구토 47.구입 48.구독 49.구매 50.백구
51.발굴 52.채굴 53.동굴 54.석굴 55.마굴
56.소굴 57.권내 58.상권 59.세력권 60.남극권
61.궁궐 62.대궐 63.궐내 64.궐루 65.궐석
66.규방 67.규수 68.기국 69.기보 70.장기
71.농담 72.농도 73.농무 74.농후 75.요도
76.배뇨 77.당뇨병 78.삭뇨증 79.야뇨증 80.이사
81.이승 82.비구니 83.익사

▶ **283쪽**

1.탐닉 2.단련 3.단조 4.담수 5.담연
6.연담 7.청담 8.간담 9.담력 10.대담
11.낙담 12.간담상조 13.대지 14.가대 15.추대
16.대관식 17.남부여대 18.애도 19.추도 20.오동
21.동량 22.병동 23.동량지재 24.등가 25.갈등
26.등사 27.등본 28.등초본 29.나체 30.반라
31.전라 32.적나라 33.낙서 34.낙수 35.경락
36.난만 37.낙양지가귀 38.난숙 39.능수능란 40.남색
41.백화난만 42.남실 43.청출어람 44.납고 45.납치
46.피랍 47.차량 48.연옥 49.연유 50.연탄
51.농구 52.농락 53.농성 54.조롱 55.요양
56.치료 57.의료 58.요기 59.유산 60.유황
61.유습 62.오류 63.착류 64.견마 65.마니
66.마천루 67.마약 68.마취 69.마력 70.병마
71.마수 72.마술 73.마법 74.악마 75.고막
76.각막 77.박막 78.망막 79.결막염 80.분만
81.만통 82.항만 83.대만

▶ **284쪽**

1.옥포만 2.진주만 3.만용 4.만행 5.만족
6.야만 7.망라 8.법망 9.어망 10.투망
11.매수 12.일망타진 13.매거 14.매력 15.매료
16.매혹 17.멸시 18.경멸 19.모자 20.탈모
21.모순 22.목욕 23.목우 24.문란 25.선박
26.박래품 27.운반 28.반출 29.방직 30.방적
31.방사 32.면방 33.배우 34.배상 35.송백
36.백자 37.측백 38.벌열 39.문벌 40.재벌
41.족벌 42.학벌 43.파벌 44.범애 45.범주
46.범칭 47.범신론 48.벽자 49.벽지 50.벽촌
51.궁벽 52.편벽 53.병용 54.병합 55.합병
56.봉급 57.봉록 58.감봉 59.박봉 60.연봉
61.봉제 62.봉합 63.재봉 64.미봉 65.섬유
66.부설 67.부연 68.피부 69.부천 70.부민
71.불불 72.불화 73.불예 74.비적 75.비색
76.공비 77.토비 78.교사 79.시사 80.사면
81.대사 82.특사 83.사료 84.사육

▶ **285쪽**

1.산하 2.사육장 3.양산 4.핵우산 5.산성
6.산소 7.산화 8.신산 9.황산 10.염산
11.인삼 12.백삼 13.홍삼 14.고려삼 15.삽입
16.삽화 17.수삽 18.상자 19.봉상 20.서상
21.서기 22.서광 23.서몽 24.서조 25.길서
26.상서 27.석학 28.석사 29.선사 30.수선
31.영선 32.정선 33.섬세 34.천의무봉 35.세가
36.섬섬옥수 37.월세 38.전세 39.전세금 40.전세방
41.소개 42.소술 43.자기소개서 44.신사숙녀 45.승평
46.승두지리 47.시체 48.검시 49.번식 50.식화
51.식산 52.모순 53.신장 54.신관 55.위암
56.악수 57.장악 58.신장염 59.폐암 60.유방암
61.구애 62.자궁암 63.장애 64.야기 65.영양
66.김양 67.연석 68.연적 69.연지 70.지필묵연
71.염세 72.염증 73.예탁 74.예금 75.예탁
76.참예 77.벽오동 78.온건 79.온당 80.평온
81.안온 82.왜곡

▶ 286쪽

1.왜곡보도 2.요괴 3.요망 4.요물 5.요사
6.용병 7.용원 8.용인 9.고용 10.용암
11.용접 12.용해 13.용융점 14.울분 15.울적
16.울창 17.우울 18.울릉도 19.비원 20.금원
21.문원 22.예원 23.위관 24.대위 25.중위
26.소위 27.준위 28.융합 29.융화 30.융화
31.융자 32.융통 33.이차 34.이상 35.이심
36.이십억 37.부이 38.인상 39.백인 40.자인
41.일의 42.일만금 43.불임 44.임산부 45.회임
46.자력 47.자석 48.자기 49.자침 50.자기장
51.자문 52.자복 53.자웅 54.자화 55.잠실
56.저지 57.저해 58.정찰 59.정탐 60.밀정
61.탐정 62.정납 63.노정 64.증정 65.헌정
66.소정 67.주정 68.비행정 69.조제 70.구명정
71.약제 72.쾌속정 73.세제 74.탕제 75.조탁
76.항생제 77.조각 78.지혈제 79.조치 80.조처
81.명찰 82.응급조처 83.조선 84.조어

▶ 287쪽

1.종합 2.종합적 3.주재 4.주차 5.주둔
6.주미 7.주한 8.상주 9.비준 10.인준
11.준위 12.준장 13.취지 14.논지 15.본지
16.요지 17.주지 18.도승지 19.수지 20.우지
21.유지 22.유지 23.분진 24.진토 25.낙진
26.탈지면 27.풍진 28.진폐증 29.진액 30.진도
31.강진 32.회진 33.당진 34.하진 35.진단
36.진료 37.진맥 38.진찰 39.검진 40.휴진
41.질산 42.질색 43.질식 44.질소비료 45.특집
46.편집 47.초집 48.편집권 49.차광 50.차단
51.차양 52.차단기 53.오찬 54.만찬 55.조찬
56.찰나 57.사찰 58.명산대찰 59.고찰 60.긴급조치
61.잠식 62.잠농 63.양잠 64.잠두안미 65.서찰
66.개찰 67.낙찰 68.입찰공고 69.참수 70.참신
71.참형 72.표창 73.창랑 74.창망 75.창해
76.창파 77.철시 78.처참 79.척수 80.척언
81.철거 82.철군 83.철수 84.창해일속 85.철폐
86.불철주야 87.첩보 88.첩자

▶ 288쪽

1.간첩 2.방첩 3.체결 4.체맹 5.보초
6.초병 7.초소 8.취체역 9.초점 10.전초전
11.초심 12.초계정 13.초조 14.초토화 15.귀추
16.노심초사 17.추세 18.초미지급 19.축구 20.일축
21.기축 22.주축 23.차축 24.천방지축 25.충심
26.충성 27.충정 28.고충 29.절충 30.취사
31.자취 32.탁마 33.조탁 34.탁송 35.부탁
36.기탁 37.결탁 38.신탁 39.예탁 40.의탁
41.태교 42.탁아소 43.수태 44.태생지 45.태풍
46.환골탈태 47.패권 48.패기 49.패왕 50.패자
51.제패 52.평당 53.평수 54.연평수 55.건평
56.연건평 57.공포 58.포외 59.포기 60.포물선
61.포도 62.전당포 63.점포 64.지물포 65.학대
66.포장도로 67.학살 68.학정 69.자학 70.잔학
71.서한 72.포학무도 73.공한 74.필한 75.한림원
76.함대 77.함상 78.함선 79.함장 80.군함
81.전함 82.항공모함 83.현관 84.상현

▶ 289쪽

1.하현 2.현악기 3.협곡 4.해협 5.구형
6.금형 7.모형 8.유선형 9.전형 10.선다형
11.호주 12.혈액형 13.혹독 14.혹리 15.혹서
16.혹평 17.혹한 18.냉혹 19.잔혹 20.참혹
21.군화 22.양화점 23.장화 24.실내화 25.환멸
26.제화공 27.환상 28.환생 29.환영 30.환청
31.활강 32.환각제 33.활공 34.활주로 35.원활
36.윤활유 37.윤회 38.순회 39.상회 40.좌회전
41.후두 42.윤회전생 43.후설 44.후두염 45.훈작
46.훈장 47.공훈 48.무훈 49.상훈 50.서훈
51.희오 52.보훈처 53.무희 54.가희 55.미희
56.희소 57.가람 58.희희양양 59.승가 60.가야산
61.가도 62.남가일몽 63.맹가 64.가야금 65.상고
66.고선 67.고원 68.석가모니 69.간성 70.난간
71.간괘 72.간방 73.말갈 74.강감찬 75.갑각
76.한단지몽 77.갑사 78.갑성 79.강씨 80.강태공
81.강릉 82.자강불식 83.복강 84.자강도

▶ 290쪽

1.건반 2.개천군 3.이개 4.신강성 5.관건
6.걸출 7.인걸 8.걸걸 9.걸왕 10.걸악
11.견도 12.견별 13.경경 14.경계 15.경옥
16.고복 17.고월 18.죽곶도 19.괴목 20.장산곶
21.괴문 22.괴정 23.구릉 24.대구 25.국문
26.국양 27.국육 28.규각 29.도규 30.규문
31.규성 32.규탁 33.근성 34.근화 35.목근
36.전전긍긍 37.긍긍 38.다기망양 39.기로 40.분기점
41.기망 42.기황지술 43.기행 44.기화요초 45.기형
46.선기 47.주기 48.기추 49.기로 50.기년
51.기족 52.인중기기 53.기린 54.단단 55.단수
56.급단 57.비단 58.당지 59.돈덕 60.돈덕
61.돈신 62.돈사 63.돈수 64.돈절 65.돈오
66.정돈 67.갑돌 68.신돌석 69.동정 70.동독
71.두절 72.골동품 73.내이 74.두문불출 75.내처
76.노래자 77.여막 78.동량지재 79.율려 80.제갈량
81.여산 82.삼고초려 83.여주 84.연천

▶ 291쪽

1.청련 2.노원구 3.노화 4.노생지몽 5.예천
6.어로불변 7.백로 8.노량진 9.요동 10.요하
11.유방 12.유비 13.능엄경 14.인각 15.기린아
16.말갈족 17.예맥족 18.목멱산 19.면류관 20.면천
21.면주 22.면면 23.면시 24.면앙 25.석가모니
26.모옥 27.모략 28.책모 29.목릉 30.문산
31.미구 32.미만 33.미봉책 34.미아리 35.민비
36.민영환 37.반계수록 38.발해 39.의발 40.부발
41.탁발승 42.방방 43.방착 44.방미호발 45.배극렴
46.벌교 47.변계량 48.변한 49.윤보선 50.황보인
51.마중지봉 52.사부 53.부산 54.곡부 55.분란
56.붕정만리 57.징비록 58.징전비후 59.비로봉 60.훈도
61.빈빈 62.비뇨기과 63.빙릉 64.빙허 65.사천
66.상서 67.서미 68.서지 69.서천 70.명석
71.주석 72.석광 73.석성 74.적석 75.천석
76.이상설 77.설총 78.설씨녀 79.섬진강 80.섬서성
81.소굴 82.덕소 83.송시열 84.수문제

▶ 292쪽

1.순박 2.순후 3.순영 4.순우 5.요순
6.순자 7.금슬 8.금슬지락 9.시탄 10.결승문자
11.압록강 12.연개소문 13.염마 14.염라대왕 15.영덕
16.예덕선생전 17.예종 18.오월동주 19.옥천 20.오지리
21.옹기 22.옹암 23.옹진 24.완도 25.의왕
26.왜국 27.왜인 28.왜식 29.무인멸왜기도운동 30.요의
31.당요 32.용유 33.용액 34.용제 35.용해질
36.용접 37.용광로 38.우왕 39.천우신조 40.우역
41.욱일승천 42.울산 43.웅담 44.웅진 45.재원
46.위수 47.위편삼절 48.위씨 49.유응부 50.김유신
51.유점사 52.수유리 53.윤관 54.하윤주 55.박은
56.응시 57.응과 58.응암동 59.이태리 60.이열
61.남이 62.이이 63.팔일무 64.자번 65.농장지경
66.전장 67.장개석 68.장각 69.정선군 70.기전
71.정려문 72.수정 73.손기정 74.정족 75.정몽주
76.구정 77.조식 78.복조 79.조광조 80.준엄
81.준마 82.준재 83.준족

▶ 293쪽

1.지대 2.첨성대 3.영지 4.종묘사직 5.찬란
6.진시황 7.정철 8.고창군 9.기지 10.사면초가
11.촉한 12.득롱망촉 13.취락 14.추로지향 15.대치동
16.치악산 17.파주 18.신탄진 19.한탄강 20.현해탄
21.편작 22.춘치자명 23.대판 24.탐라국 25.호위
26.호종 27.행화 28.관포지교 29.보필 30.포석정
31.행당동 32.박혁거세 33.아현동 34.영경 35.호천망극
36.단순호치 37.서천호 38.호경 39.화목 40.환웅
41.이황 42.회목 43.회암사 44.회양 45.황후
46.훈도 47.휘장 48.흉노족 49.흠모 50.흠앙
51.주희 52.복희씨 53.비로자나불

【정답】 - 한자어 쓰기

▶ 294쪽

1.葛根 2.葛粉 3.憾情 4.遺憾 5.私憾
6.坑口 7.坑道 8.坑内 9.坑夫 10.休憩所
11.休憩室 12.揭揚 13.揭示 14.揭載 15.雇用
16.解雇 17.戈劍 18.干戈

▶ 295쪽

1.兵戈 2.瓜期 3.瓜年 4.破瓜 5.瓜田不納履
6.菓子 7.茶菓 8.製菓 9.銘菓 10.落款
11.定款 12.借款 13.傀奇 14.傀然 15.華僑
16.僑居 17.海外僑胞 18.絞殺

▶ 296쪽

1.絞首刑 2.膠着 3.膠固 4.阿膠 5.膠柱鼓瑟
6.歐美 7.東歐 8.歐吐 9.購入 10.購讀
11.購買 12.白鷗 13.發掘 14.採掘 15.洞窟
16.石窟 17.魔窟 18.巢窟

▶ 297쪽

1.圈:內 2.商圈 3.勢力圈 4.南極圈 5.宮闕
6.大闕 7.闕內 8.闕漏 9.闕席 10.閨房
11.閨秀 12.棋局 13.棋譜 14.棋戰 15.將:棋
16.濃淡 17.濃度 18.濃霧

▶ 298쪽

1.濃厚 2.尿道 3.排尿 4.糖尿病 5.數尿症
6.夜尿症 7.尼寺 8.尼僧 9.比丘尼 10.溺死
11.沈溺 12.鍛鍊 13.鍛造 14.潭水 15.潭淵
16.靑潭 17.肝:膽 18.膽:力 19.大:膽

▶ 299쪽

1.落:膽 2.肝:膽相照 3.垈地 4.家垈 5.推戴
6.戴:冠式 7.男負女戴 8.哀悼 9.追悼 10.梧桐
11.棟梁 12.棟梁之材 13.病棟 14.藤架 15.葛藤
16.謄寫 17.謄本 18.謄抄本

▶ 300쪽

1.半:裸 2.全裸 3.赤裸裸 4.洛書 5.沐雨
6.京洛 7.爛:漫 8.洛陽紙價貴 9.爛:熟 10.紊亂
11.藍色 12.百花爛漫 13.藍實 14.靑出於藍 15.船舶
16.拉致 17.被:拉 18.車輛 19.煉獄

▶ 301쪽

1.煉乳 2.煉炭 3.籠球 4.籠絡 5.籠城
6.鳥籠 7.療養 8.治療 9.醫療 10.療飢
11.硫酸 12.硫黃 13.謬習 14.誤謬 15.錯謬
16.扈養 17.摩尼 18.摩天樓 19.痲藥

▶ 302쪽

1.痲醉 2.魔力 3.病魔 4.魔手 5.魔術
6.魔法 7.惡魔 8.鼓膜 9.角膜 10.薄膜
11.網膜 12.結膜炎 13.分娩 14.娩痛 15.港灣
16.臺灣 17.蠻勇 18.眞珠灣

▶ 303쪽

1.蠻行 2.蠻族 3.野蠻 4.網羅 5.法網
6.漁網 7.投網 8.枚數 9.一網打盡 10.枚擧
11.魅力 12.魅了 13.魅惑 14.蔑視 15.輕蔑
16.帽子 17.脫帽 18.矛盾 19.沐浴

▶ 304쪽

1.舶來品 2.運搬 3.搬出 4.紡織 5.紡績
6.紡絲 7.俳優 8.賠償 9.松柏 10.柏子
11.側柏 12.閥閱 13.門閥 14.財閥 15.族閥
16.學閥 17.派閥 18.汎愛

▶ 305쪽

1.汎稱 2.僻字 3.僻地 4.僻村 5.窮僻
6.偏僻 7.倂:用 8.倂:合 9.俸:給 10.祿俸
11.減俸 12.薄俸 13.年俸 14.縫製 15.縫合
16.裁縫 17.彌縫 18.纖維

▶ 306쪽

1. 敷衍 2. 皮膚 3. 膚淺 4. 弗貨 5. 弗豫
6. 匪:賊 7. 土匪 8. 共匪 9. 敎唆 10. 示唆
11. 赦免 12. 大赦 13. 特赦 14. 飼料 15. 飼育
16. 傘下 17. 飼育場 18. 陽傘 19. 酸性

▶ 307쪽

1. 酸素 2. 箱子 3. 辛酸 4. 黃酸 5. 鹽酸
6. 人蔘 7. 紅蔘 8. 白蔘 9. 挿入 10. 挿畫
11. 酸化 12. 蜂箱 13. 書箱 14. 瑞:氣 15. 瑞:光
16. 瑞:夢 17. 吉瑞 18. 祥瑞 19. 碩學

▶ 308쪽

1. 碩士 2. 繕寫 3. 修繕 4. 營繕 5. 屍:體
6. 纖細 7. 天衣無縫 8. 貰家 9. 纖纖玉手 10. 月貰
11. 專貰 12. 傳貰金 13. 傳貰房 14. 紹介 15. 紹述
16. 自己紹介書 17. 紳:士淑女 18. 升平

▶ 309쪽

1. 檢屍 2. 繁殖 3. 矛盾 4. 腎:臟 5. 腎:臟炎
6. 胃癌 7. 握手 8. 掌握 9. 肺癌 10. 拘礙
11. 障礙 12. 硯滴 13. 令孃 14. 硯石 15. 硯池
16. 紙筆墨硯 17. 厭:世 18. 厭:症 19. 預:託

▶ 310쪽

1. 預:度 2. 碧梧桐 3. 穩健 4. 鎔解 5. 安穩
6. 歪曲 7. 妖怪 8. 妖妄 9. 妖邪 10. 傭兵
11. 傭員 12. 雇傭 13. 鎔巖 14. 鎔接 15. 穩當
16. 鬱憤 17. 鬱寂 18. 憂鬱 19. 秘苑

▶ 311쪽

1. 文苑 2. 尉官 3. 大尉 4. 准尉 5. 融合
6. 磁針 7. 融資 8. 貳車 9. 貳心 10. 貳相
11. 白刃 12. 壹意 13. 不姙 14. 懷妊 15. 磁石
16. 融化 17. 諮問 18. 雌雄 19. 蠶室

▶ 312쪽

1. 沮止 2. 沮害 3. 偵察 4. 偵探 5. 密偵
6. 露呈 7. 獻呈 8. 小艇 9. 舟艇 10. 調劑
11. 藥劑 12. 洗劑 13. 彫琢 14. 彫刻 15. 措置
16. 措處 17. 釣:船 18. 釣:魚 19. 綜合 20. 贈呈

▶ 313쪽

1. 駐:在 2. 駐:屯 3. 駐:韓 4. 批准 5. 認准
6. 准:將 7. 趣旨 8. 本旨 9. 主旨 10. 樹脂
11. 乳脂 12. 粉塵 13. 塵土 14. 落塵 15. 風塵
16. 津液 17. 康津 18. 唐津 19. 診斷

▶ 314쪽

1. 診脈 2. 檢診 3. 窒酸 4. 窒息 5. 特輯
6. 抄輯 7. 遮光 8. 遮陽 9. 午餐 10. 朝餐
11. 寺刹 12. 古刹 13. 蠶食 14. 養蠶 15. 書札
16. 落札 17. 斬首 18. 斬刑 19. 滄浪

▶ 315쪽

1. 滄海 2. 滄波 3. 撤市 4. 悽慘 5. 隻手
6. 撤去 7. 撤收 8. 撤廢 9. 諜報 10. 前哨戰
11. 締結 12. 締盟 13. 步哨 14. 哨兵 15. 哨所
16. 取締役 17. 焦點 18. 間諜 19. 焦心

▶ 316쪽

1. 焦燥 2. 歸趨 3. 琢磨 4. 趨勢 5. 蹴球
6. 機軸 7. 車軸 8. 信託 9. 衷情 10. 折衷
11. 炊:事 12. 自炊 13. 勞心焦思 14. 託送 15. 付託
16. 結託 17. 衷心 18. 預託 19. 依託

▶ 317쪽

1. 胎敎 2. 受胎 3. 颱風 4. 換骨奪胎 5. 霸:權
6. 霸:王 7. 制霸 8. 坪數 9. 翰林院 10. 恐怖
11. 抛棄 12. 鋪道 13. 店鋪 14. 虐待 15. 虐殺
16. 自 17.   18. 虐2 19.

► 318쪽

1.艦上 2.濠洲 3.戰艦 4.幻想 5.下:弦
6.峽谷 7.幻滅 8.長靴 9.典型 10.艦長
11.酷毒 12.酷暑 13.酷寒 14.殘酷 15.軍靴
16.模型 17.球形 18.管絃 19.幻影

► 319쪽

1.滑降 2.滑空 3.圓滑 4.輪廻 5.上廻
6.喉頭 7.喉舌 8.勳爵 9.功勳 10.賞勳
11.歌姬 12.舞姬 13.美姬 14.伽藍 15.僧伽
16.賈島 17.孟軻 18.商賈 19.賈船 20.欄杆

► 320쪽

1.杆城 2.艮卦 3.鞋韈 4.岬角 5.自彊不息
6.姜太公 7.岡陵 8.福岡 9.鍵盤 10.李塏
11.關鍵 12.人傑 13.桀王 14.甄別 15.儆戒
16.瓊玉 17.皐月 18.槐木 19.槐門

► 321쪽

1.丘陵 2.琪花瑤草 3.鞠育 4.刀圭 5.奎星
6.槿花 7.戰戰兢兢 8.兢兢 9.岐路 10.冀望
11.琦行 12.鞫問 13.珠璣 14.耆老 15.驥足
16.麒麟 17.湍水 18.飛湍 19.悼惜

► 322쪽

1.惇信 2.頓首 3.驪州 4.甲乭 5.骨董品
6.杜絶 7.東瀆 8.老萊子 9.盧幕 10.律呂
11.蘆原區 12.頓悟 13.淸漣 14.蘆花 15.醴泉
16.白鷺 17.遼東 18.劉邦 19.楞嚴經

► 323쪽

1.麒麟兒 2.濊貊族 3.裵克廉 4.木覓山 5.渤海
6.釋迦牟尼 7.卞季良 8.穆陵 9.彌久 10.彌縫策
11.閔妃 12.磻溪隧錄 13.衣鉢 14.托鉢僧 15.傀視
16.冕旒冠 17.謀略 18.尹潽善 19.麻中之蓬

► 324쪽

1.釜山 2.芬蘭 3.懲毖錄 4.毘盧峯 5.彬彬
6.馮陵 7.泗川 8.舒遲 9.舒川 10.朱錫
11.錫鑛 12.天錫 13.薛聰 14.蟾津江 15.巢窟
16.宋時烈 17.淳朴 18.堯舜

► 325쪽

1.琴瑟 2.柴炭 3.鴨綠江 4.閻魔 5.盈德
6.睿宗 7.沃川 8.甕器 9.甕津 10.儀旺
11.倭人 12.倭式 13.唐堯 14.溶油 15.溶劑
16.鎔接 17.天佑神助 18.禹域 19.蔚山

► 326쪽

1.熊津 2.渭水 3.畿甸 4.金庾信 5.水踰里
6.夏殷周 7.鷹視 8.鷹岩洞 9.怡悅 10.李珥
11.滋繁 12.田庄 13.獐角 14.旭日昇天 15.水晶
16.鼎足 17.九鼎 18.福祚

► 327쪽

1.駿:才 2.址臺 3.靈芝 4.燦爛 5.鄭澈
6.基址 7.蜀漢 8.聚落 9.大峙洞 10.坡州
11.漢灘江 12.扁鵲 13.大阪 14.鄭芝溶 15.杏花
16.輔弼 17.杏堂洞 18.阿峴洞

♣ 다음 반의어(反義語)를 익혀 보시오.

加減 (가감)	啓閉 (계폐)	巧拙 (교졸)	內外 (내외)	冷熱 (냉열)	美醜 (미추)	死活 (사활)	受拂 (수불)
加除 (가제)	繼絶 (계절)	教習 (교습)	奴婢 (노비)	冷溫 (냉온)	班常 (반상)	山川 (산천)	受與 (수여)
可否 (가부)	古今 (고금)	教學 (교학)	濃淡 (농담)	良否 (양부)	發着 (발착)	山河 (산하)	手足 (수족)
嫁娶 (가취)	姑舅 (고구)	君民 (군민)	多寡 (다과)	斂散 (염산)	方圓 (방원)	山海 (산해)	授受 (수수)
干戈 (간과)	姑婦 (고부)	君臣 (군신)	多少 (다소)	勞使 (노사)	背向 (배향)	殺活 (살활)	收給 (수급)
干滿 (간만)	高卑 (고비)	屈伸 (굴신)	單複 (단복)	老童 (노동)	煩簡 (번간)	上下 (상하)	需給 (수급)
簡細 (간세)	苦樂 (고락)	弓矢 (궁시)	斷續 (단속)	老少 (노소)	腹背 (복배)	詳略 (상략)	收支 (수지)
艱易 (간이)	辜功 (고공)	貴賤 (귀천)	旦夕 (단석)	老幼 (노유)	本末 (본말)	賞罰 (상벌)	水陸 (수륙)
甘苦 (감고)	高低 (고저)	戟盾 (극순)	當落 (당락)	陸海 (육해)	夫婦 (부부)	生滅 (생멸)	水火 (수화)
剛柔 (강유)	高下 (고하)	勤慢 (근만)	當否 (당부)	利害 (이해)	夫妻 (부처)	生沒 (생몰)	首尾 (수미)
江山 (강산)	曲直 (곡직)	勤怠 (근태)	大小 (대소)	吏民 (이민)	浮沈 (부침)	生死 (생사)	叔姪 (숙질)
強弱 (강약)	昆弟 (곤제)	今昔 (금석)	貸借 (대차)	理亂 (이란)	父母 (부모)	生殺 (생살)	順逆 (순역)
開閉 (개폐)	攻守 (공수)	擒縱 (금종)	都農 (도농)	離合 (이합)	父子 (부자)	先後 (선후)	乘降 (승강)
去來 (거래)	供需 (공수)	及落 (급락)	動靜 (동정)	賣買 (매매)	分合 (분합)	善惡 (선악)	昇降 (승강)
去留 (거류)	公私 (공사)	起結 (기결)	動止 (동지)	俛仰 (면앙)	悲樂 (비락)	成敗 (성패)	乘除 (승제)
巨細 (거세)	功過 (공과)	起伏 (기복)	東西 (동서)	明滅 (명멸)	悲歡 (비환)	盛衰 (성쇠)	勝負 (승부)
乾坤 (건곤)	功罪 (공죄)	起陷 (기함)	頭尾 (두미)	明暗 (명암)	悲喜 (비희)	細大 (세대)	勝敗 (승패)
乾濕 (건습)	攻防 (공방)	飢飽 (기포)	鈍敏 (둔민)	母子 (모자)	貧富 (빈부)	紹絶 (소절)	始末 (시말)
京鄉 (경향)	空陸 (공륙)	吉凶 (길흉)	得喪 (득상)	矛盾 (모순)	賓主 (빈주)	損得 (손득)	始終 (시종)
慶弔 (경조)	戈盾 (과순)	諾否 (낙부)	得失 (득실)	問答 (문답)	氷炭 (빙탄)	損益 (손익)	是非 (시비)
硬軟 (경연)	官民 (관민)	難易 (난이)	登降 (등강)	文武 (문무)	士民 (사민)	送受 (송수)	伸縮 (신축)
經緯 (경위)	寬猛 (관맹)	南北 (남북)	登落 (등락)	文言 (문언)	師弟 (사제)	送迎 (송영)	信疑 (신의)
輕重 (경중)	光陰 (광음)	男女 (남녀)	冷暖 (냉난)	物心 (물심)	死生 (사생)	受給 (수급)	新古 (신고)

♣ 다음 반의어(反義語)를 익혀 보시오.

新신	舊구	銳예	鈍둔	因인	果과	朝조	暮모	中중	外외	晴청	陰음	彼피	我아	呼호	吸흡
臣신	民민	玉옥	石석	因인	日일	朝조	夕석	衆중	寡과	清청	濁탁	彼피	此차	好호	惡오
實실	否부	溫온	冷랭	任임	免면	朝조	野야	增증	減감	推추	引인	皮피	骨골	昏혼	明명
心심	身신	溫온	涼량	入입	落락	燥조	濕습	增증	削삭	春춘	秋추	夏하	冬동	和화	戰전
心심	體체	緩완	急급	姉자	妹매	祖조	孫손	增증	損손	出출	缺결	學학	問문	禍화	福복
深심	淺천	往왕	來래	子자	女녀	存존	亡망	贈증	答답	出출	納납	寒한	暖난	皇황	民민
雅아	俗속	往왕	返반	子자	母모	存존	滅멸	智지	愚우	出출	沒몰	寒한	暑서	會회	散산
安안	否부	往왕	復복	自자	他타	存존	沒몰	知지	行행	出출	入입	寒한	熱열	厚후	薄박
安안	危위	用용	捨사	昨작	今금	存존	無무	遲지	速속	忠충	逆역	寒한	溫온	訓훈	學학
哀애	樂락	優우	劣열	將장	兵병	存존	廢폐	眞진	假가	取취	貸대	閑한	忙망	毀훼	譽예
哀애	歡환	雨우	晴청	壯장	士사	尊존	卑비	眞진	僞위	取취	捨사	海해	空공	胸흉	背배
愛애	惡오	雌자	雄웅	將장	卒졸	尊존	侍시	進진	來래	聚취	散산	海해	陸륙	黑흑	白백
愛애	憎증	遠원	近근	長장	短단	綜종	析석	進진	退퇴	治치	亂란	向향	背배	興흥	亡망
抑억	揚양	有유	無무	長장	幼유	縱종	擒금	集집	配배	沈침	沔면	噓허	吸흡	喜희	怒노
言언	文문	恩은	怨원	前전	後후	縱종	橫횡	集집	散산	沈침	浮부	虛허	實실	喜희	悲비
言언	行행	隱은	見견	田전	畓답	坐좌	立립	贊찬	反반	快쾌	鈍둔	玄현	素소	初초	終종
與여	野야	隱은	現현	正정	反반	坐좌	臥와	陟척	降강	吐토	納납	賢현	愚우	來내	往왕
然연	否부	隱은	顯현	正정	副부	左좌	右우	天천	壤양	投투	打타	顯현	微미	自자	至지
炎염	涼량	陰음	陽양	正정	邪사	罪죄	罰벌	天천	地지	敗패	興흥	顯현	密밀	起기	寢침
榮영	枯고	音음	義의	正정	誤오	罪죄	刑형	淺천	深심	廢폐	立립	兄형	弟제	骨골	肉육
榮영	辱욕	音음	訓훈	正정	僞위	主주	客객	鐵철	石석	廢폐	置치	刑형	罪죄	干간	支지
盈영	虛허	異이	同동	淨정	穢예	主주	從종	添첨	減감	表표	裏리	形형	影영	男남	妹매
豫예	決결	人인	天천	早조	晚만	畫주	夜야	添첨	削삭	豊풍	凶흉	呼호	應응	脫탈	着착

♣ **다음 반의어(反義語)를 익혀 보시오.**

保革	
보 혁	
王霸	
왕 패	
幽明	
유 명	
晴雨	
청 우	

♣ 다음 반의한자어(反義漢字語)를 익혀 보시오.

한자어		반의어		한자어		반의어		한자어		반의어
可決 가결	⇔	否決 부결		開放 개방	⇔	閉鎖 폐쇄		豫算 예산	⇔	決算 결산
架空 가공	⇔	實在 실재		個別 개별	⇔	全體 전체		決定 결정	⇔	保留 보류
加熱 가열	⇔	冷却 냉각		概算 개산	⇔	精算 정산		結合 결합	⇔	分離 분리
加重 가중	⇔	輕蔑 경멸		蓋然 개연	⇔	必然 필연		緊縮 긴축	⇔	緩和 완화
却下 각하	⇔	受理 수리		客觀 객관	⇔	主觀 주관		經度 경도	⇔	緯度 위도
幹線 간선	⇔	支線 지선		客體 객체	⇔	主體 주체		輕薄 경박	⇔	重厚 중후
干涉 간섭	⇔	放任 방임		巨大 거대	⇔	微小 미소		慶常 경상	⇔	臨時 임시
干潮 간조	⇔	滿潮 만조		權利 권리	⇔	義務 의무		輕率 경솔	⇔	愼重 신중
空腹 공복	⇔	滿腹 만복		巨富 거부	⇔	極貧 극빈		輕視 경시	⇔	重視 중시
感性 감성	⇔	理性 이성		拒否 거부	⇔	承諾 승낙		硬直 경직	⇔	柔軟 유연
減少 감소	⇔	增加 증가		拒否 거부	⇔	承認 승인		高尚 고상	⇔	卑俗 비속
感情 감정	⇔	理性 이성		拒絕 거절	⇔	承諾 승낙		高尚 고상	⇔	低俗 저속
減退 감퇴	⇔	增進 증진		拒絕 거절	⇔	承認 승인		高雅 고아	⇔	卑俗 비속
剛健 강건	⇔	優柔 우유		建設 건설	⇔	破壞 파괴		高雅 고아	⇔	低俗 저속
剛健 강건	⇔	柔弱 유약		乾燥 건조	⇔	濕潤 습윤		高遠 고원	⇔	卑近 비근
強硬 강경	⇔	軟弱 연약		傑作 걸작	⇔	拙作 졸작		故意 고의	⇔	過失 과실
強硬 강경	⇔	柔和 유화		儉素 검소	⇔	浪費 낭비		固定 고정	⇔	流動 유동
強固 강고	⇔	薄弱 박약		歸納 귀납	⇔	演繹 연역		高調 고조	⇔	低調 저조
強大 강대	⇔	弱小 약소		儉約 검약	⇔	浪費 낭비		苦痛 고통	⇔	快樂 쾌락
降臨 강림	⇔	昇天 승천		勤勉 근면	⇔	懶怠 나태		困難 곤란	⇔	容易 용이
空想 공상	⇔	現實 현실		結果 결과	⇔	動機 동기		公開 공개	⇔	隱蔽 은폐
強制 강제	⇔	任意 임의		原因 원인	⇔	結果 결과		供給 공급	⇔	需要 수요
強風 강풍	⇔	微風 미풍		決裂 결렬	⇔	合意 합의		吉兆 길조	⇔	凶兆 흉조

337

♣ 다음 반의한자어(反義漢字語)를 익혀 보시오.

短縮(단축) ⇔ 延長(연장)	模倣(모방) ⇔ 創造(창조)	天才(천재) ⇔ 白癡(백치)
當番(당번) ⇔ 非番(비번)	模型(모형) ⇔ 原型(원형)	閑散(한산) ⇔ 繁忙(번망)
攻勢(공세) ⇔ 守勢(수세)	無能(무능) ⇔ 有能(유능)	凡人(범인) ⇔ 超人(초인)
共用(공용) ⇔ 專用(전용)	文明(문명) ⇔ 野蠻(야만)	樂觀(낙관) ⇔ 悲觀(비관)
共有(공유) ⇔ 專有(전유)	物質(물질) ⇔ 精神(정신)	樂園(낙원) ⇔ 地獄(지옥)
公平(공평) ⇔ 偏頗(편파)	近接(근접) ⇔ 遠隔(원격)	樂天(낙천) ⇔ 厭世(염세)
過激(과격) ⇔ 穩健(온건)	近海(근해) ⇔ 遠洋(원양)	暖流(난류) ⇔ 寒流(한류)
過多(과다) ⇔ 僅少(근소)	錦衣(금의) ⇔ 布衣(포의)	難解(난해) ⇔ 容易(용이)
寬大(관대) ⇔ 嚴格(엄격)	禁止(금지) ⇔ 解禁(해금)	濫讀(남독) ⇔ 精讀(정독)
大乘(대승) ⇔ 小乘(소승)	禁止(금지) ⇔ 許可(허가)	濫用(남용) ⇔ 節約(절약)
官尊(관존) ⇔ 民卑(민비)	急激(급격) ⇔ 緩慢(완만)	朗讀(낭독) ⇔ 默讀(묵독)
對話(대화) ⇔ 獨白(독백)	急性(급성) ⇔ 慢性(만성)	內容(내용) ⇔ 外觀(외관)
光明(광명) ⇔ 暗黑(암흑)	及第(급제) ⇔ 落第(낙제)	內容(내용) ⇔ 形式(형식)
巧妙(교묘) ⇔ 拙劣(졸렬)	急進(급진) ⇔ 漸進(점진)	內憂(내우) ⇔ 外患(외환)
郊外(교외) ⇔ 都心(도심)	急行(급행) ⇔ 緩行(완행)	內包(내포) ⇔ 外延(외연)
拘禁(구금) ⇔ 釋放(석방)	肯定(긍정) ⇔ 否定(부정)	老鍊(노련) ⇔ 未熟(미숙)
拘束(구속) ⇔ 放免(방면)	旣決(기결) ⇔ 未決(미결)	濃厚(농후) ⇔ 稀薄(희박)
拘束(구속) ⇔ 釋放(석방)	起立(기립) ⇔ 着席(착석)	保守(보수) ⇔ 進步(진보)
求心(구심) ⇔ 遠心(원심)	奇拔(기발) ⇔ 平凡(평범)	能動(능동) ⇔ 被動(피동)
口語(구어) ⇔ 文語(문어)	奇數(기수) ⇔ 偶數(우수)	保守(보수) ⇔ 革新(혁신)
具體(구체) ⇔ 抽象(추상)	飢餓(기아) ⇔ 飽食(포식)	多元(다원) ⇔ 一元(일원)
君子(군자) ⇔ 小人(소인)	記憶(기억) ⇔ 忘却(망각)	單純(단순) ⇔ 複雜(복잡)
屈服(굴복) ⇔ 抵抗(저항)	微官(미관) ⇔ 顯官(현관)	單式(단식) ⇔ 複式(복식)

♣ 다음 반의한자어(反義漢字語)를 익혀 보시오.

獨創 독창	⇔	模倣 모방	未熟 미숙	⇔	成熟 성숙	普遍 보편	⇔	特殊 특수
同居 동거	⇔	別居 별거	敏速 민속	⇔	遲鈍 지둔	本業 본업	⇔	副業 부업
動搖 동요	⇔	安定 안정	敏捷 민첩	⇔	遲鈍 지둔	本質 본질	⇔	現象 현상
鈍感 둔감	⇔	敏感 민감	密集 밀집	⇔	散在 산재	富貴 부귀	⇔	貧賤 빈천
鈍濁 둔탁	⇔	銳利 예리	薄土 박토	⇔	沃土 옥토	不當 부당	⇔	妥當 타당
得意 득의	⇔	失意 실의	反共 반공	⇔	容共 용공	扶桑 부상	⇔	咸池 함지
不運 불운	⇔	幸運 행운	碩學 석학	⇔	淺學 천학	順境 순경	⇔	逆境 역경
不況 불황	⇔	好況 호황	仙界 선계	⇔	紅塵 홍진	順行 순행	⇔	逆行 역행
非難 비난	⇔	稱讚 칭찬	善用 선용	⇔	惡用 악용	拾得 습득	⇔	遺失 유실
非凡 비범	⇔	平凡 평범	先天 선천	⇔	後天 후천	室女 실녀	⇔	總角 총각
悲哀 비애	⇔	歡喜 환희	性急 성급	⇔	悠長 유장	實際 실제	⇔	理論 이론
辭任 사임	⇔	就任 취임	洗練 세련	⇔	稚拙 치졸	敷衍 부연	⇔	省略 생략
登場 등장	⇔	退場 퇴장	反目 반목	⇔	和睦 화목	富裕 부유	⇔	貧窮 빈궁
等質 등질	⇔	異質 이질	返濟 반제	⇔	借用 차용	否認 부인	⇔	是認 시인
漠然 막연	⇔	確然 확연	反抗 반항	⇔	服從 복종	不調 부조	⇔	快調 쾌조
末尾 말미	⇔	冒頭 모두	歲暮 세모	⇔	年頭 연두	分離 분리	⇔	體合 체합
埋沒 매몰	⇔	發掘 발굴	發生 발생	⇔	消滅 소멸	分散 분산	⇔	集中 집중
滅亡 멸망	⇔	隆盛 융성	發信 발신	⇔	受信 수신	分析 분석	⇔	綜合 종합
滅亡 멸망	⇔	隆興 융흥	傍系 방계	⇔	直結 직결	分析 분석	⇔	統合 통합
明朗 명랑	⇔	憂鬱 우울	放心 방심	⇔	操心 조심	分裂 분열	⇔	統一 통일
名目 명목	⇔	實質 실질	背恩 배은	⇔	報恩 보은	紛爭 분쟁	⇔	和解 화해
明示 명시	⇔	暗示 암시	白髮 백발	⇔	紅顏 홍안	分解 분해	⇔	合成 합성
名譽 명예	⇔	恥辱 치욕	白晝 백주	⇔	深夜 심야	不備 불비	⇔	完備 완비

♣ 다음 반의한자어(反義漢字語)를 익혀 보시오.

반의어 1		반의어 2	반의어 1		반의어 2	반의어 1		반의어 2
死藏 (사장)	⇔	活用 (활용)	消極 (소극)	⇔	積極 (적극)	惡材 (악재)	⇔	好材 (호재)
死後 (사후)	⇔	生前 (생전)	所得 (소득)	⇔	損失 (손실)	安靜 (안정)	⇔	興奮 (흥분)
事前 (사전)	⇔	事後 (사후)	人造 (인조)	⇔	天然 (천연)	差別 (차별)	⇔	平等 (평등)
往復 (왕복)	⇔	片道 (편도)	一般 (일반)	⇔	特殊 (특수)	慘敗 (참패)	⇔	快勝 (쾌승)
夭折 (요절)	⇔	長壽 (장수)	立體 (입체)	⇔	平面 (평면)	處女 (처녀)	⇔	總角 (총각)
溶解 (용해)	⇔	凝固 (응고)	自動 (자동)	⇔	他動 (타동)	處子 (처자)	⇔	總角 (총각)
優待 (우대)	⇔	虐待 (학대)	自律 (자율)	⇔	他律 (타율)	縮小 (축소)	⇔	擴大 (확대)
偶然 (우연)	⇔	必然 (필연)	子正 (자정)	⇔	正午 (정오)	稱讚 (칭찬)	⇔	詰難 (힐난)
友好 (우호)	⇔	敵對 (적대)	低下 (저하)	⇔	向上 (향상)	暴騰 (폭등)	⇔	暴落 (폭락)
原理 (원리)	⇔	應援 (응원)	抵抗 (저항)	⇔	投降 (투항)	酷暑 (혹서)	⇔	酷寒 (혹한)
削減 (삭감)	⇔	添加 (첨가)	騷亂 (소란)	⇔	靜肅 (정숙)	愛好 (애호)	⇔	嫌惡 (혐오)
削除 (삭제)	⇔	添加 (첨가)	束縛 (속박)	⇔	自由 (자유)	抑制 (억제)	⇔	促進 (촉진)
散文 (산문)	⇔	韻文 (운문)	續行 (속행)	⇔	中止 (중지)	逆轉 (역전)	⇔	好轉 (호전)
怨恨 (원한)	⇔	恩惠 (은혜)	送信 (송신)	⇔	受信 (수신)	憐憫 (연민)	⇔	憎惡 (증오)
相對 (상대)	⇔	絶對 (절대)	手動 (수동)	⇔	自動 (자동)	連勝 (연승)	⇔	連敗 (연패)
詳述 (상술)	⇔	略述 (약술)	守節 (수절)	⇔	毁節 (훼절)	劣惡 (열악)	⇔	優良 (우량)
上昇 (상승)	⇔	下降 (하강)	違法 (위법)	⇔	合法 (합법)	依存 (의존)	⇔	自立 (자립)
喪失 (상실)	⇔	獲得 (획득)	羞恥 (수치)	⇔	榮光 (영광)	依他 (의타)	⇔	自立 (자립)
相違 (상위)	⇔	類似 (유사)	隆起 (융기)	⇔	沈降 (침강)	異端 (이단)	⇔	正統 (정통)
生家 (생가)	⇔	養家 (양가)	淑女 (숙녀)	⇔	紳士 (신사)	榮轉 (영전)	⇔	左遷 (좌천)
生産 (생산)	⇔	消費 (소비)	隆起 (융기)	⇔	陷沒 (함몰)	異例 (이례)	⇔	通例 (통례)
生成 (생성)	⇔	消滅 (소멸)	融解 (융해)	⇔	凝固 (응고)	靈魂 (영혼)	⇔	肉體 (육체)
生食 (생식)	⇔	火食 (화식)	應答 (응답)	⇔	質疑 (질의)	溫暖 (온난)	⇔	寒冷 (한랭)

♣ 다음 반의한자어(反義漢字語)를 익혀 보시오.

離陸 이륙	⇔	着陸 착륙
異說 이설	⇔	定說 정설
異說 이설	⇔	通說 통설
人爲 인위	⇔	自然 자연
絶讚 절찬	⇔	酷評 혹평
精密 정밀	⇔	粗雜 조잡
定着 정착	⇔	漂流 표류
弔客 조객	⇔	賀客 하객
存續 존속	⇔	廢止 폐지
縱斷 종단	⇔	橫斷 횡단
陳腐 진부	⇔	斬新 참신
眞實 진실	⇔	虛僞 허위
鎭靜 진정	⇔	興奮 흥분
進化 진화	⇔	退化 퇴화
集合 집합	⇔	解散 해산

♣ **다음 반의한자어(反義漢字語)를 익혀 보시오.**

加害者 가해자	⇔	被害者 피해자	居安思危 거안사위	⇔	亡羊補牢 망양보뢰
感情的 감정적	⇔	理性的 이성적	輕擧妄動 경거망동	⇔	隱忍自重 은인자중
開放的 개방적	⇔	閉鎖的 폐쇄적	高臺廣室 고대광실	⇔	一間斗屋 일간두옥
巨視的 거시적	⇔	微視的 미시적	高山流水 고산유수	⇔	市道之交 시도지교
高踏的 고답적	⇔	世俗的 세속적	苦盡甘來 고진감래	⇔	興盡悲來 흥진비래
具體的 구체적	⇔	抽象的 추상적	管鮑之交 관포지교	⇔	市道之交 시도지교
根本的 근본적	⇔	彌縫的 미봉적	近墨者黑 근묵자흑	⇔	麻中之蓬 마중지봉
內在律 내재율	⇔	外在律 외재율	錦上添花 금상첨화	⇔	雪上加霜 설상가상
大丈夫 대장부	⇔	拙丈夫 졸장부	弄瓦之慶 농와지경	⇔	弄璋之慶 농장지경
門外漢 문외한	⇔	專門家 전문가	凍氷寒雪 동빙한설	⇔	和風暖陽 화풍난양
背日性 배일성	⇔	向日性 향일성	麻中之蓬 마중지봉	⇔	近朱者赤 근주자적
白眼視 백안시	⇔	靑眼視 청안시	門前成市 문전성시	⇔	門前雀羅 문전작라
不文律 불문율	⇔	成文律 성문율	芝蘭之交 지란지교	⇔	市道之交 시도지교
不法化 불법화	⇔	合法化 합법화	始終一貫 시종일관	⇔	龍頭蛇尾 용두사미
相對的 상대적	⇔	絶對的 절대적	我田引水 아전인수	⇔	易地思之 역지사지
成文律 성문율	⇔	不文律 불문율	流芳百世 유방백세	⇔	遺臭萬年 유취만년
消極的 소극적	⇔	積極的 적극적	智者一失 지자일실	⇔	千慮一得 천려일득
劣等感 열등감	⇔	優越感 우월감			
唯物論 유물론	⇔	唯心論 유심론			
債權者 채권자	⇔	債務者 채무자			
靑一點 청일점	⇔	紅一點 홍일점			

♣ 다음 동의어(同義語)를 익혀 보시오.

價가 値치	懇간 切절	疆강 域역	憩게 息식	訣결 別별	鏡경 鑑감	糧양 穀곡	供공 給급
加가 增증	簡간 略략	紀기 綱강	擊격 叩고	兼겸 倂병	契계 券권	枯고 凋조	供공 與여
添첨 加가	簡간 札찰	綱강 維유	潔결 淨정	謙겸 讓양	契계 約약	考고 究구	共공 同동
家가 室실	簡간 擇택	講강 釋석	結결 構구	京경 都도	季계 末말	考고 慮려	功공 勳훈
家가 屋옥	艮간 止지	講강 誦송	格격 式식	傾경 倒도	季계 節절	困곤 窮궁	孔공 穴혈
家가 宅택	間간 隔격	講강 解해	激격 烈렬	傾경 斜사	溪계 川천	昆곤 後후	工공 作작
家가 戶호	疆강 界계	降강 下하	結결 束속	儆경 戒계	界계 域역	苦고 難난	工공 造조
柯가 條조	感감 覺각	强강 健건	堅견 强강	卿경 尹윤	繫계 束속	苦고 辛신	果과 實실
歌가 曲곡	憾감 怨원	强강 硬경	堅견 固고	境경 界계	繼계 續속	曲곡 鞠국	恐공 懼구
歌가 樂악	憾감 恨한	蓋개 覆복	結결 約약	境경 域역	繼계 承승	雇고 傭용	恐공 怖포
歌가 詠영	減감 削삭	開개 啓계	牽견 引인	慶경 福복	計계 算산	哭곡 泣읍	攻공 擊격
歌가 謠요	減감 省생	居거 留류	甄견 陶도	慶경 祝축	計계 數수	高고 峻준	攻공 伐벌
歌가 唱창	減감 損손	居거 住주	潔결 白백	慶경 賀하	計계 策책	高고 卓탁	攻공 討토
懇간 誠성	監감 觀관	巨거 大대	決결 判판	警경 戒계	階계 級급	高고 亢항	空공 虛허
姦간 淫음	監감 視시	擧거 動동	決결 斷단	景경 光광	階계 段단	機기 械계	貢공 納납
街가 道도	監감 察찰	擧거 車차	救구 援원	瓊경 玉옥	階계 層층	欺기 詐사	貢공 獻헌
街가 路로	剛강 健건	乾건 枯고	屈굴 折절	競경 爭쟁	古고 昔석	幾기 旬전	科과 目목
街가 巷항	剛강 堅견	乾건 燥조	窟굴 穴혈	經경 過과	告고 白백	祈기 祝축	寡과 少소
刻각 銘명	剛강 勁경	建건 立립	宮궁 家가	經경 歷력	告고 示시	耆기 老로	戈과 矛모
覺각 悟오	康강 寧녕	檢검 督독	宮궁 闕궐	經경 理리	孤고 獨독	記기 錄록	果과 敢감
刊간 刻각	江강 河하	檢검 査사	宮궁 殿전	經경 營영	故고 舊구	記기 識지	過과 謬류
冠관 帽모	疆강 境경	檢검 閱열	屈굴 曲곡	警경 覺각	枯고 渴갈	起기 立립	過과 失실
官관 尹윤	光광 明명	檢검 察찰	郡군 縣현	糾규 明명	枯고 察찰	起기 發발	過과 誤오

343

♣ 다음 동의어(同義語)를 익혀 보시오.

課程 과정	館閣 관각	丘陵 구릉	群衆 군중	歸還 귀환	根本 근본	旣已 기이	溺沒 익몰
過去 과거	靈魂 영혼	丘阜 구부	軍旅 군려	貴重 귀중	謹愼 근신	變改 변개	但只 단지
圖畫 도화	登陟 등척	久遠 구원	軍兵 군병	鬼神 귀신	禽鳥 금조	分配 분배	單獨 단독
徒黨 도당	等級 등급	具備 구비	軍士 군사	揆度 규탁	金鐵 금철	變更 변경	團員 단원
徒輩 도배	領受 영수	區別 구별	郡邑 군읍	糾結 규결	急迫 급박	變易 변역	斷決 단결
渡涉 도섭	光色 광색	區分 구분	侮蔑 모멸	募集 모집	急速 급속	分別 분별	斷絶 단절
盜賊 도적	光耀 광요	區域 구역	陸地 육지	毛髮 모발	急促 급촉	分析 분석	末端 말단
盜竊 도절	光彩 광채	領率 영솔	輪廻 윤회	糾彈 규탄	給賜 급사	發展 발전	端正 단정
官爵 관작	光輝 광휘	救濟 구제	例規 예규	規格 규격	給與 급여	妨害 방해	鍛鍊 단련
跳躍 도약	等類 등류	構造 구조	典例 전례	規例 규례	企望 기망	隆盛 융성	達成 달성
慣習 관습	謄寫 등사	構築 구축	勞務 노무	規範 규범	冀望 기망	貌樣 모양	達通 달통
款誠 관성	廣漠 광막	求乞 구걸	擄掠 노략	規式 규식	冀願 기원	隆昌 융창	擔任 담임
款項 관항	廣博 광박	求索 구색	懶慢 나만	規律 규율	器具 기구	飢餓 기아	潭沼 담소
管理 관리	怪奇 괴기	究竟 구경	窮極 궁극	規則 규칙	發起 발기	麒麟 기린	潭淵 담연
管掌 관장	怪異 괴이	究考 구고	窮塞 궁색	規度 규탁	發射 발사	緊要 긴요	談說 담설
觀覽 관람	愧慙 괴참	苟且 구차	窮盡 궁진	閨房 규방	基址 기지	納入 납입	談言 담언
觀視 관시	愧恥 괴치	購買 구매	勸勵 권려	均等 균등	奇怪 기괴	女娘 여랑	談話 담화
觀察 관찰	巧妙 교묘	龜裂 균열	勸勉 권면	均調 균조	寄附 기부	年歲 연세	堂室 당실
貫徹 관철	敎訓 교훈	鞠養 국양	勸獎 권장	均平 균평	己身 기신	念慮 염려	代替 대체
貫通 관통	橋梁 교량	鞠育 국육	權稱 권칭	克勝 극승	忌嫌 기혐	努力 노력	大巨 대거
關鍵 관건	矯正 교정	君王 군왕	權衡 권형	極甚 극심	矛戈 모과	奴隸 노예	刀劍 도검
關鎖 관쇄	矯直 교직	君主 군주	眷顧 권고	極端 극단	技術 기술	濃厚 농후	到達 도달
關與 관여	郊野 교야	群黨 군당	律法 율법	極盡 극진	技藝 기예	農耕 농경	到着 도착

♣ 다음 동의어(同義語)를 익혀 보시오.

Column 1 (가장 왼쪽)
- 敦(돈)-厚(후)
- 動(동)-搖(요)
- 思(사)-想(상)
- 色(색)-彩(채)
- 訴(소)-訟(송)
- 思(사)-念(념)
- 思(사)-慮(려)
- 逃(도)-亡(망)
- 逃(도)-避(피)
- 道(도)-路(로)
- 道(도)-理(리)
- 都(도)-市(시)
- 都(도)-邑(읍)
- 敦(돈)-篤(독)
- 査(사)-閱(열)
- 査(사)-察(찰)
- 同(동)-等(등)
- 同(동)-一(일)
- 洞(동)-窟(굴)
- 洞(동)-里(리)
- 洞(동)-穴(혈)
- 董(동)-正(정)
- 屯(둔)-陣(진)

Column 2
- 思(사)-惟(유)
- 生(생)-産(산)
- 相(상)-互(호)
- 祥(상)-瑞(서)
- 始(시)-初(초)
- 楊(양)-柳(류)
- 懶(나)-怠(태)
- 羅(나)-列(열)
- 浪(낭)-漫(만)
- 冷(냉)-涼(량)
- 掠(약)-奪(탈)
- 良(양)-好(호)
- 諒(양)-知(지)
- 旅(여)-客(객)
- 書(서)-冊(책)
- 逝(서)-去(거)
- 損(손)-傷(상)
- 憐(연)-憫(민)
- 戀(연)-慕(모)
- 戀(연)-愛(애)
- 連(연)-波(파)
- 連(연)-續(속)
- 零(영)-落(락)

Column 3
- 雷(뇌)-震(진)
- 料(요)-量(량)
- 素(소)-朴(박)
- 素(소)-質(질)
- 要(요)-緊(긴)
- 融(융)-和(화)
- 資(자)-質(질)
- 老(노)-翁(옹)
- 虜(노)-獲(획)
- 祿(녹)-俸(봉)
- 施(시)-設(설)
- 綠(녹)-靑(청)
- 論(논)-議(의)
- 養(양)-育(육)
- 損(손)-害(해)
- 衰(쇠)-弱(약)
- 料(요)-度(탁)
- 勇(용)-敢(감)
- 遼(요)-遠(원)
- 樓(누)-閣(각)
- 樓(누)-館(관)
- 流(유)-浪(랑)
- 留(유)-住(주)

Column 4
- 脈(맥)-絡(락)
- 盟(맹)-誓(세)
- 濕(습)-潤(윤)
- 習(습)-慣(관)
- 恩(은)-惠(혜)
- 斜(사)-傾(경)
- 書(서)-籍(적)
- 損(손)-失(실)
- 時(시)-期(기)
- 利(이)-益(익)
- 離(이)-別(별)
- 魔(마)-鬼(귀)
- 末(말)-尾(미)
- 忘(망)-失(실)
- 試(시)-驗(험)
- 伸(신)-張(장)
- 勉(면)-勵(려)
- 面(면)-貌(모)
- 滅(멸)-亡(망)
- 名(명)-稱(칭)
- 命(명)-令(령)
- 明(명)-朗(랑)
- 明(명)-白(백)

Column 5
- 門(문)-戶(호)
- 物(물)-件(건)
- 約(약)-束(속)
- 藥(약)-劑(제)
- 融(융)-通(통)
- 沐(목)-浴(욕)
- 殘(잔)-餘(여)
- 舞(무)-佾(일)
- 茂(무)-盛(성)
- 貿(무)-易(역)
- 文(문)-書(서)
- 文(문)-章(장)
- 文(문)-彩(채)
- 紊(문)-亂(란)
- 御(어)-街(가)
- 抑(억)-壓(압)
- 物(물)-品(품)
- 彌(미)-久(구)
- 微(미)-細(세)
- 微(미)-小(소)
- 美(미)-麗(려)
- 迷(미)-惑(혹)
- 返(반)-還(환)

Column 6
- 繁(번)-殖(식)
- 翻(번)-譯(역)
- 搖(요)-動(동)
- 要(요)-求(구)
- 諮(자)-問(문)
- 方(방)-道(도)
- 方(방)-正(정)
- 紡(방)-績(적)
- 紡(방)-織(직)
- 邦(방)-國(국)
- 俳(배)-優(우)
- 排(배)-斥(척)
- 配(배)-匹(필)
- 煩(번)-數(삭)
- 煩(번)-勇(용)
- 容(용)-貌(모)
- 法(법)-度(도)
- 法(법)-律(률)
- 法(법)-式(식)
- 法(법)-典(전)
- 法(법)-則(칙)
- 碧(벽)-綠(록)
- 碧(벽)-靑(청)

Column 7
- 奉(봉)-獻(헌)
- 潤(윤)-澤(택)
- 付(부)-託(탁)
- 變(변)-革(혁)
- 變(변)-化(화)
- 兵(병)-士(사)
- 兵(병)-卒(졸)
- 病(병)-患(환)
- 保(보)-護(호)
- 報(보)-告(고)
- 報(보)-償(상)
- 本(본)-源(원)
- 俸(봉)-祿(록)
- 奉(봉)-仕(사)
- 吟(음)-詠(영)
- 音(음)-聲(성)
- 扶(부)-助(조)
- 負(부)-荷(하)
- 賦(부)-與(여)
- 部(부)-隊(대)
- 部(부)-類(류)
- 附(부)-屬(속)
- 附(부)-着(착)

Column 8
- 貧(빈)-窮(궁)
- 貧(빈)-賓(객)
- 分(분)-割(할)
- 墳(분)-墓(묘)
- 忿(분)-怒(노)
- 崩(붕)-壞(괴)
- 朋(붕)-友(우)
- 卑(비)-賤(천)
- 悲(비)-哀(애)
- 批(비)-評(평)
- 比(비)-較(교)
- 費(비)-用(용)
- 貧(빈)-困(곤)
- 丈(장)-夫(부)
- 將(장)-帥(수)
- 事(사)-務(무)
- 事(사)-業(업)
- 使(사)-令(령)
- 使(사)-役(역)
- 寺(사)-刹(찰)
- 師(사)-傅(부)
- 思(사)-考(고)

345

♣ 다음 동의어(同義語)를 익혀 보시오.

算數(산수)	攝理(섭리)	睡眠(수면)	什器(집기)	傲慢(오만)	委任(위임)	引導(인도)	戰爭(전쟁)
森林(삼림)	姓氏(성씨)	輸送(수송)	兒童(아동)	娛樂(오락)	委託(위탁)	忍耐(인내)	戰鬪(전투)
上昇(상승)	成就(성취)	熟練(숙련)	安寧(안녕)	梧桐(오동)	幼稚(유치)	認識(인식)	轉移(전이)
商賈(상고)	省略(생략)	巡廻(순회)	安全(안전)	誤謬(오류)	油脂(유지)	認知(인지)	竊盜(절도)
喪失(상실)	世界(세계)	純潔(순결)	眼目(안목)	溫暖(온난)	遺失(유실)	賃貸(임대)	接續(접속)
想念(상념)	世代(세대)	崇高(숭고)	顔面(안면)	完全(완전)	肉身(육신)	肉體(육체)	停留(정류)
狀態(상태)	消滅(소멸)	崇尙(숭상)	心性(심성)	言辭(언사)	宇宙(우주)	音韻(음운)	帳幕(장막)
社會(사회)	釋放(석방)	壽命(수명)	愼重(신중)	言語(언어)	憂愁(우수)	依據(의거)	粧飾(장식)
舍屋(사옥)	善良(선량)	守衛(수위)	申告(신고)	嚴肅(엄숙)	憂患(우환)	宜當(의당)	障碍(장애)
舍宅(사택)	旋回(선회)	授與(수여)	神靈(신령)	旺盛(왕성)	云謂(운위)	意思(의사)	獎勵(장려)
詐欺(사기)	船舶(선박)	收斂(수렴)	身體(신체)	榮華(영화)	運動(운동)	意義(의의)	災殃(재앙)
辭說(사설)	選拔(선발)	收拾(수습)	辛苦(신고)	永遠(영원)	運搬(운반)	意志(의지)	財貨(재화)
辭讓(사양)	選別(선별)	收穫(수확)	失敗(실패)	英特(영특)	怨恨(원한)	衣服(의복)	抵抗(저항)
飼育(사육)	選擇(선택)	樹林(수림)	審査(심사)	詠歌(영가)	願望(원망)	移轉(이전)	貯蓄(저축)
山岳(산악)	說話(설화)	樹木(수목)	尋訪(심방)	銳利(예리)	偉大(위대)	仁慈(인자)	錯誤(착오)
散漫(산만)	纖細(섬세)	殊異(수이)	終末(종말)	藝術(예술)	危殆(위태)	因緣(인연)	參與(참여)
停止(정지)	祭祀(제사)	調和(조화)	綜合(종합)	重複(중복)	珍寶(진보)	疾患(질환)	慘酷(참혹)
偵探(정탐)	製作(제작)	存在(존재)	座席(좌석)	增加(증가)	眞實(진실)	秩序(질서)	倉庫(창고)
征伐(정벌)	製造(제조)	尊貴(존귀)	周圍(주위)	憎惡(증오)	辰宿(진수)	窒塞(질색)	創始(창시)
整齊(정제)	題目(제목)	卒兵(졸병)	州郡(주군)	贈與(증여)	進陟(진척)	集團(집단)	創作(창작)
正直(정직)	早速(조속)	拙劣(졸렬)	朱紅(주홍)	贈呈(증정)	進出(진출)	集會(집회)	採擇(채택)
靜寂(정적)	租稅(조세)	終結(종결)	珠玉(주옥)	智慧(지혜)	進就(진취)	差別(차별)	菜蔬(채소)
帝王(제왕)	組織(조직)	終了(종료)	中央(중앙)	知識(지식)	疾病(질병)	差異(차이)	撤收(철수)

♣ **다음 동의어(同義語)를 익혀 보시오.**

鐵철 鋼강	土토 地지	海해 洋양
尖첨 端단	討토 伐벌	顯현 現현
靑청 綠록	統통 領령	嫌혐 惡오
招초 聘빙	統통 帥수	脅협 迫박
超초 過과	鬪투 爭쟁	刑형 罰벌
超초 越월	把파 握악	形형 容용
促촉 急급	波파 浪랑	形형 態태
促촉 迫박	販판 賣매	惠혜 澤택
村촌 落락	敗패 亡망	婚혼 姻인
追추 從종	敗패 北배	鴻홍 雁안
蓄축 積적	便편 安안	廓확 大대
出출 生생	平평 均균	歡환 喜희
充충 滿만	包포 容용	皇황 帝제
衝충 突돌	包포 圍위	荒황 廢폐
侵침 犯범	包포 含함	回회 歸귀
沈침 沒몰	捕포 捉착	會회 社사
沈침 默묵	捕포 獲획	休휴 息식
墮타 落락	胞포 胎태	凶흉 惡악
卓탁 越월	暴포 虐학	興흥 起기
探탐 索색	表표 皮피	希희 望망
貪탐 慾욕	豊풍 足족	喜희 悅열
怠태 慢만	皮피 革혁	稀희 少소
土토 壤양	學학 習습	

♣ 다음 동의한자어(同義漢字語)를 익혀 보시오.

좌	중	우
架空(가공) ≒ 虛構(허구)	計劃(계획) ≒ 意圖(의도)	根底(근저) ≒ 基礎(기초)
境界(경계) ≒ 區劃(구획)	故國(고국) ≒ 祖國(조국)	琴瑟(금슬) ≒ 比翼(비익)
各別(각별) ≒ 特別(특별)	高名(고명) ≒ 有名(유명)	琴瑟(금슬) ≒ 連理(연리)
覺悟(각오) ≒ 決心(결심)	九泉(구천) ≒ 黃泉(황천)	急進(급진) ≒ 過激(과격)
看病(간병) ≒ 看護(간호)	苦心(고심) ≒ 苦衷(고충)	凍梨(동리) ≒ 卒壽(졸수)
干城(간성) ≒ 棟梁(동량)	古稀(고희) ≒ 從心(종심)	同意(동의) ≒ 贊成(찬성)
感染(감염) ≒ 傳染(전염)	古稀(고희) ≒ 七旬(칠순)	器量(기량) ≒ 才能(재능)
改良(개량) ≒ 改善(개선)	骨肉(골육) ≒ 血肉(혈육)	懶怠(나태) ≒ 怠慢(태만)
改悛(개전) ≒ 反省(반성)	共鳴(공명) ≒ 首肯(수긍)	納得(납득) ≒ 了解(요해)
倨慢(거만) ≒ 傲慢(오만)	功績(공적) ≒ 業績(업적)	背恩(배은) ≒ 忘德(망덕)
拒否(거부) ≒ 拒絶(거절)	貢獻(공헌) ≒ 寄與(기여)	冷淡(냉담) ≒ 薄情(박정)
去就(거취) ≒ 進退(진퇴)	過激(과격) ≒ 急進(급진)	冷情(냉정) ≒ 沈着(침착)
乾坤(건곤) ≒ 天地(천지)	瓜滿(과만) ≒ 破瓜(파과)	達辯(달변) ≒ 能辯(능변)
傾國(경국) ≒ 國色(국색)	龜鑑(귀감) ≒ 模範(모범)	達成(달성) ≒ 成就(성취)
經驗(경험) ≒ 體驗(체험)	歸鄕(귀향) ≒ 歸省(귀성)	獨占(독점) ≒ 專有(전유)
儉約(검약) ≒ 節約(절약)	交涉(교섭) ≒ 折衷(절충)	大家(대가) ≒ 巨星(거성)
決意(결의) ≒ 決心(결심)	交涉(교섭) ≒ 折衝(절충)	初春(초춘) ≒ 孟春(맹춘)
缺點(결점) ≒ 短點(단점)	驅迫(구박) ≒ 虐待(학대)	還甲(환갑) ≒ 華甲(화갑)
發達(발달) ≒ 進步(진보)	廉價(염가) ≒ 低價(저가)	中心(중심) ≒ 核心(핵심)
白眉(백미) ≒ 出衆(출중)	永久(영구) ≒ 永遠(영원)	支配(지배) ≒ 統治(통치)
白眉(백미) ≒ 壓卷(압권)	永眠(영면) ≒ 他界(타계)	進步(진보) ≒ 向上(향상)
碧空(벽공) ≒ 蒼空(창공)	營養(영양) ≒ 滋養(자양)	尺土(척토) ≒ 寸土(촌토)
變遷(변천) ≒ 沿革(연혁)	領土(영토) ≒ 版圖(판도)	天命(천명) ≒ 宿命(숙명)

♣ 다음 동의한자어(同義漢字語)를 익혀 보시오.

明晳(명석)	≒	聰明(총명)	水魚(수어)	≒	知音(지음)
無視(무시)	≒	黙殺(묵살)	熟讀(숙독)	≒	精讀(정독)
未開(미개)	≒	原始(원시)	瞬間(순간)	≒	刹那(찰나)
未然(미연)	≒	事前(사전)	承諾(승낙)	≒	許諾(허락)
尾行(미행)	≒	追跡(추적)	視界(시계)	≒	視野(시야)
不運(불운)	≒	悲運(비운)	唯美(유미)	≒	耽美(탐미)
半百(반백)	≒	知命(지명)	示唆(시사)	≒	暗示(암시)
半百(반백)	≒	艾老(애로)	室女(실녀)	≒	處女(처녀)
反逆(반역)	≒	謀反(모반)	失望(실망)	≒	落膽(낙담)
鼻祖(비조)	≒	始祖(시조)	尋常(심상)	≒	平凡(평범)
氷人(빙인)	≒	月老(월로)	淸濁(청탁)	≒	好惡(호오)
使命(사명)	≒	任務(임무)	自然(자연)	≒	天然(천연)
寺院(사원)	≒	寺刹(사찰)	專心(전심)	≒	沒頭(몰두)
狀況(상황)	≒	情勢(정세)	制壓(제압)	≒	鎭壓(진압)
俗世(속세)	≒	塵世(진세)	草屋(초옥)	≒	茅屋(모옥)
潤澤(윤택)	≒	豊富(풍부)	華甲(화갑)	≒	回甲(회갑)
異域(이역)	≒	海外(해외)	換骨(환골)	≒	奪胎(탈태)
認可(인가)	≒	許可(허가)	詰難(힐난)	≒	指彈(지탄)
一律(일률)	≒	劃一(획일)			
一門(일문)	≒	一族(일족)			
一致(일치)	≒	合致(합치)			
毫末(호말)	≒	秋毫(추호)			
資産(자산)	≒	財産(재산)			

♣ 다음 동의한자어(同義漢字語)를 익혀 보시오.

車同軌 거동궤	≒ 書同文 서동문	街談巷說 가담항설	≒ 道聽塗說 도청도설	對牛彈琴 대우탄금	≒ 馬耳東風 마이동풍
姑息策 고식책	≒ 彌縫策 미봉책	佳人薄命 가인박명	≒ 紅顔薄命 홍안박명	道不拾遺 도불습유	≒ 太平聖代 태평성대
槐安夢 괴안몽	≒ 南柯夢 남가몽	刻骨難忘 각골난망	≒ 結草報恩 결초보은	同氣相求 동기상구	≒ 草綠同色 초록동색
金蘭契 금란계	≒ 水魚親 수어친	刻舟求劍 각주구검	≒ 守株待兔 수주대토	同病相憐 동병상련	≒ 類類相從 유유상종
桃源境 도원경	≒ 別天地 별천지	百尺竿頭 백척간두	≒ 累卵之危 누란지위	東山高臥 동산고와	≒ 梅妻鶴子 매처학자
未曾有 미증유	≒ 破天荒 파천황	隔世之感 격세지감	≒ 今昔之感 금석지감	凍足放尿 동족방뇨	≒ 下石上臺 하석상대
別乾坤 별건곤	≒ 理想鄕 이상향	見利思義 견리사의	≒ 見危授命 견위수명	莫上莫下 막상막하	≒ 難兄難弟 난형난제
比翼鳥 비익조	≒ 連理枝 연리지	傾國之色 경국지색	≒ 羞花閉月 수화폐월	莫逆之友 막역지우	≒ 知己之友 지기지우
相思病 상사병	≒ 花風病 화풍병	傾城之色 경성지색	≒ 沈魚落雁 침어낙안	亡國之歎 망국지탄	≒ 麥秀之嘆 맥수지탄
瞬息間 순식간	≒ 一刹那 일찰라	經世致用 경세치용	≒ 利用厚生 이용후생	面壁九年 면벽구년	≒ 愚公移山 우공이산
戀愛病 연애병	≒ 懷心病 회심병	孤立無援 고립무원	≒ 四面楚歌 사면초가	面從腹背 면종복배	≒ 陽奉陰違 양봉음위
月旦評 월단평	≒ 月朝評 월조평	姑息之計 고식지계	≒ 臨時方便 임시방편	明鏡止水 명경지수	≒ 雲心月性 운심월성
一瞬間 일순간	≒ 瞬息間 순식간	空前絕後 공전절후	≒ 前無後無 전무후무	明若觀火 명약관화	≒ 不問可知 불문가지
全無識 전무식	≒ 判無識 판무식	刮目相對 괄목상대	≒ 日就月將 일취월장	目不識丁 목불식정	≒ 魚魯不辨 어로불변
		口蜜腹劍 구밀복검	≒ 笑裏藏刀 소리장도	白骨難忘 백골난망	≒ 結草報恩 결초보은
		九死一生 구사일생	≒ 起死回生 기사회생	輔車相依 보거상의	≒ 脣亡齒寒 순망치한
		群鷄一鶴 군계일학	≒ 囊中之錐 낭중지추	夫唱婦隨 부창부수	≒ 女必從夫 여필종부
		難攻不落 난공불락	≒ 金城湯池 금성탕지	捨生取義 사생취의	≒ 殺身成仁 살신성인
		難兄難弟 난형난제	≒ 伯仲之勢 백중지세	山海珍味 산해진미	≒ 龍味鳳湯 용미봉탕
		老生之夢 노생지몽	≒ 黃粱之夢 황량지몽	塞翁之馬 새옹지마	≒ 轉禍爲福 전화위복
		綠林豪傑 녹림호걸	≒ 梁上君子 양상군자	雪膚花容 설부화용	≒ 丹脣 단순호치
		累卵之危 누란지위	≒ 風前燈火 풍전등화	孫康映雪 손강영설	≒ 車胤聚螢 차윤취형
		丹脣皓齒 단순호치	≒ 月態花容 월태화용	首丘初心 수구초심	≒ 胡馬望北 호마망북

♣ **다음 동의한자어(同義漢字語)를 익혀 보시오.**

不立文字 불립문자	≒	以心傳心 이심전심
羊頭狗肉 양두구육	≒	表裏不同 표리부동
漁父之利 어부지리	≒	犬兎之爭 견토지쟁
五車之書 오거지서	≒	汗牛充棟 한우충동
因果應報 인과응보	≒	種豆得豆 종두득두
一衣帶水 일의대수	≒	指呼之間 지호지간
張三李四 장삼이사	≒	匹夫匹婦 필부필부
甲男乙女 갑남을녀	≒	善男善女 선남선녀
紙上兵談 지상병담	≒	卓上空論 탁상공론
智者一失 지자일실	≒	千慮一失 천려일실

♣ 다음 한자성어(漢字成語)의 독음(讀音)을 쓰시오. ▶정답은 357쪽

1. 肝膽相照 (　　　　)
   간과 쓸개를 서로 비춤. 서로 속마음을 털어놓고 친하게 지냄.

2. 肝膽楚越 (　　　　)
   간과 쓸개의 거리가 초나라와 월나라의 관계처럼 멂.

3. 間於齊楚 (　　　　)
   중국의 옛 등나라가 강한 제나라와 초나라의 사이에 끼어서 괴로움을 겪음.

4. 擧措失當 (　　　　)
   모든 조치가 정당하지 않음.

5. 季札掛劍 (　　　　)
   신의를 중히 여김. 오나라의 계찰이 서나라의 군주에게 자신의 보검을 주려고 마음먹었는데, 이미 그가 죽은 뒤라 자신의 보검을 풀어 그의 무덤가의 나무에 걸어놓고 떠났다는 고사에서 유래.

6. 孤身隻影 (　　　　)
   몸 붙일 곳 없이 외로이 떠도는 홀몸.

7. 瓜田李下 (　　　　)
   의심받기 쉬운 행동은 피하는 것이 좋음. '오이 밭에서 신을 고쳐 신지 말고 오얏나무 밑에서는 갓을 고쳐 쓰지 말라'는 뜻.

8. 管鮑之交 (　　　　)
   아주 친한 친구 사이의 사귐. 관중과 포숙아의 우정이 돈독하였다는 고사에서 유래.

9. 膠漆之交 (　　　　)
   관포지교(管鮑之交)와 비슷한 뜻. 아교와 옻칠처럼 끈끈한 사귐.

10. 狗猛酒酸 (　　　　)
    개가 사나우면 술이 시어짐. 한 나라에 간신배가 있으면 어진 신하가 모이지 않음.

11. 兵不厭詐 (　　　　)
    용병에 있어서는 속임수를 꺼리지 않음.

12. 閨中七友 (　　　　)
    부녀자가 바느질하는데 필요한 침선의 7가지 물건인 바늘, 실, 골무, 가위, 자, 인두, 다리미.

13. 琴瑟之樂 (　　　　)
    거문고와 비파를 조화를 잘 이루는 부부사이의 즐거움에 비유함.

14. 己飢己溺 (　　　　)
    자기가 굶주리고 자기가 물에 빠진 듯이 여김.

15. 驥服鹽車 (　　　　)
    천리마가 소금수레를 끎. 유능함이 빛을 보지 못함.

16. 落膽喪魂 (　　　　)
    실의에 빠지고 마음이 상해서 넋을 잃음.

17. 洛陽紙貴 (　　　　)
    낙양땅의 종이 값이 귀함. 책의 평판이 좋아 매우 잘 팔림.

18. 爛商討論 (　　　　)
    충분히 생각하고 의견을 나누어 토의함.

19. 南柯一夢 (　　　　)
    꿈과 같이 헛된 한 때의 부귀영화.

20. 男負女戴 (　　　　)
    남자는 짐을 지고 여자는 짐을 이고 이동함. 가난한 사람들이 살 곳을 찾아 이리저리 떠돌아다님.

21. 老萊之戲 (　　　　)
    노래자의 효도. 자식이 나이가 들어도 부모의 자식에 대한 마음은 똑같으므로 변함없이 효도해야 함.

22. 盧生之夢 (　　　　)
    노생이 한단 땅에서 밥짓는 사이에 영화로운 꿈을 꾸었다는 고사로, 인생과 영화의 덧없음을 비유.

23. 勞心焦思 (　　　　)
    몹시 마음을 쓰며 애를 태움.

♣ 다음 한자성어(漢字成語)의 독음(讀音)을 쓰시오.　　▶정답은 357쪽

1. 弄璋之慶　(　　　　　　　)
   아들을 낳은 즐거움. 반대말은 농와지경(弄瓦之慶)임.

2. 籠鳥戀雲　(　　　　　　　)
   새장에 갇힌 새가 구름을 그리워함. 자유를 갈망함.

3. 多岐亡羊　(　　　　　　　)
   달아난 양을 찾으려 할 때 갈림길이 많아 끝내 양을 잃어버림.

4. 多錢善賈　(　　　　　　　)
   밑천이 넉넉하면 장사를 잘 할 수 있음.

5. 丹脣皓齒　(　　　　　　　)
   붉은 입술과 하얀 치아. 미인. 경국지색(傾國之色).

6. 膽大心小　(　　　　　　　)
   문장을 지을 때, 담력은 크게 가지되 주의는 세심해야 함.

7. 棟梁之器　(　　　　　　　)
   마룻대와 들보 역할을 할만한 그릇. 큰일을 맡을만한 인재.

8. 凍足放尿　(　　　　　　　)
   언 발에 오줌 누기. 임시방편의 계책. 고식지계(姑息之計).

9. 杜門不出　(　　　　　　　)
   문을 닫고 나가지 아니함.

10. 麻中之蓬　(　　　　　　　)
    삼밭에 나는 쑥이란 말로, 환경이 중요함. 근묵자흑(近墨者黑).

11. 萬里滄波　(　　　　　　　)
    한없이 넓고 넓은 바다. 만경창파(萬頃蒼波).

12. 萬壽無疆　(　　　　　　　)
    아주 오랫동안 끊임없이 삶.

13. 望蜀之歎　(　　　　　　　)
    촉땅을 얻고 싶어하는 탄식. 득롱망촉(得隴望蜀).

14. 門前沃畓　(　　　　　　　)
    집 가까이에 있는 기름진 논.

15. 彌縫之策　(　　　　　　　)
    꿰매어 깁는 계책. 고식지계(姑息之計).

16. 迷津寶筏　(　　　　　　　)
    길을 헤매는 나루에서 길을 찾아가는 훌륭한 배.

17. 旁岐曲徑　(　　　　　　　)
    옆으로 난 샛길과 구불구불한 길.

18. 輔車相依　(　　　　　　　)
    긴밀한 관계를 맺으면서 서로 돕고 의지함. 순망치한(脣亡齒寒).

19. 魚遊釜中　(　　　　　　　)
    물고기가 솥 안에서 노님. 생명이 얼마 남지 않음.

20. 不俱戴天　(　　　　　　　)
    하늘을 함께 이지 못할 원수 사이를 말함.

21. 不撤晝夜　(　　　　　　　)
    어떤 일에 몰두하여 조금도 쉴 틈 없이 밤낮을 가리지 아니함.

22. 鵬程萬里　(　　　　　　　)
    아주 양양한 장래.

23. 四顧無託　(　　　　　　　)
    사방을 둘러보아도 의탁할 데가 없음. 사고무친(四顧無親).

24. 三顧草廬　(　　　　　　　)
    인재를 맞아들이기 위하여 참을성 있게 노력함.

25. 桑田碧海　(　　　　　　　)
    뽕밭이 변하여 푸른 바다가 됨. 세상일의 변천이 심함.

♣ 다음 한자성어(漢字成語)의 독음(讀音)을 쓰시오.　　　▶정답은 357쪽

1. 生口不網　(　　　)
산 입에 거미줄을 치지 아니함.

2. 雪膚花容　(　　　)
눈처럼 흰 피부와 꽃처럼 아름다운 얼굴. 경국지색(傾國之色).

3. 纖纖玉手　(　　　)
가냘프고 옥처럼 고운 여자의 손.

4. 歲寒松柏　(　　　)
날씨가 추워진 속에서도 푸른 잎을 유지하는 솔과 잣나무처럼 어떤 역경 속에서도 지조를 굽히지 않음.

5. 巢毀卵破　(　　　)
새집이 부서지면 알도 깨짐.

6. 松茂柏悅　(　　　)
솔이 무성하면 잣나무가 기뻐함. 벗의 잘됨을 기뻐함.

7. 宋襄之仁　(　　　)
너무 착하기만 하여 쓸데없는 아량을 베풀어 실속이 없음.

8. 隋侯之珠　(　　　)
천하의 귀중한 보배. 화씨지벽(和氏之璧).

9. 脣齒輔車　(　　　)
서로 없어서는 안 될 깊은 관계. 순망치한(脣亡齒寒).

10. 藥籠中物　(　　　)
약롱 속의 약품. 꼭 필요한 사람.

11. 魚網鴻離　(　　　)
물고기를 잡으려고 쳐 놓은 그물에 기러기가 걸림.

12. 如鼓琴瑟　(　　　)
부부 사이가 화목하여 거문고와 비파를 타는 것같음.

13. 榮枯一炊　(　　　)
인생이 꽃피고 시듦이 한번 밥짓는 순간같이 덧없고 부질없음.

14. 吳越同舟　(　　　)
서로 적의를 품은 사람들이 한자리에 있게 된 경우나 서로 협력하여야 하는 상황.

15. 堯舜時代　(　　　)
요임금과 순임금이 덕으로 천하를 다스리던 태평한 시대. 도불습유(道不拾遺).

16. 欲蓋彌彰　(　　　)
진상을 감추려 하면 더욱 밝게 드러나게 됨.

17. 欲燒筆硯　(　　　)
붓과 벼루를 태워버리고 싶어함.

18. 渭樹江雲　(　　　)
위수의 나무와 강수의 구름처럼 서로 멀리 떨어져 있는 벗을 그리워함.

19. 韋編三絶　(　　　)
공자가 주역을 열심히 읽어 가죽끈이 3번 끊어짐.

20. 殷鑑不遠　(　　　)
다른 사람의 실패를 자신의 거울로 삼음.

21. 一網打盡　(　　　)
한 번 그물을 쳐서 고기를 다 잡음.

22. 一炊之夢　(　　　)
밥 한 끼 지을 동안의 꿈. 한단지몽(邯鄲之夢).

23. 自己矛盾　(　　　)
자기의 언행이 서로 맞지 않음. 자가당착(自家撞着).

24. 子莫執中　(　　　)
자막이란 사람이 중용만 지킨 고사에서 융통성이 없음을 이름.

25. 積水成淵　(　　　)
한 방울의 물이 모여 연못을 이룸.

♣ 다음 한자성어(漢字成語)의 독음(讀音)을 쓰시오. ▶정답은 357쪽

1. 戰戰兢兢　(　　　　　)
몹시 두려워서 벌벌 떨며 조심함.

2. 鄭衛桑間　(　　　　　)
정나라와 위나라의 음란한 음악. 망국지음(亡國之音).

3. 種瓜得瓜　(　　　　　)
외 심은데 외가 남. 종두득두(種豆得豆).

4. 左瞻右顧　(　　　　　)
왼쪽을 돌아보고 오른쪽을 돌아봄. 수서양단(首鼠兩端).

5. 芝蘭之交　(　　　　　)
지초와 난초같은 향기가 나는 사귐. 관포지교(管鮑之交).

6. 秦鏡高懸　(　　　　　)
사람의 마음까지도 비추었다는 진나라 거울이 높게 매달려 있음. 명경고현(明鏡高懸).

7. 車胤聚螢　(　　　　　)
차윤이 반딧불을 모음. 형설지공(螢雪之功).

8. 借廳借閨　(　　　　　)
대청을 빌려 쓰다가 점점 안방까지 들어감.

9. 彰善懲惡　(　　　　　)
착한 것을 드러내고, 악한 것을 징계함. 권선징악(勸善懲惡).

10. 滄海桑田　(　　　　　)
푸른 바다가 뽕밭이 되는 변화. 상전벽해(桑田碧海).

11. 滄海遺珠　(　　　　　)
넓고 큰 바다 속에 캐어지지 않은 채 남아 있는 진주.

12. 滄海一粟　(　　　　　)
넓고 큰 바다 속의 좁쌀 한 알. 구우일모(九牛一毛).

13. 隻手空拳　(　　　　　)
외손에 빈주먹. 적수공권(赤手空拳).

14. 天方地軸　(　　　　　)
하늘의 방향이 어디이고 땅의 방향이 어디인지 모름.

15. 天淵之差　(　　　　　)
하늘과 연못과의 거리의 차이. 운니지차(雲泥之差).

16. 天衣無縫　(　　　　　)
하늘나라의 옷은 꿰맨 흔적이 없음.

17. 焦眉之急　(　　　　　)
눈썹에 불이 붙은 상황처럼 매우 급함.

18. 春雉自鳴　(　　　　　)
봄철의 꿩처럼, 스스로 욺.

19. 兔營三窟　(　　　　　)
토끼가 위기를 모면하려고 3개의 굴을 파서 자신을 지킴.

20. 吐盡肝膽　(　　　　　)
간과 쓸개를 토해내듯 사실을 숨김없이 털어놓음.

21. 破瓜之年　(　　　　　)
여자의 생리나 처녀성의 상실을 나타냄. 여자나이 16세, 남자나이 66세를 말함.

22. 破釜沈舟　(　　　　　)
싸움에서 굳은 결의로 밥솥을 깨트리고, 배를 가라앉힘. 배수진(背水陣).

23. 暴虎馮河　(　　　　　)
맨손으로 범을 때려잡고 걸어서 황하를 건넘. 무모한 용기

24. 風餐露宿　(　　　　　)
바람 속에서 밥을 해먹고, 이슬 맞으며 잠을 잠.

25. 汗牛充棟　(　　　　　)
짐으로 실으면 소가 땀을 흘리고, 쌓으면 들보에까지 참. 오거서(五車書).

355

♣ 다음 한자성어(漢字成語)의 독음(讀音)을 쓰시오. ▶정답은 357쪽

1. 亢龍有悔 (　　　　　)
   하늘 끝까지 다다른 항룡이 내려갈 길 밖에 없음을 후회함.

2. 海翁好鷗 (　　　　　)
   사람에게 야심이 있으면 새도 그것을 알고 가까이 하지 않음.

3. 好事多魔 (　　　　　)
   좋은 일에는 흔히 방해되는 일이 많음.

4. 和光同塵 (　　　　　)
   빛이 섞이어 먼지와 함께 함. 자기의 어짊과 능력을 드러내지 않고 세속에 섞여 살면서도 본질은 변치 않음.

5. 換骨奪胎 (　　　　　)
   뼈대를 바꾸고 끼고 태를 바꾸어 씀. 사람이 보다 나은 방향으로 변하여 전혀 딴 사람이 됨.

6. 閨房文學 (　　　　　)
   조선시대에 주로 양반 부녀층에서 이루어진 문학.

7. 矛盾 (　　　　　)
   일의 앞뒤가 서로 맞지 아니한 상태.

8. 升斗之利 (　　　　　)
   대수롭지 아니한 이익.

【정답】 - 한자성어 독음 쓰기

▶ 352쪽

1. 간담상조 2. 간담초월 3. 간어제초 4. 거조실당
5. 계찰괘검 6. 고신척영 7. 과전이하 8. 관포지교
9. 교칠지교 10. 구맹주산 11. 병불염사 12. 규중칠우
13. 금슬지락 14. 기기기익 15. 기복염거 16. 낙담상혼
17. 낙양지귀 18. 난상토론 19. 남가일몽 20. 남부여대
21. 노래지희 22. 노생지몽 23. 노심초사

▶ 353쪽

1. 농장지경 2. 농조연운 3. 다기망양 4. 다전선고
5. 단순호치 6. 담대심소 7. 동량지기 8. 동족방뇨
9. 두문불출 10. 마중지봉 11. 만리창파 12. 만수무강
13. 망촉지탄 14. 문전옥답 15. 미봉지책 16. 미진보벌
17. 방기곡경 18. 보거상의 19. 어유부중 20. 불구대천
21. 불철주야 22. 봉정만리 23. 사고무탁 24. 삼고초려
25. 상전벽해

▶ 354쪽

1. 생구불망 2. 설부화용 3. 섬섬옥수 4. 세한송백
5. 소훼난파 6. 송무백열 7. 송양지인 8. 수후지주
9. 순치보거 10. 악롱중물 11. 이망홍리 12. 어고금슬
13. 영고일취 14. 오월동주 15. 요순시대 16. 욕개미창
17. 욕소필연 18. 위수강운 19. 위편삼절 20. 은감불원
21. 일망타진 22. 일취지몽 23. 자기모순 24. 자막집중
25. 적수성연

▶ 355쪽

1. 전전긍긍 2. 정위상간 3. 종과득과 4. 좌첨우고
5. 지란지교 6. 진경고현 7. 차윤취형 8. 차청차규
9. 창선징악 10. 창해상전 11. 창해유주 12. 창해일속
13. 척수공권 14. 천방지축 15. 천연지차 16. 천의무봉
17. 초미지급 18. 춘치자명 19. 토영삼굴 20. 토진간담
21. 파과지년 22. 파부침주 23. 포호빙하 24. 풍찬노숙
25. 한우충동

▶ 356쪽

1. 항룡유회 2. 해옹호구 3. 호사다마 4. 화광동진
5. 환골탈태 6. 규방문학 7. 모순   8. 승두지리

활용(活用)학습

● 2급 예상문제(10회분)

제1회 한자능력검정시험 2급 예상문제

(시험시간 : 60분. 시험문항 : 150문제. 합격문항 : 105문제이상) 성명 _____

1. 다음 漢字語의 讀音을 쓰시오.(1~45)

   (1) 卓越   (2) 窮塞
   (3) 爵位   (4) 濃淡
   (5) 强奪   (6) 被拉
   (7) 紹介   (8) 靑瓦臺
   (9) 武勳   (10) 賣渡
   (11) 完了   (12) 諮問
   (13) 寺刹   (14) 荒廢
   (15) 筋肉   (16) 運搬
   (17) 販路   (18) 宗廟
   (19) 謹嚴   (20) 免職
   (21) 俸給   (22) 撤回
   (23) 却說   (24) 抛棄
   (25) 滄海   (26) 歪曲
   (27) 蜂起   (28) 酷暑
   (29) 追敍   (30) 偵探
   (31) 妖邪   (32) 借用
   (33) 批准   (34) 侮辱
   (35) 把握   (36) 炭酸
   (37) 解雇   (38) 沐浴
   (39) 凝固   (40) 垈地
   (41) 乾坤   (42) 淸廉
   (43) 魔術   (44) 生涯
   (45) 謄寫

2. 다음 漢字의 訓과 音을 쓰시오.(46~72)

   (46) 厭   (47) 棋
   (48) 笛   (49) 俳
   (50) 渤   (51) 獸
   (52) 兌   (53) 砲
   (54) 溪   (55) 貰
   (56) 蠻   (57) 鑛
   (58) 抗   (59) 熏
   (60) 楚   (61) 縮
   (62) 款   (63) 績
   (64) 寬   (65) 亮
   (66) 哲   (67) 睦
   (68) 關   (69) 沮
   (70) 慧   (71) 憶
   (72) 殷

3. 다음 글을 읽고 밑줄 친 낱말을 漢字로 쓰시오.(73~102)

   지금 중국의 동삼성(만주)에는 '조선족'이라 부르는 한민족이 약 1백50만명 살고 있다. 그 유래[73]는 아주 길고 복잡하다. 1860년대부터 연길지방으로 집단[74] 이주[75]를 시작한 뒤 해마다 늘어났다. 특히 한일병합이 이루어진 뒤 많은 독립지사[76]들이 만주로 이주했다. 그리하여 1930년에는 만주지역[77]에 우리 동포[78] 70여만명이 살고 있었다. 그러나 1932년 만주제국이 성립된 뒤에는 사정[79]이 달라졌다. 일본 당국[80]은 만주지방의 광대[81]한 농토를 개간하고 풍부[82]한 지하자원[83]을 개발[84]키 위해 이른바 농업이민을 장려[85]하거나 강요[86]했다. 그 결과 종전[87]보다 5배의 증가율을 보였다. 이들을 집단개척민이라 불렀다. 1942년 무렵에는 만주지방 동포의 숫자가 1백56만여명을 헤아렸다. 1939년 집단개척민의 지역별 분포[88]를 보면, 충청도[89] 25%, 전라도[90]와 경상도[91] 35%, 강원도[92] 5%였다. 개척민은 거의 3도에 집중되었음을 알려준다. 이때의 개척민은 함경도와 평안도의 선주이민과 구별된다.
   근래 필자[93]는 베이징에 다녀온 적이 있다. 그곳에서 할아버지가 충청도 출신인 길림성에서 온 한 청년을 만났다. 그의 입에서 두 가지를 확인할 수 있었다. 어릴 적에 중국 아이들은 자신을 보고 "거우리 팡스"라고 욕질을 했다고 한다. 곧 '고구려[94] 새끼'라는 얕보는 뜻을 담았다. 또 자신은 비록 조선족학교에 다니면서 한국어를 배웠으나 한국 역사[95]는 배운 적이 없다고 한다. 중국 당국은 소수민족 우대[96]정책[97]으로 자치구[98]를 두고 언어[99] 풍습[100]을 유지케 했으나 자신의 뿌리를 알 수 있는 한국역사는 결코 가르치지 못하게 했던 것이다. 그런데 근래 '동북공정'이 추진된 뒤 새로운 사태가 발생했다. 조선족 특히 삼남지방 출신들을 "고구려 후예"라 하지 않고 "신라의 후예"라고 부른다는 것이다. 멋모르는 조선족들도 이에 따라 "신라의 후예"라고 서슴없이 대답한다는 것이다. 고구려는 중국 소수민족이 세운 나라이므로 조선족과는 관련[101]이 없다는 뜻이다. 자, 조선족은 고구려의 후예인가, 신라의 후예인가? 교묘[102]한 분리정책이 아닌가?

— 이이화, 「한국사 바로보기」

(73) 유래 ( )   (74) 집단 ( )

(75) 이주 ( )   (76) 지사 ( )

(77) 지역 ( )   (78) 동포 ( )

(79) 사정 ( )   (80) 당국 ( )

(81) 광대 ( )   (82) 풍부 ( )

(83) 자원 ( )   (84) 개발 ( )

(85) 장려 ( )   (86) 강요 ( )

(87) 종전 ( )   (88) 분포 ( )

(89) 충청도 ( )   (90) 전라도 ( )

(91) 경상도 ( )   (92) 강원도 ( )

(93) 필자 ( )   (94) 고구려 ( )

(95) 역사 ( )   (96) 우대 ( )

(97) 정책 ( )   (98) 자치구 ( )

(99) 언어 ( )   (100) 풍습 ( )

(101) 관련 ( )   (102) 교묘 ( )

4. 다음 漢字와 뜻이 反對 또는 相對되는 漢字를 쓰시오.(103~112)

(103) ( ) - 否定   (104) 難 - ( )

(105) 表 - ( )   (106) ( ) - 急

(107) 美男 - ( )   (108) ( ) - 濁

(109) 軟 - ( )   (110) ( ) - 疏

(111) 閑 - ( )   (112) 上昇 - ( )

5. 다음 漢字語의 ( )속에 알맞은 漢字를 쓰시오.(113~122)

(113) ( )和雷同   (114) 羽化登( )

(115) 泥田( )狗   (116) 小( )大失

(117) 螢( )之功   (118) 自暴自( )

(119) 擧案齊( )   (120) 吳( )同舟

(121) 炎( )世態   (122) 孟母三( )

6. 다음 漢字의 部首를 쓰시오.(123~127)

(123) 巳 ( )   (124) 焉 ( )

(125) 瓦 ( )   (126) 冊 ( )

(127) 泰 ( )

7. 다음 漢字와 같은 뜻의 漢字를 ( )속에 넣어 漢字語를 만드시오.(128~132)

(128) 敦( )   (129) ( )叛

(130) 怠( )   (131) 憤( )

(132) ( )雜

8. 다음 漢字와 소리는 같으나, 뜻이 다른 漢字語를 쓰시오.(133~137)

(133) 剛斷. ( ) - 강연을 하도록 조금 높게 만든 자리

(134) 修習. ( ) - 어수선한 사태를 거두어 바로잡음

(135) 中止. ( ) - 여러 사람의 지혜

(136) 商術. ( ) - 상세하게 서술함

361

(137) 構造. (   ) - 목숨이 위태로운 사람
         을 구해냄

9. 다음 漢字語의 뜻을 쓰시오.(138~142)

(138) 偏食 :

(139) 渴望 :

(140) 墨守 :

(141) 殉葬 :

(142) 違約 :

10. 다음 漢字語 중 첫 音節이 長音인 것을
    고르시오.(143~147)

(143) ①賣却 ②透明 ③謀叛 ④俱現

(144) ①存廢 ②搖動 ③牽引 ④免稅

(145) ①閱覽 ②搜索 ③朗誦 ④分裂

(146) ①漂白 ②俊秀 ③奪還 ④同僚

(147) ①隔差 ②落雷 ③冥福 ④享有

11. 다음 漢字의 略字를 쓰시오.(148~150)
(148) 戰   (149) 價
(150) 無

▶ 정답은 390쪽

제 2회 한자능력검정시험 2급 예상문제
(시험시간 : 60분. 시험문항 : 150문제. 합격문항 : 105문제이상) 성명 _____

1. 다음 漢字語의 讀音을 쓰시오.(1~45)

    (1) 綜合 (2) 濫用
    (3) 傲慢 (4) 療養
    (5) 交錯 (6) 學閥
    (7) 閨房 (8) 幻像
    (9) 膽略 (10) 摩天樓
    (11) 叛逆 (12) 擴散
    (13) 肺癌 (14) 偏頗
    (15) 窒息 (16) 墓穴
    (17) 快癒 (18) 暗鬱
    (19) 乾燥 (20) 覇權
    (21) 殘虐 (22) 屯田
    (23) 紛糾 (24) 騷音
    (25) 潤滑油 (26) 魅惑
    (27) 驅步 (28) 賃傭
    (29) 步哨 (30) 鋼材
    (31) 哀悼 (32) 纖細
    (33) 私憾 (34) 負荷
    (35) 漫談 (36) 伸長
    (37) 韓菓 (38) 飜覆
    (39) 渡津 (40) 飼育
    (41) 搜査 (42) 脂粉
    (43) 厭症 (44) 桃園
    (45) 皮膚

2. 다음 漢字의 訓과 音을 쓰시오.(46~72)

    (46) 穆 (47) 篇
    (48) 謁 (49) 掘
    (50) 蠶 (51) 徐
    (52) 候 (53) 殖
    (54) 覓 (55) 檀
    (56) 峴 (57) 揭
    (58) 拓 (59) 隸
    (60) 絡 (61) 兢
    (62) 縫 (63) 裝
    (64) 携 (65) 翊
    (66) 械 (67) 琢
    (68) 茂 (69) 裕
    (70) 劇 (71) 聚
    (72) 鴨

3. 다음 글을 읽고 밑줄 친 낱말을 漢字로 쓰시오.(73~102)

과거[73]는 3년마다 보이는 정기[74] 시험[75]과 필요[76]에 따라 보이는 부정기시험이 있었다. 그 중에서도 성균관[77]의 명륜당 앞뜰에서 보이는 알성시와 창덕궁 춘당대에서 보이는 전시가 대표적이었다.

성균관은 조선[78]시대 최고의 교육[79]기관이었다. 성균관은 교육기능[80]과 함께 공자[81]와 그 제자[82]들을 받드는 기능을 했다. 성균관 유생[83]들은 전원[84]이 기숙사[85]에서 생활을 하면서 교육을 받았다. 성균관 안에 명륜당을 지어 강학[86]하는 장소로 삼았다. 임금들은 자주 성균관을 찾아 문묘에 술잔을 올리고 제사[87]를 지내는 의식[88]을 치렀다. 임금은 이런 기회를 이용해 과거시험을 보였다. 이를 성인[89] 공자 앞에서 시험을 치른다 하여 알성시라고 불렀다. 알성시는 문과·무과 응시생[90]만을 대상으로 했다. 이 시험은 한 번으로 합격자[91]를 뽑았고 한 과목만 보여서 시험 본 날 합격자를 발표했다. 또 고시 시간도 초 한 자루가 다 탈 때까지 답안지[92]를 내게 한다하여 촉각시라는 별명[93]을 얻었다. 그런 탓으로 간단하게 채점[94]할 수 있는 문제를 냈다. 조선 후기에는 알성시가 운이 많이 작용한다는 인식[95]이 널리 퍼져 응시생들이 그야말로 구름처럼 몰려들었다. 적게는 몇 천명, 많게는 2만여 명이 몰려왔다. 그야말로 장터나 다름없었다.

창경궁 안에는 넓은 연못이 있고 연못 안에는 연꽃이 아름답게 피었다. 이곳을 춘당대라 부른다. 춘당대 주변에는 너른 공간⁹⁶이 있었다. 임금과 비빈들이 즐겨 찾는 곳이다. 이곳에서 조선 전기부터 춘당대시의 이름으로 과거시험을 보였다. 또 왕궁의 뜰에서 보인다 하여 정시라고도 했다.

춘당대시는 정기시험이 아니라 나라에 경사⁹⁷가 있을 때 보이는 특별시험이었다. 그리고 문과의 경우, 여러 단계⁹⁸를 두지 않고 한번의 시험으로 끝냈다. 무과의 경우, 복시(두 번째 시험)만을 보였다. 문과는 합격자를 5명 정도, 무과는 합격자를 몇 십명 단위로 뽑았다. 합격자는 당일 발표했다. 그 횟수도 조선시대 전기간에 걸쳐 20회 정도였다. 임금이 직접 시험을 보이는 경우가 많았으며 고관⁹⁹들이 시관을 맡았다. 그러므로 질서¹⁰⁰도 잡혔고 엄숙한 분위기를 자아냈다. 그래서 실력 있는 응시자들이 많이 몰려들었으며 다른 과거 합격자들보다 자부심¹⁰¹을 가졌다.

아무튼 후기에 두 과거시험은 상피제를 적용치 않아 시관의 자제들도 응시할 수 있었으며 운이 많이 작용하기도 했다. 그런 탓으로 부정이 횡행¹⁰²했다.

— 이이화, 「한국사 바로보기」

(73) 과거 (　　　)　　(74) 정기 (　　　)
(75) 시험 (　　　)　　(76) 필요 (　　　)
(77) 성균관 (　　　)　(78) 조선 (　　　)
(79) 교육 (　　　)　　(80) 기능 (　　　)
(81) 공자 (　　　)　　(82) 제자 (　　　)
(83) 유생 (　　　)　　(84) 전원 (　　　)
(85) 기숙사 (　　　)　(86) 강학 (　　　)
(87) 제사 (　　　)　　(88) 의식 (　　　)
(89) 성인 (　　　)　　(90) 응시생 (　　　)
(91) 합격자 (　　　)　(92) 답안지 (　　　)
(93) 별명 (　　　)　　(94) 채점 (　　　)
(95) 인식 (　　　)　　(96) 공간 (　　　)
(97) 경사 (　　　)　　(98) 단계 (　　　)
(99) 고관 (　　　)　　(100) 질서 (　　　)
(101) 자부심 (　　　)　(102) 횡행 (　　　)

4. 다음 漢字와 뜻이 反對 또는 相對되는 漢字를 쓰시오.(103~112)

(103) (　　) - 減少　　(104) 需要 - (　　)
(105) 眞 - (　　)　　(106) (　　) - 沈
(107) 韻文 - (　　)　(108) (　　) - 賤
(109) 盛 - (　　)　　(110) (　　) - 餓
(111) 禍 - (　　)　　(112) 着衣 - (　　)

5. 다음 漢字語의 (　)속에 알맞은 漢字를 쓰시오.(113~122)

(113) (　　)秀之嘆　　(114) 仁者無(　　)
(115) 身言(　　)判　　(116) 吾(　　)三尺
(117) (　　)本塞源　　(118) 高溫多(　　)
(119) 貪官(　　)吏　　(120) 累(　　)之勢
(121) (　　)善懲惡　　(122) 捨生取(　　)

6. 다음 漢字의 部首를 쓰시오.(123~127)

(123) 革 (　　)　　(124) 申 (　　)
(125) 鴻 (　　)　　(126) 玄 (　　)
(127) 襲 (　　)

7. 다음 漢字와 같은 뜻의 漢字를 (　)속에 넣어 漢字語를 만드시오.(128~132)

(128) 孤(　　)　　(129) (　　)稚
(130) 恒(　　)　　(131) 憎(　　)
(132) (　　)拒

8. 다음 漢字와 소리는 같으나, 뜻이 다른 漢字語를 쓰시오.(133~137)

(133) 詩想. (   ) – 상을 줌

(134) 經路. (   ) – 노인을 공경함

(135) 香水. (   ) – 고향을 그리워하는 마음

(136) 管理. (   ) – 벼슬아치

(137) 潮水. (   ) – 새와 짐승

9. 다음 漢字語의 뜻을 쓰시오.(138~142)

(138) 聘母 :

(139) 濫獲 :

(140) 薦擧 :

(141) 匹夫 :

(142) 朋黨 :

10. 다음 漢字語 중 첫 音節이 長音인 것을 고르시오.(143~147)

(143) ①發揮 ②失格 ③圖式 ④漏落

(144) ①聯立 ②厚賜 ③開封 ④話題

(145) ①優等 ②目的 ③竝列 ④勞動

(146) ①標準 ②祝福 ③賦課 ④定義

(147) ①冷凍 ②基準 ③雙壁 ④理論

11. 다음 漢字의 略字를 쓰시오.(148~150)
(148) 雙   (149) 澤
(150) 戀

▶ 정답은 390쪽

제3회 한자능력검정시험 2급 예상문제

(시험시간 : 60분. 시험문항 : 150문제. 합격문항 : 105문제이상) 성명 _____

1. 다음 漢字語의 讀音을 쓰시오.(1~45)

(1) 編輯   (2) 模倣
(3) 庶務   (4) 巢窟
(5) 苦衷   (6) 矛盾
(7) 飛躍   (8) 書札
(9) 嫌疑   (10) 軍艦
(11) 揷畵   (12) 痲醉
(13) 丘陵   (14) 修訂
(15) 觸媒   (16) 汎神論
(17) 災厄   (18) 預金
(19) 購讀   (20) 書翰
(21) 庸劣   (22) 辨償
(23) 磁氣場   (24) 敷設
(25) 汽笛   (26) 紳士道
(27) 流暢   (28) 貪溺
(29) 車輛   (30) 販禁
(31) 避妊   (32) 隱蔽
(33) 間諜   (34) 靺鞨
(35) 擴聲器   (36) 漏電
(37) 調劑   (38) 枯渴
(39) 僞證   (40) 常駐
(41) 裸體   (42) 凍傷
(43) 血液   (44) 漆黑
(45) 睡眠

2. 다음 漢字의 訓과 音을 쓰시오.(46~72)

(46) 僑   (47) 妨
(48) 輸   (49) 弼
(50) 槿   (51) 彰
(52) 贊   (53) 尼
(54) 傘   (55) 藝
(56) 廊   (57) 鋪
(58) 珥   (59) 喉
(60) 措   (61) 騰
(62) 濟   (63) 隣
(64) 暫   (65) 網
(66) 憶   (67) 訣
(68) 仲   (69) 摘
(70) 劇   (71) 巧
(72) 揮

3. 다음 글을 읽고 밑줄 친 낱말을 漢字로 쓰시오.(73~102)

부단[73]하고 지속[74]적이며 체계적[75]인 세속적 직업노동을 최고의 금욕[76]적 수단이자 동시에 신앙[77]의 진실성에 대한 가장 확실하고 분명한 증거[78]로 보는 종교적 입장[79]이 자본주의[80] "정신"이라 불리는 생활 태도를 형성시켰다. 소비 억제[81]와 근로 활동은 필연적으로 금욕주의적 절약 행위를 통한 자본 형성을 초래[82]한다. 재산의 소비 억제는 자본의 생산적 투자[83]를 가능하게 하여 궁극적으로 소비를 증가[84]시키게 된다. 이러한 영향이 얼마나 강했던 것인가를 통계적으로 정확히 규명[85]하는 것은 쉽지 않다.

그러나 엄격[86]한 칼빈주의가 7년간 지배[87]했던 네덜란드에서는 종교적으로 독실[88]한 사람들이 거대한 부(富)에도 불구하고 매우 소박[89]한 생활을 해서 막대한 자본을 축적했다. 또한 모든 시대, 모든 곳에 존재했었고 20세기 초 독일[90]에도 뚜렷하게 목격되는 시민적 재산의 "귀족화" 경향[91]이 봉건적 생활 형태에 대한 청교도주의의 반감[92] 때문에 상당한 저지를 당했다는 것도 분명하다. 17세기 영국[93]의 중상주의[94] 저술가들은 네덜란드의 자본력이 영국을 능가하게 된 원인을, 영국과는 달리 네덜란드에서는 새로 벌어들인 재산을 대체로 토지에 투자하지 않았다는 데서 찾았다. 하지만 이것은 단순히 토지를 구입하지 않았기 때문만은 아니다.

또 다른 중요한 <u>원인</u>[95]은 네덜란드에서 귀족적인 <u>봉건적</u>[96] 삶의 양식이 <u>향유</u>[97]되지 않았다는 데 있다. 왜냐하면, 이로 인해 자본주의적 투자가 가능해졌기 때문이다. 17세기 이후의 영국사회는 "좋았던 옛날의 영국"을 대표하는 "<u>지주</u>[98]계급"과 사회적 영향력을 가진 청교도로 양분되었다. 별 생각 없이 삶을 즐기는 것과 엄격히 통제되고 억제된 자기 규제와 <u>관습</u>[99]적인 윤리적 구속, 이 두 특징은 영국인의 "민족성"에 나란히 나타나 있다. 마찬가지로 북미<u>식민지</u>[100]의 초기 시절에도 연한(年限)계약 노동자의 노동력으로 농장을 건설하고 <u>영주</u>[101]처럼 살려했던 "모험가"와 특별히 중산층적 삶을 지향하는 청교도가 날카롭게 <u>대립</u>[102]한 바 있다.

— 성균관대학교 2002 논술고사

(73) 부단 (　　　) (74) 지속 (　　　)

(75) 체계적 (　　　) (76) 금욕 (　　　)

(77) 신앙 (　　　) (78) 증거 (　　　)

(79) 입장 (　　　) (80) 자본주의 (　　　)

(81) 억제 (　　　) (82) 초래 (　　　)

(83) 투자 (　　　) (84) 증가 (　　　)

(85) 규명 (　　　) (86) 엄격 (　　　)

(87) 지배 (　　　) (88) 독실 (　　　)

(89) 소박 (　　　) (90) 독일 (　　　)

(91) 경향 (　　　) (92) 반감 (　　　)

(93) 영국 (　　　) (94) 중상주의 (　　　)

(95) 원인 (　　　) (96) 봉건적 (　　　)

(97) 향유 (　　　) (98) 지주 (　　　)

(99) 관습 (　　　) (100) 식민지 (　　　)

(101) 영수 (　　　) (102) 대립 (　　　)

4. 다음 漢字와 뜻이 反對 또는 相對되는 漢字를 쓰시오.(103~112)

(103) (　　) - 必然　　(104) 厚 - (　　)

(105) 明 - (　　)　　(106) (　　) - 負

(107) 攻擊 - (　　)　　(108) (　　) - 禁止

(109) 幼 - (　　)　　(110) (　　) - 閉

(111) 正道 - (　　)　　(112) (　　) - 橫斷

5. 다음 漢字語의 (　)속에 알맞은 漢字를 쓰시오.(113~122)

(113) (　　)翁之馬　　(114) 魚頭肉(　　)

(115) 切(　　)腐心　　(116) 首(　　)初心

(117) (　　)虎之勢　　(118) 百折不(　　)

(119) 滄海一(　　)　　(120) 風(　　)之嘆

(121) 金(　　)玉葉　　(122) 一罰百(　　)

6. 다음 漢字의 部首를 쓰시오.(123~127)

(123) 或 (　　)　　(124) 就 (　　)

(125) 鳴 (　　)　　(126) 棄 (　　)

(127) 氏 (　　)

7. 다음 漢字와 같은 뜻의 漢字를 (　)속에 넣어 漢字語를 만드시오.(128~132)

(128) 價(　　)　　(129) (　　)祀

(130) 官(　　)　　(131) 貯(　　)

(132) (　　)面

8. 다음 漢字와 소리는 같으나, 뜻이 다른 漢字語를 쓰시오.(133~137)

(133) 水深. (　　　　) - 근심하는 마음

(134) 氣道. (　　　　) - 어떤 일을 하려고 꾀함

(135) 敵船. (　　　　) - 착한 일을 많이 함

(136) 修好. (　　　　) - 지키어 보호함

(137) 間斷. (   ) – 간략하고 단순함

9. 다음 漢字語의 뜻을 쓰시오.(138~142)

(138) 謁見 :

(139) 拙稿 :

(140) 詐稱 :

(141) 停滯 :

(142) 連橫 :

10. 다음 漢字語 중 첫 音節이 長音인 것을 고르시오.(143~147)

(143) ①懷柔 ②生捕 ③知識 ④彫刻

(144) ①美醜 ②聰明 ③承諾 ④陽地

(145) ①明示 ②債權 ③親睦 ④鬪爭

(146) ①農耕 ②記事 ③歪曲 ④可憐

(147) ①從屬 ②自責 ③晩年 ④醫師

11. 다음 漢字의 略字를 쓰시오.(148~150)

(148) 亞   (149) 點

(150) 壽

▶ 정답은 391쪽

제4회 한자능력검정시험 2급 예상문제

(시험시간 : 60분. 시험문항 : 150문제. 합격문항 : 105문제이상) 성명 _____

1. 다음 漢字語의 讀音을 쓰시오.(1~45)

(1) 芳名錄 (2) 伽藍
(3) 修繕 (4) 恐怖
(5) 殉職 (6) 窮僻
(7) 分娩 (8) 斷末魔
(9) 塵埃 (10) 類似
(11) 架橋 (12) 酸性
(13) 東歐圈 (14) 鹽素
(15) 妖怪 (16) 姪婦
(17) 遮陽 (18) 緯度
(19) 凝視 (20) 酷毒
(21) 揭揚 (22) 松柏
(23) 炊事 (24) 均衡
(25) 雌雄 (26) 角逐
(27) 彫琢 (28) 洛陽
(29) 隨伴 (30) 潛水艇
(31) 揮毫 (32) 罔測
(33) 砲彈 (34) 傳播
(35) 奚琴 (36) 冠帽
(37) 豆腐 (38) 障碍
(39) 連鎖 (40) 繫留
(41) 鍛鍊 (42) 迷宮
(43) 宮闕 (44) 平穩
(45) 福祿

2. 다음 漢字의 訓과 音을 쓰시오.(46~72)

(46) 熙 (47) 緣
(48) 誇 (49) 胤
(50) 鎭 (51) 鷗
(52) 激 (53) 響
(54) 融 (55) 妥
(56) 析 (57) 鼎
(58) 吸 (59) 霧
(60) 趨 (61) 孃
(62) 葡 (63) 紋
(64) 塊 (65) 欽
(66) 爐 (67) 喆
(68) 戈 (69) 緊
(70) 鍾 (71) 遼
(72) 弦

3. 다음 글을 읽고 밑줄 친 낱말을 漢字로 쓰시오.(73~102)

그러므로 우리 민족[73]으로서 하여야 할 최고의 임무[74]는, 첫째로, 남의 절제[75]도 아니 받고 남에게 의뢰[76]도 아니 하는, 완전한 자주 독립[77]의 나라를 세우는 일이다. 이것이 없이는 우리 민족의 생활을 보장[78]할 수 없을뿐더러, 우리 민족의 정신력을 자유로 발휘[79]하여 빛나는 문화를 세울 수가 없기 때문이다. 이렇게 완전한 자주 독립의 나라를 세운 뒤에는, 둘째로 이 지구상의 인류[80]가 진정한 평화와 복락을 누릴 수 있는 사상[81]을 낳아, 그것을 먼저 우리나라에 실현하는 것이다.

나는 오늘날의 인류의 문화가 불완전함을 안다. 나라마다 안으로는 정치상, 경제상, 사회상으로 불평등[82], 불합리[83]가 있고, 밖으로 국제적으로는 나라와 나라의, 민족과 민족의 시기, 알력, 침략, 그리고 그 침략에 대한 보복[84]으로 작고 큰 전쟁이 끊일 사이가 없어서 많은 생명과 재물을 희생하고도, 좋은 일이 오는 것이 아니라 인심의 불안과 도덕의 타락[85]이 갈수록 더하니, 이래 가지고는 전쟁이 끊일 날이 없어, 인류는 마침내 멸망[86]하고 말 것이다. 그러므로 인류 세계에는 새로운 생활 원리의 발견[87]과 실천이 필요하게 되었다. 이야말로 우리 민족이 담당⁸⁸한 천직⁸⁹이라고 믿는다.
　이러하므로, 우리 민족의 독립이란 결코 삼천 리 삼천만의 일이 아니라, 진실로 세계의 전체의 운명⁹⁰에 관한 일이요, 그러므로 우리나라의 독립을 위하여 일하는 것이 곧 인류를 위하여 일하는 것이다.
　만일, 우리의 오늘날 형편⁹¹이 초라한 것을 보고 자굴지심을 발하여, 우리가 세우는 나라가 그처럼 위대한 일을 할 것을 의심⁹²한다 하면, 그것은 스스로 모욕⁹³하는 일이다. 우리 민족의 지나간 역사가 빛나지 아니함이 아니라, 그것은 아직 서곡⁹⁴이었다. 우리가 주연⁹⁵ 배우로 세계 역사의 무대⁹⁶에 나서는 것은 오늘 이후다. 삼천만의 우리 민족이 옛날의 그리스 민족이나 로마 민족이 한 일을 못 한다고 생각할 수 있겠는가!
　내가 원하는 우리 민족의 사업은 결코 세계를 무력⁹⁷으로 정복⁹⁸하거나 경제력⁹⁹으로 지배하려는 것이 아니다. 오직 사랑의 문화, 평화의 문화로 우리 스스로 잘 살고 인류 전체가 의좋게, 즐겁게 살도록 하는 일을 하자는 것이다. 어느 민족도 일찍이 그러한 일을 한 이가 없으니 그것은 공상¹⁰⁰이라고 하지 마라. 일찍이 아무도 한 자가 없기에 우리가 하자는 것이다. 이 큰 일은 하늘이 우리를 위하여 남겨 놓으신 것임을 깨달을 때에 우리 민족은 비로소 제 길을 찾고 제 일을 알아본 것이다. 나는 우리나라의 청년 남녀가 모두 과거의 조그맣고 좁다란 생각을 버리고, 우리 민족의 큰 사명¹⁰¹에 눈을 떠서, 제 마음을 닦고 제 힘을 기르기로 낙을 삼기를 바란다. 젊은 사람들이 모두 이 정신을 가지고 이 방향으로 힘을 쓸진댄, 30년이 못 하여 우리 민족은 괄목상대하게 될 것을 나는 확신¹⁰²하는 바이다.

　　　　　　　　　　　－ 김구, 「나의 소원」 중

(73) 민족 (　　　)　　(74) 임무 (　　　)
(75) 절제 (　　　)　　(76) 의뢰 (　　　)
(77) 독립 (　　　)　　(78) 보장 (　　　)
(79) 발휘 (　　　)　　(80) 인류 (　　　)
(81) 사상 (　　　)　　(82) 불평등 (　　　)
(83) 불합리 (　　　)　　(84) 보복 (　　　)
(85) 타락 (　　　)　　(86) 멸망 (　　　)
(87) 발견 (　　　)　　(88) 담당 (　　　)
(89) 천직 (　　　)　　(90) 운명 (　　　)

(91) 형편 (　　　)　　(92) 의심 (　　　)
(93) 모욕 (　　　)　　(94) 서곡 (　　　)
(95) 주연 (　　　)　　(96) 무대 (　　　)
(97) 무력 (　　　)　　(98) 정복 (　　　)
(99) 경제력 (　　　)　　(100) 공상 (　　　)
(101) 사명 (　　　)　　(102) 확신 (　　　)

4. 다음 漢字와 뜻이 反對 또는 相對되는 漢字를 쓰시오.(103~112)

(103) (　　) - 廢刊　　(104) 長點 - (　　)
(105) 寒 - (　　)　　(106) (　　) - 重
(107) 陽地 - (　　)　　(108) 京 - (　　)
(109) 新 - (　　)　　(110) (　　) - 危
(111) (　　) - 悲　　(112) 高速 - (　　)

5. 다음 漢字語의 (　)속에 알맞은 漢字를 쓰시오.(113~122)

(113) (　)亡齒寒　　(114) 因果應(　)
(115) 指(　)爲馬　　(116) 流(　)百世
(117) (　)折腹痛　　(118) (　)也靑靑
(119) 口蜜腹(　)　　(120) 羊頭(　)肉
(121) 互(　)之勢　　(122) (　)若無人

6. 다음 漢字의 部首를 쓰시오.(123~127)

(123) 巨 (　　)　　(124) 虎 (　　)
(125) 之 (　　)　　(126) 衰 (　　)
(127) 閑 (　　)

7. 다음 漢字와 같은 뜻의 漢字를 (　)속에

넣어 漢字語를 만드시오.(128~132)

(128) 掠(　　)   (129) (　　)客

(130) 信(　　)   (131) 倉(　　)

(132) (　　)濯

(148) 廳　　　　　(149) 與

(150) 萬

➡ 정답은 391쪽

8. 다음 漢字와 소리는 같으나, 뜻이 다른 漢字語를 쓰시오.(133~137)

(133) 分期. (　　) - 떨쳐 일어남

(134) 油田. (　　) - 어버이의 성질, 모양 등이 자손들에게 전해짐

(135) 高麗. (　　) - 생각하여 헤아림

(136) 從前. (　　) - 전쟁을 끝냄

(137) 女權. (　　) - 외국에 여행하는 사람의 신분을 증명하는 문서

9. 다음 漢字語의 뜻을 쓰시오.(138~142)

(138) 軌道 :

(139) 敬畏 :

(140) 扶桑 :

(141) 白眉 :

(142) 攝政 :

10. 다음 漢字語 중 첫 音節이 長音인 것을 고르시오.(143~147)

(143) ①聽覺 ②中央 ③彈丸 ④隱退

(144) ①裝飾 ②安定 ③騷動 ④肝炎

(145) ①運賃 ②形容 ③必然 ④通信

(146) ①卑劣 ②軍事 ③思慕 ④地理

(147) ①强化 ②文藝 ③慨歎 ④主動

11. 다음 漢字의 略字를 쓰시오.(148~150)

제 5회 한자능력검정시험 2급 예상문제

(시험시간 : 60분. 시험문항 : 150문제. 합격문항 : 105문제이상) 성명 _____

1. 다음 漢字語의 讀音을 쓰시오.(1~45)

　(1) 表彰　　　　　(2) 葛藤

　(3) 庶務　　　　　(4) 融和

　(5) 月桂冠　　　　(6) 閉鎖

　(7) 措置　　　　　(8) 聖餐

　(9) 汚染　　　　　(10) 誕辰日

　(11) 倂合　　　　　(12) 憐憫

　(13) 吐露　　　　　(14) 制霸

　(15) 畵幅　　　　　(16) 閥閱

　(17) 濃厚　　　　　(18) 姻戚

　(19) 俊傑　　　　　(20) 癌細胞

　(21) 提携　　　　　(22) 勳章

　(23) 藍色　　　　　(24) 傾斜

　(25) 雇傭　　　　　(26) 週番

　(27) 添附　　　　　(28) 糖分

　(29) 墳墓　　　　　(30) 檢屍

　(31) 野蠻　　　　　(32) 鑄鐵

　(33) 防疫　　　　　(34) 鼓膜

　(35) 贈呈　　　　　(36) 模型

　(37) 零落　　　　　(38) 筋骨

　(39) 紡織　　　　　(40) 短靴

　(41) 歲暮　　　　　(42) 謄本

　(43) 焦燥　　　　　(44) 龜鑑

　(45) 僑胞

2. 다음 漢字의 訓과 音을 쓰시오.(46~72)

　(46) 沐　　　　　　(47) 蹉

　(48) 赴　　　　　　(49) 逸

　(50) 隻　　　　　　(51) 彰

　(52) 般　　　　　　(53) 繩

　(54) 熔　　　　　　(55) 株

　(56) 晶　　　　　　(57) 構

　(58) 箱　　　　　　(59) 臟

　(60) 認　　　　　　(61) 爛

　(62) 驥　　　　　　(63) 境

　(64) 踏　　　　　　(65) 魅

　(66) 締　　　　　　(67) 契

　(68) 傀　　　　　　(69) 抛

　(70) 軟　　　　　　(71) 錫

　(72) 額

3. 다음 글을 읽고 밑줄 친 낱말을 漢字로 쓰시오.(73~102)

　경북 안동시 신세동에 가면 국보[73]16호인 신라[74] 7층전탑(塼塔·벽돌탑·8세기경)이 있다. 한국에서 가장 오래되고 가장 큰 전탑(높이 16.4m). 위풍당당한 모습이 돋보이는, 한국의 대표적[75] 전탑이다.

　그러나 주변[76] 환경[77]은 열악[78]하기 짝이 없다. 비좁은 골목길에 있어 사람이 지나다니기조차 쉽지 않다. 특히 바로 옆에 중앙선[79] 철로[80]가 있어 열차[81]가 지날 때마다 진동[82]으로 탑의 안전[83]이 위협받고 있다. 진동을 줄일 수 있도록 철로의 침목을 개선[84]하고 탑 옆에 방진벽을 설치했지만 역부족[85]이다.

　국보인 신세동 전탑의 열악한 주거[86]환경을 어떻게 개선할 수 있을까. 해결책[87]은 두 가지이다. 탑을 옮기거나 철로를 옮기는 것. 그러나 탑을 옮길 수는 없다는 것이 전문가들의 대체적인 의견. "문화재는 원위치에 있을 때 비로소 그 가치가 살아나는 법. 그것이 문화재보존[88]의 대원칙"이라는 말이다.

　그렇다면 철로를 옮길 수밖에 없다. 안동시는 그래서 97년부터 이곳을 지나는 중앙선 철로를 도시[89] 외곽으로 옮기는 방안⁹⁰을 철도청⁹¹과 협의⁹² 중이다. 철도청도 긍정적⁹³이다. 그러나 공사 비용⁹⁴ 등의 문제로 인해 구체적인 안을 만들지 못한 채 시간만 흘러가고 있다. 문화재전문위원인 천득염 전남대교수⁹⁵(건축사)는 "신세동 전탑이 당장 무너질 위험에 처한 것은 아니다. 그러나 일반 석탑과 달리 전탑은 많은 벽돌을 쌓아올려 만들었기 때문에 무너질 경우 복원하기가 쉽지 않다. 외부⁹⁶ 진동으로부터 탑을 보호⁹⁷할 수 있는 대책⁹⁸을 마련해야 한다"고 말한다.

철로 이설이 지연⁹⁹되자 안동시는 탑 주변에 1m정도 깊이의 도랑을 파 진동 전달¹⁰⁰을 줄이는 방안을 생각 중이다. 토목공학적으로 도랑은 진동 전달을 줄이는 효과¹⁰¹가 있다. 이 방법 외에 뾰족한 대책이 없는 지금의 상황¹⁰²이다.

— 동아일보 기사 중에서

(73) 국보 (　　　)　　(74) 신라 (　　　)

(75) 대표적 (　　　)　　(76) 주변 (　　　)

(77) 환경 (　　　)　　(78) 열악 (　　　)

(79) 중앙선 (　　　)　　(80) 철로 (　　　)

(81) 열차 (　　　)　　(82) 진동 (　　　)

(83) 안전 (　　　)　　(84) 개선 (　　　)

(85) 역부족 (　　　)　　(86) 주거 (　　　)

(87) 해결책 (　　　)　　(88) 보존 (　　　)

(89) 도시 (　　　)　　(90) 방안 (　　　)

(91) 철도청 (　　　)　　(92) 협의 (　　　)

(93) 긍정적 (　　　)　　(94) 비용 (　　　)

(95) 교수 (　　　)　　(96) 외부 (　　　)

(97) 보호 (　　　)　　(98) 대책 (　　　)

(99) 지연 (　　　)　　(100) 전달 (　　　)

(101) 효과 (　　　)　　(102) 상황 (　　　)

4. 다음 漢字와 뜻이 反對 또는 相對되는 漢字를 쓰시오.(103~112)

(103) (　　) - 損害　　(104) 强 - (　　)

(105) (　　) - 缺席　　(106) 緯度 - (　　)

(107) 卽位 - (　　)　　(108) (　　) - 尾

(109) 集 - (　　)　　(110) (　　) - 私

(111) (　　) - 野黨　　(112) (　　) - 樂

5. 다음 漢字語의 (　)속에 알맞은 漢字를 쓰시오.(113~122)

(113) (　)木求魚　　(114) 背恩(　)德

(115) 吟(　)弄月　　(116) 矯(　)殺牛

(117) (　)東擊西　　(118) 孟母三(　)

(119) 毛遂自(　)　　(120) 大器(　)成

(121) 朝令(　)改　　(122) (　)小棒大

6. 다음 漢字의 部首를 쓰시오.(123~127)

(123) 干 (　　)　　(124) 舞 (　　)

(125) 擧 (　　)　　(126) 辯 (　　)

(127) 占 (　　)

7. 다음 漢字와 같은 뜻의 漢字를 (　)속에 넣어 漢字語를 만드시오.(128~132)

(128) 身(　　)　　(129) (　　)諾

(130) 盜(　　)　　(131) 侵(　　)

(132) (　　)鬪

8. 다음 漢字와 소리는 같으나, 뜻이 다른 漢字語를 쓰시오.(133~137)

(133) 動搖. (　　　) - 아이들이 부르는 노래

(134) 全文. (　　　) - 어떤 특정한 분야를 오로지 함

(135) 視覺. (　　　) - 시간의 어떤 한 시점

(136) 長官. (   ) - 훌륭한 광경

(137) 重商. (   ) - 근거가 없는 말로 남을
　　　　　　　　　　　헐뜯어 명예에 손상을 입힘

9. 다음 漢字語의 뜻을 쓰시오.(138~142)
(138) 蛇足 :

(139) 直播 :

(140) 涉獵 :

(141) 埋伏 :

(142) 斥邪 :

10. 다음 漢字語 중 첫 音節이 長音인 것을
　　고르시오.(143~147)
(143)　①習得　②怠慢　③眞價　④汚名

(144)　①偶然　②弔問　③常例　④工場

(145)　①還生　②至尊　③遺物　④解渴

(146)　①處暑　②陸橋　③終身　④禽獸

(147)　①廢品　②關係　③通信　④印稅

11. 다음 漢字의 略字를 쓰시오.(148~150)
(148) 亂　　　　　(149) 圍
(150) 辭

▶ 정답은 392쪽

제6회 한자능력검정시험 2급 예상문제

(시험시간 : 60분. 시험문항 : 150문제. 합격문항 : 105문제이상)   성명 _____

1. 다음 漢字語의 讀音을 쓰시오. (1~45)

(1) 趣旨 (2) 懲戒
(3) 放恣 (4) 肝膽
(5) 治療 (6) 斬新
(7) 校訂 (8) 屢次
(9) 認准 (10) 賦與
(11) 墨香 (12) 船舶
(13) 破裂 (14) 坑道
(15) 油蜜菓 (16) 篤實
(17) 籠球 (18) 碩學
(19) 肩骨 (20) 濠洲
(21) 店鋪 (22) 掌握
(23) 循環 (24) 飢渴
(25) 胎兒 (26) 沮止
(27) 喪輿 (28) 冠岳山
(29) 絞殺 (30) 選拔
(31) 蔑視 (32) 移替
(33) 媒介體 (34) 僻村
(35) 梨花 (36) 共匪
(37) 悽絶 (38) 詐欺
(39) 硯滴 (40) 鬱陵島
(41) 燒却 (42) 暴炎
(43) 撤收 (44) 賠償
(45) 菜蔬

2. 다음 漢字의 訓과 音을 쓰시오. (46~72)

(46) 昊 (47) 勵
(48) 姊 (49) 拘
(50) 圈 (51) 稀
(52) 鵬 (53) 廬
(54) 瞬 (55) 謠
(56) 卓 (57) 壞
(58) 惑 (59) 潭
(60) 揷 (61) 裳
(62) 獄 (63) 煥
(64) 包 (65) 唆
(66) 紹 (67) 催
(68) 陟 (69) 討
(70) 蒸 (71) 符
(72) 酷

3. 다음 글을 읽고 밑줄 친 낱말을 漢字로 쓰시오. (73~102)

(가) 과학[73]은 이 세상의 어떤 부분에 대한 믿을 만한 지식[74]을 추구[75]하고, 그런 지식을 이용해서 사회를 발전시키는 데에 크게 기여[76]하였다. 과학의 핵심[77]은 자연은 물론 자연에 대한 인간의 간섭[78]을 주의 깊게 관찰[79]하는 것이라고 할 수 있다. 티리언 퍼플의 색깔이 어떤 분자에서 비롯된 것이고, 어떻게 그 분자를 변형[80]시켜서 더 밝은 자주색[81]이나 파란색을 얻을 수 있을까를 알아내려는 노력이 바로 그런 관찰에 해당한다.

과학자들의 세계는 모든 복잡성[82]이 분해[83]되어 단순화[84]된 세계이다. 이것을 수학화라고 할 수도 있겠지만 나는 분석[85]이라고 생각한다. 과학자는 흔히 발견이나 창조[86]의 과정[87]에서 자신만의 연구 세계를 명확[88]하게 정의한다. 그 한정[89]된 세계 안에서는 자신의 결과가 흥미[90]롭고 놀라운 것이며, 모든 것이 분석 가능하다. 그런 세계에서는 언제나 답이 존재한다. 로열 퍼플 염료[91] 분자의 구조를 밝힐 수도 있고, 동물원[92]에 갇힌 팬더가 번식을 잘 하지 못하는 이유도 알아낼 수 있다. 과학자들은 하나의 관찰 또는 현상에 기여하는 요인[93]이 여러 가지가 있을 수 있다는 점을 인정하지만, 그것이 아무리 복잡하다고 하더라도 재능[94]있고 잘 훈련[95]된 과학자라면 분리해서 분석할 수 있다고 믿는다.

(나) 로마인들은 도로[96]에 대해 잘 알고 있었다. 즉 도로를 어떻게 닦고 어디에서 어디로 연결[97]해야 할지 그리고 그것들을 오래 유지하는 방법을 알고 있었다. 로마 도로의 영구성[98]은 오늘날에도 감탄[99]을 자아내기에 충분하다. 20세기를 넘어서까지 계속해서 사용해 왔는데도 수백 마일의 로마 도로는 여전히 건재하고 있으니 말이다. 예를 들어, 로마의 남쪽에서부터 나폴리와 브린디쉬까지 갈 수 있는 아피아 가도[100]는 오늘날에도 많은 자동차들이 달리고 있을 정도로 견고[101]하다.

로마인들은 집요한 끈기를 가지고 도로를 건설했는데, 배수구[102]를 만들기 위해 땅을 깊이 파고 모래와 자갈 그리고 잘게 부순 돌로 도랑을 채웠다. 그 다음에 도로의 중앙부는 돌을 잘라서 만든 벽돌로 딱 맞게 짜 맞추어 사람, 말, 마차의 바퀴가 밀리지 않도록 했다. 아직도 남아 있는 벽돌은 오랜 세월이 지났음에도 불구하고 현재에도 도로의 포장 재료로 쓸 수 있을 만큼 단단하다.

— 고려대학교 2003 논술고사

(73) 과학 (   )　(74) 지식 (   )
(75) 추구 (   )　(76) 기여 (   )
(77) 핵심 (   )　(78) 간섭 (   )
(79) 관찰 (   )　(80) 변형 (   )
(81) 자주색 (   )　(82) 복잡성 (   )
(83) 분해 (   )　(84) 단순화 (   )
(85) 분석 (   )　(86) 창조 (   )
(87) 과정 (   )　(88) 명확 (   )
(89) 한정 (   )　(90) 흥미 (   )
(91) 염료 (   )　(92) 동물원 (   )
(93) 요인 (   )　(94) 재능 (   )
(95) 훈련 (   )　(96) 도로 (   )
(97) 연결 (   )　(98) 영구성 (   )
(99) 감탄 (   )　(100) 가도 (   )
(101) 견고 (   )　(102) 배수구 (   )

4. 다음 漢字와 뜻이 反對 또는 相對되는 漢字를 쓰시오. (103~112)
(103) (   ) - 冷　(104) 治世 - (   )
(105) 急行 - (   )　(106) (   ) - 實
(107) 債權 - (   )　(108) (   ) - 離婚
(109) (   ) - 凶　(110) 忘 - (   )
(111) 問 - (   )　(112) (   ) - 縮小

5. 다음 漢字語의 ( )속에 알맞은 漢字를 쓰시오. (113~122)
(113) (   )田碧海　(114) 易(   )思之
(115) 焉(   )生心　(116) 唯我(   )存
(117) (   )下不明　(118) 昏定晨(   )
(119) 萬事(   )通　(120) 謹(   )新年
(121) 四(   )無親　(122) 高官大(   )

6. 다음 漢字의 部首를 쓰시오. (123~127)
(123) 禁 (   )　(124) 舍 (   )
(125) 齒 (   )　(126) 只 (   )
(127) 雁 (   )

7. 다음 漢字와 같은 뜻의 漢字를 ( )속에 넣어 漢字語를 만드시오. (128~132)
(128) 牽(   )　(129) (   )獲
(130) 空(   )　(131) 困(   )
(132) (   )策

8. 다음 漢字와 소리는 같으나, 뜻이 다른 漢字語를 쓰시오.(133~137)

(133) 煙氣. (　　　) - 기한을 연장함

(134) 事前. (　　　) - 어휘들을 일정하게 배열해 의미 등을 해설한 책

(135) 衣食. (　　　) - 어떤 행사를 치르는 법식

(136) 初代. (　　　) - 사람을 불러 대접함

(137) 異說. (　　　) - 옮겨서 설치함

9. 다음 漢字語의 뜻을 쓰시오.(138~142)

(138) 氷點 :

(139) 妥協 :

(140) 假借 :

(141) 象牙塔 :

(142) 逝去 :

10. 다음 漢字語 중 첫 音節이 長音인 것을 고르시오.(143~147)

(143) ①返還 ②構成 ③特異 ④聽聞

(144) ①象徵 ②眞珠 ③和音 ④貸與

(145) ①臨機 ②低廉 ③天職 ④複寫

(146) ①光復 ②場外 ③流星 ④矯正

(147) ①氣體 ②生活 ③外郭 ④裝置

11. 다음 漢字의 略字를 쓰시오.(148~150)

(148) 舊　　　　　　(149) 寶

(150) 當

▶ 정답은 392쪽

제7회 한자능력검정시험 2급 예상문제

(시험시간 : 60분. 시험문항 : 150문제. 합격문항 : 105문제이상) 성명 _____

1. 다음 漢字語의 讀音을 쓰시오.(1~45)

(1) 埋沒   (2) 墮落
(3) 査閱   (4) 梧桐
(5) 休憩所   (6) 偵察
(7) 棋院   (8) 貨幣
(9) 遵據   (10) 回轉軸
(11) 拜謁   (12) 硫黃
(13) 蹴球   (14) 錯誤
(15) 樹脂   (16) 朔望
(17) 懸隔   (18) 裁縫
(19) 燦爛   (20) 掛念
(21) 催淚彈   (22) 養蠶
(23) 諜報   (24) 腎臟
(25) 祥瑞   (26) 月曜日
(27) 流暢   (28) 鴻恩
(29) 霧散   (30) 功勳
(31) 幻想   (32) 繫辭
(33) 殿閣   (34) 煉炭
(35) 還拂   (36) 戴冠式
(37) 硬質   (38) 虐殺
(39) 俳優   (40) 騷亂
(41) 刺客   (42) 放尿
(43) 號俸   (44) 遞減
(45) 睡眠

2. 다음 漢字의 訓과 音을 쓰시오.(46~72)

(46) 塗   (47) 倭
(48) 託   (49) 秘
(50) 幅   (51) 筋
(52) 姬   (53) 倣
(54) 機   (55) 傅
(56) 藤   (57) 漏
(58) 痲   (59) 暢
(60) 茫   (61) 盤
(62) 講   (63) 碍
(64) 透   (65) 奬
(66) 呈   (67) 鍵
(68) 鹽   (69) 逮
(70) 滋   (71) 翰
(72) 惱

3. 다음 글을 읽고 밑줄 친 낱말을 漢字로 쓰시오.(73~102)

(가) 우리가 가진 근본[73] 욕구[74]들 중에는 도덕적[75] 충동[76]에 따라 행동하려는 욕구가 있다. 그러나 큰 조직[77]에서 우리는 그렇게 할 수 있는 자유를 불가피[78]하게 억압[79]받고, 조직의 규칙을 준수[80]하도록 강요받는다. 그 규칙은 인간에 의해 고안[81]되었지만 인간 자체는 아니다. 아무리 세심[82]하게 만들어졌어도 거기에는 '사람의 손길(human touch)'과 같은 유연성[83]이 없다. 조직이 크면 클수록 조직의 구성원[84]은 도덕적 존재로서 자유롭게 행동하기가 점점 더 어려워진다. 그들은 흔히 이렇게 말하게 된다. "미안합니다. 제가 하는 일이 옳지 않다는 것은 알지만 이건 제가 받은 지시 사항[85]입니다." 이처럼 큰 조직들은 아주 불량[86]하고 부도덕하게, 또는 아주 어리석고 비인간적으로 움직이기 마련이다. 이는 그 구성원들이 본래 그래서가 아니라 그들이 조직의 크기에서 오는 하중[87]을 받기 때문이다.

큰 조직 안에 있는 사람들은 바깥에 있는 사람들에게 비판[88]을 받게 되지만 이런 비판은 마치 자동차[89]가 배기가스를 배출한다고 해서 운전자[90]를 나무라는 것과 같다. 천사라도 공기[91]를 더럽히지 않고 차를 운전할 수야 없지 않겠는가? 결국 잘못은 조직의 구성원들에게 있다기보다는 조직의 크기에 있는 것이다. 개인들로 하여금 도덕적 충동에 따라 행동하지 못하게 하는 구조를 가진 사회는 부도덕하다. 조직이 지나치게 커지면 그런 바람직하지 못한 결과를 초래한다. 그래서 '거대주의에 의한 합리화'에 **중독**[92]된 현대인들은 너무 커진 규모 속에서 좌절감을 느끼고 무기력해지는 것이다.

(나) 한편 신라의 고승[93] 의상 대사[94]는 "한 티끌 속에 온 우주[95]가 들었다"고 갈파했고, 영국 시인 윌리엄 블레이크도 "한 알의 모래 속에서 세계를 보고, 한 송이 들꽃 속에서 천국을 본다"고 노래했다. 티끌이 곧 우주요 모래가 곧 세상이라면 큰 것과 작은 것의 구분은 무의미해진다. 오늘날 조그만 메모리칩 하나에 거대한 도서관[96]을 담을 수도 있으니 그것이 큰 것인지 작은 것인지 어떻게 말할 수 있겠는가? 치열한 극소화[97] 경쟁을 벌이고 있는 반도체[98] 산업에서 새로 개발된 메모리칩이 더 작아진 것인지 더 커진 것인지 말하기 곤란하다. 외형[99]이 작아져도 용량[100]은 더 커질 수 있기 때문이다. 과학자들은 조그만 나비의 날갯짓이 바다 건너 거대한 허리케인을 일으킨다는 '나비효과'에 대해서 말한다. 또 원자[101]보다 작은 극소의 세계와 우주와 같은 극대의 세계가 매우 유사한 구조를 지닌다는 견해도 있다. 그렇다면 의상 대사와 블레이크가 노래한 바가 문학적 수사[102]만은 아닐 것이다.

— 고려대학교 2005 논술고사

(73) 근본 (　　　)　(74) 욕구 (　　　)

(75) 도덕적 (　　　)　(76) 충동 (　　　)

(77) 조직 (　　　)　(78) 불가피 (　　　)

(79) 억압 (　　　)　(80) 준수 (　　　)

(81) 고안 (　　　)　(82) 세심 (　　　)

(83) 유연성 (　　　)　(84) 구성원 (　　　)

(85) 사항 (　　　)　(86) 불량 (　　　)

(87) 하중 (　　　)　(88) 비판 (　　　)

(89) 자동차 (　　　)　(90) 운전자 (　　　)

(91) 공기 (　　　)　(92) 중독 (　　　)

(93) 고승 (　　　)　(94) 대사 (　　　)

(95) 우주 (　　　)　(96) 도서관 (　　　)

(97) 극소화 (　　　)　(98) 반도체 (　　　)

(99) 외형 (　　　)　(100) 용량 (　　　)

(101) 원자 (　　　)　(102) 수사 (　　　)

4. 다음 漢字와 뜻이 反對 또는 相對되는 漢字를 쓰시오.(103~112)

(103) (　　　) - 迎新　(104) 呼 - (　　　)

(105) 都 - (　　　)　(106) (　　　) - 買

(107) 希望 - (　　　)　(108) (　　　) - 罰金

(109) 方 - (　　　)　(110) (　　　) - 夜

(111) 天國 - (　　　)　(112) (　　　) - 亡

5. 다음 漢字語의 (　) 속에 알맞은 漢字를 쓰시오.(113~122)

(113) (　　)上君子　(114) 金城湯(　　)

(115) 朝三(　　)四　(116) 明(　　)之水

(117) 取(　　)選擇　(118) 龍頭(　　)尾

(119) 四分五(　　)　(120) 白(　　)難忘

(121) 弘(　　)人間　(122) 匹夫匹(　　)

6. 다음 漢字의 部首를 쓰시오.(123~127)

(123) 也 (　　)　(124) 輝 (　　)

(125) 夢 (　　)　(126) 片 (　　)

(127) 烏 (　　)

7. 다음 漢字와 같은 뜻의 漢字를 (　) 속에 넣어 漢字語를 만드시오.(128~132)

(128) 租(　　)　(129) (　　)友

(130) 冷(　　)　(131) 募(　　)

(132) (　　)慧

8. 다음 漢字와 소리는 같으나, 뜻이 다른 漢字語를 쓰시오.(133~137)

(133) 地圖. (   ) - 잘 가르치고 도와줘 올바른 방향으로 이끌어감

(134) 製藥. (   ) - 어떤 조건을 붙여 제한함

(135) 肉聲. (   ) - 길러 자라게 함

(136) 獨島. (   ) - 지도를 해독함

(137) 所在. (   ) - 예술작품의 바탕이 되는 재료

9. 다음 漢字語의 뜻을 쓰시오.(138~142)

(138) 秋毫 :

(139) 倒産 :

(140) 抱負 :

(141) 持論 :

(142) 偏見 :

10. 다음 漢字語 중 첫 音節이 長音인 것을 고르시오.(143~147)

(143) ①說得 ②無形 ③街販 ④地域

(144) ①雄辯 ②投手 ③播種 ④希望

(145) ①氷河 ②郡縣 ③揷入 ④寒流

(146) ①開國 ②完結 ③派遣 ④擁立

(147) ①孤立 ②催眠 ③除去 ④改編

11. 다음 漢字의 略字를 쓰시오.(148~150)
(148) 圖   (149) 濟
(150) 爲

▶ 정답은 393쪽

제8회 한자능력검정시험 2급 예상문제

(시험시간 : 60분. 시험문항 : 150문제. 합격문항 : 105문제이상) 성명 _____

1. 다음 漢字語의 讀音을 쓰시오.(1~45)

   (1) 赦免   (2) 推薦

   (3) 攝理   (4) 繁殖

   (5) 糾彈   (6) 罷職

   (7) 魔法師   (8) 惱殺

   (9) 欺罔   (10) 棟樑

   (11) 勤愼   (12) 睡眠劑

   (13) 駐屯   (14) 憤慨

   (15) 閨秀   (16) 趨勢

   (17) 琢磨   (18) 洞窟

   (19) 貪慾   (20) 軌跡

   (21) 聯邦   (22) 傳貰

   (23) 要塞   (24) 編隊

   (25) 混濁   (26) 參禪

   (27) 隣接   (28) 麥芽

   (29) 奏樂   (30) 阿膠

   (31) 颱風   (32) 紊亂

   (33) 搜査網   (34) 飼料

   (35) 厭世   (36) 胸像

   (37) 窒素   (38) 拉致

   (39) 滑降   (40) 紅蔘

   (41) 飜譯   (42) 醜態

   (43) 誤謬   (44) 比丘尼

   (45) 喉頭

2. 다음 漢字의 訓과 音을 쓰시오.(46~72)

   (46) 刷   (47) 彦

   (48) 瓜   (49) 蝶

   (50) 販   (51) 杏

   (52) 藍   (53) 礎

   (54) 遣   (55) 奎

   (56) 纖   (57) 栽

   (58) 禽   (59) 拍

   (60) 屬   (61) 涯

   (62) 蓮   (63) 懇

   (64) 歐   (65) 麗

   (66) 維   (67) 哨

   (68) 漂   (69) 蜂

   (70) 駿   (71) 灣

   (72) 脈

3. 다음 글을 읽고 밑줄 친 낱말을 漢字로 쓰시오.(73~102)

   '코리안 특급' 박찬호가 메이저리그 통산[73] 100승의 위업[74]을 달성[75]한 데 대해 네티즌들도 최고의 찬사[76]를 곁들이며 기쁨을 함께 나눴다. 박 선수 팬은 물론 많은 국민들이 새벽 3시(한국시간)부터 진행[77]된 박찬호의 경기[78]를 지켜봤으며 네티즌들은 실시간으로 응원[79] 메시지를 남기는 등 뜨거운 사이버 응원전을 펼쳤다. 5이닝 동안 11안타[80]를 맞아 6실점[81]하고도 텍사스 타선의 지원으로 승리[82]가 확정되자 네티즌들은 애타게 기다려온 100승 위업'을 축하[83]하며 컴퓨터 앞을 떠나지 못했다.

   네티즌 이선구'씨는 "박선수가 있기에 그래도 주름살이 펴진다. 어려운 경제[84] 속에서도 박선수가 선전[85]하는 소식[86]이 전해질 때마다 위안[87]과 희망[88]을 얻게 된다."며 "박선수의 100승은 한 개인[89]의 100승이 아니라 국민에게 희망을 주는 100승"이라고 치켜세웠다.

   아이디(ID:이용자 신분) cmhmatt'는 "박찬호가 올해 재기[90]하는 모습을 보여줘 무척 기쁘다."며 "실점을 많이 했지만 3~4회 투구는 진정한 박찬호의 모습이 아닌가 생각됐다."고 전했다. 네티즌 신용철'씨는 "스무살에 미국에 건너가 오늘의 명예[91]와 부를 이룬 박찬호는 진정

"행복⁹²한 사람"이라면서도 "12년 간 그가 겪었을 외로움과 어려움을 이겨낸 그의 성실성⁹³, 노력을 잊지 말아야 한다."고 강조⁹⁴했다. 일부 네티즌은 "오늘 승리는 사실상 텍사스 타선의 도움 때문에 이룬 것으로 100승에 자만⁹⁵하지 말고 방어율을 낮추는 데 힘을 써야할 것"이라고 분발⁹⁶을 기원⁹⁷하기도 했다. 한 네티즌은 그러나 "타선 때문에 지는 날이 있으면 타선 때문에 이기는 날도 있게 마련"이라며 "그리 나쁘게만 볼 것은 아니다."고 맞섰다.

한편 이날 박찬호의 경기가 공중파를 통해 방송⁹⁸되지 않은 것을 아쉬워하는 목소리도 높았다. 중계권이 없는 공중파 방송사들은 뉴스시간에 보도용(정지상태) 화면 과 함께 박찬호의 100승 위업을 보도했다. 박찬호 경기는 메이저리그 독점 중계권을 보유⁹⁹한 스포츠 전문채널 엑스포츠와 부산방송, TU미디어가 공동 제작해 케이블TV와 지역민방, 위성¹⁰⁰DMB(이동멀티미디어방송)를 통해 중계¹⁰¹됐다. 일부 포털사이트에서는 네티즌들의 접속¹⁰²이 폭주해 박찬호 경기의 다시보기(VOD)서비스가 차질을 빚기도 했다.

(73) 통산 (   )   (74) 위업 (   )
(75) 달성 (   )   (76) 찬사 (   )
(77) 진행 (   )   (78) 경기 (   )
(79) 응원 (   )   (80) 안타 (   )
(81) 실점 (   )   (82) 승리 (   )
(83) 축하 (   )   (84) 경제 (   )
(85) 선전 (   )   (86) 소식 (   )
(87) 위안 (   )   (88) 희망 (   )
(89) 개인 (   )   (90) 재기 (   )
(91) 명예 (   )   (92) 행복 (   )
(93) 성실성 (   ) (94) 강조 (   )
(95) 자만 (   )   (96) 분발 (   )
(97) 기원 (   )   (98) 방송 (   )
(99) 보유 (   )   (100) 위성 (   )
(101) 중계 (   ) (102) 접속 (   )

4. 다음 漢字와 뜻이 反對 또는 相對되는 漢字를 쓰시오.(103~112)

(103) 入學 - (   )   (104) 自 - (   )
(105) 甘 - (   )   (106) (   ) - 愚人
(107) 銳 - (   )   (108) (   ) - 進步
(109) 順 - (   )   (110) 深 - (   )
(111) 包含 - (   )   (112) (   ) - 冬至

5. 다음 漢字語의 ( )속에 알맞은 漢字를 쓰시오.(113~122)

(113) (   )掌難鳴   (114) 萬事(   )矣
(115) 花蛇(   )足   (116) 曲學(   )世
(117) (   )手無策   (118) 榮枯(   )衰
(119) 口尙(   )臭   (120) 群(   )一鶴
(121) 街(   )巷說   (122) 抱腹絶(   )

6. 다음 漢字의 部首를 쓰시오.(123~127)

(123) 局 (   )   (124) 報 (   )
(125) 黨 (   )   (126) 料 (   )
(127) 鼓 (   )

7. 다음 漢字와 같은 뜻의 漢字를 ( )속에 넣어 漢字語를 만드시오.(128~132)

(128) 硏(   )   (129) (   )暖
(130) 海(   )   (131) 毛(   )
(132) (   )覽

8. 다음 漢字와 소리는 같으나, 뜻이 다른 漢字語를 쓰시오.(133~137)

(133) 寶石. (　　　) - 일정한 돈을 내고 구류중인 미결수를 석방함

(134) 懷疑. (　　　) - 여럿이 모여 의논함

(135) 映畵. (　　　) - 권력과 부귀를 누림

(136) 遺命. (　　　) - 저승과 이승

(137) 答辭. (　　　) - 현장에 가서 보며 조사함

9. 다음 漢字語의 뜻을 쓰시오.(138~142)

(138) 互惠 :

(139) 傲氣 :

(140) 過敏 :

(141) 破天荒 :

(142) 祿邑 :

10. 다음 漢字語 중 첫 音節이 長音인 것을 고르시오.(143~147)

(143)　①遵守　②躍進　③訴訟　④誘引

(144)　①圖書　②階段　③全身　④混合

(145)　①安息　②借名　③王政　④災殃

(146)　①工業　②防備　③論理　④毁損

(147)　①配匹　②刑罰　③實驗　④推測

11. 다음 漢字의 略字를 쓰시오.(148~150)
(148) 鐵　　　　　　(149) 劍
(150) 雜

▶ 정답은 393쪽

제9회 한자능력검정시험 2급 예상문제

(시험시간 : 60분.　시험문항 : 150문제.　합격문항 : 105문제이상)　성명 _____

1. 다음 漢字語의 讀音을 쓰시오.(1~45)

(1) 髮膚　　(2) 購買

(3) 霸者　　(4) 怠慢

(5) 槿域　　(6) 敷衍

(7) 商圈　　(8) 粉塵

(9) 債務　　(10) 赤裸裸

(11) 惹起　　(12) 緩衝

(13) 鍊磨　　(14) 雪糖

(15) 姙産婦　　(16) 乾杯

(17) 墻壁　　(18) 津液

(19) 汎濫　　(20) 愚鈍

(21) 締結　　(22) 示唆

(23) 穩當　　(24) 獵等

(25) 飽滿　　(26) 金塊

(27) 擁護　　(28) 妖妄

(29) 釣船　　(30) 絹絲

(31) 發祥地　　(32) 細菌

(33) 昏睡　　(34) 茅屋

(35) 胃癌　　(36) 磁鐵鑛

(37) 橫厄　　(38) 湯藥

(39) 允許　　(40) 艦艇

(41) 巖盤　　(42) 宣誓

(43) 精銳　　(44) 耽溺

(45) 簡札

2. 다음 漢字의 訓과 音을 쓰시오.(46~72)

(46) 確　　(47) 佑

(48) 膽　　(49) 蘇

(50) 奮　　(51) 葛

(52) 荷　　(53) 潮

(54) 怖　　(55) 耐

(56) 彩　　(57) 址

(58) 訪　　(59) 麻

(60) 枯　　(61) 薰

(62) 酌　　(63) 炊

(64) 鷹　　(65) 頓

(66) 診　　(67) 映

(68) 峽　　(69) 驅

(70) 盲　　(71) 瑞

(72) 襲

3. 다음 글을 읽고 밑줄 친 낱말을 漢字로 쓰시오.(73~102)

　예전의 우리나라 학부모들도 자식들에 대한 교육열이 매우 높았다. 이런 전통[73]이 오늘날까지 이어졌다고 볼 수 있다. 물론 당시에는 의무[74]교육제도가 없었으니 사교육[75]기관인 서당[76]에서 초등[77]교육을 담당[78]할 수밖에 없었다. 이런 교육열에 따라 마을마다 서당이 생겨났다. 서당의 종류[79]는 대개 셋으로 나눌 수 있다.

　첫째는 양반[80]집 또는 부잣집에서 독선생을 앉혔다. 여기에 드는 학생은 말할 것도 없이 그들 집의 자식들이었고 때로는 가까운 친척[81]의 자식들도 묻어 배우기도 했다. 둘째는 마을 주민들이 공동으로 출자[82]를 해서 서당을 설립[83]하고 훈장[84]을 데려다가 마을의 모든 학동들이 배우게 했다. 셋째는 한 문중[85]이 집단마을을 이루고 사는 곳에 서당을 열고 자기네 문중 학동[86]만을 대상으로 배우게 했다. 물론 학동의 아버지나 형이 자기 자제를 가르치는 경우[87]도 있었다.

　이들 서당의 교육과정은 거의 같았다. 대개 5살 또는 7살이 되면 글을 배우기 시작했다. 한편 중등교육은 향교[88]에서도 맡았다. 향교는 고을마다 설치한 공교육기관이었다. 가정이나 서당에서 기초교육을 받은 뒤 향교에 들어가 2단계 교육을 받았다. 그러나 인원이 제한되어 아무나 입학할 수 없었다.

맨 먼저 배우는 책은 '천자문[89]'이었다. 본격적인 한문 교육을 받기에 앞서 일단 문자를 익히게 한 것이다. 다음으로 배우는 책은 '동몽선습'이다. 이 책에는 인간의 기본윤리인 오륜[90]을 중심으로 엮어져 있다. 맨 먼저 인륜교육을 시키려는 의도였다. 세번째로 배우는 책은 '명심보감'이다. 이 책에는 교훈이 될 여러 명구[91]와 일화[92]를 담았다. 이런 내용을 여러 고전[93]과 문집[94], 역사책에서 발췌했다. 여러 가지 내용을 편으로 분류했는데 마음을 밝히는 심성[95]교육을 시키려는 목적이었다. 네번째로 배우는 책은 '통감절요'이다. 이 책은 중국의 통사[96]를 적은 '자치통감'을 줄여서 '절요'라 했다. 난신적자를 가려내 명분을 바로잡고 누가 옳은지 그른지를 판단[97]해 후세의 거울로 삼으려는 역사관에서 만들어졌다. 다섯번째로 배우는 책은 '소학[98]'이다. 학동이 집안에서 청소[99]를 하거나 어른 공경[100]하는 등의 기본적인 예의범절[101]을 가르치기 위해 편집한 책이다. 이 다섯 종류의 책들이 초등교육과 중등교육의 단계에서 가르치는 기본 교과서였다. 이들 책은 한결같이 문사철을 본격적으로 가르치기에 앞서 그 기초 소양[102]을 기르려는 의도를 담고 있었다.

— 이이화의 「한국사 바로보기」

(73) 전통 (　　) (74) 의무 (　　)
(75) 사교육 (　　) (76) 서당 (　　)
(77) 초등 (　　) (78) 담당 (　　)
(79) 종류 (　　) (80) 양반 (　　)
(81) 친척 (　　) (82) 출자 (　　)
(83) 설립 (　　) (84) 훈장 (　　)
(85) 문중 (　　) (86) 학동 (　　)
(87) 경우 (　　) (88) 향교 (　　)
(89) 천자문 (　　) (90) 오륜 (　　)
(91) 명구 (　　) (92) 일화 (　　)
(93) 고전 (　　) (94) 문집 (　　)
(95) 심성 (　　) (96) 통사 (　　)
(97) 판단 (　　) (98) 소학 (　　)
(99) 청소 (　　) (100) 공경 (　　)
(101) 예의범절 (　　) (102) 소양 (　　)

4. 다음 漢字와 뜻이 反對 또는 相對되는 漢字를 쓰시오.(103~112)

(103) (　) - 伐木　　(104) 早 - (　)
(105) 前進 - (　)　　(106) 序論 - (　)
(107) 個人 - (　)　　(108) (　) - 坤
(109) 陝 - (　)　　(110) (　) - 肉
(111) 入隊 - (　)　　(112) (　) - 齊唱

5. 다음 漢字語의 (　)속에 알맞은 漢字를 쓰시오.(113~122)

(113) (　)馬單騎　　(114) 尾生之(　)
(115) 改(　)遷善　　(116) 守(　)待兎
(117) (　)以非　　(118) 弄瓦之(　)
(119) 雪上加(　)　　(120) 吾不(　)焉
(121) 麥(　)之嘆　　(122) 立稻先(　)

6. 다음 漢字의 部首를 쓰시오.(123~127)

(123) 谷 (　)　　(124) 乘 (　)
(125) 豫 (　)　　(126) 夏 (　)
(127) 畢 (　)

7. 다음 漢字와 같은 뜻의 漢字를 (　)속에 넣어 漢字語를 만드시오.(128~132)

(128) 層(　)　　(129) (　)革
(130) 潤(　)　　(131) 宣(　)
(132) (　)讚

8. 다음 漢字와 소리는 같으나, 뜻이 다른 漢字語를 쓰시오.(133~137)

(133) 事例. (　　　) - 상대편에게 고마운 뜻을 나타냄

(134) 不敬. (　　　) - 불교의 경전

(135) 勇氣. (　　　) - 물건을 담는 그릇

(136) 錄音. (　　　) - 푸른 나무의 그늘

(137) 祭器. (　　　) - 어떤 의견이나 문제를 내어놓음

9. 다음 漢字語의 뜻을 쓰시오.(138~142)

(138) 普遍 :

(139) 追贈 :

(140) 煩惱 :

(141) 銳角 :

(142) 庶子 :

10. 다음 漢字語 중 첫 音節이 長音인 것을 고르시오.(143~147)

(143) ①物價 ②排斥 ③睡眠 ④學術

(144) ①提携 ②終身 ③緩急 ④平和

(145) ①補佐 ②群衆 ③純眞 ④長壽

(146) ①訟事 ②恭敬 ③南極 ④雲霧

(147) ①無理 ②陽性 ③縮約 ④萬邦

11. 다음 漢字의 略字를 쓰시오.(148~150)
(148) 數　　　　　(149) 贊
(150) 勞

▶ 정답은 394쪽

제10회 한자능력검정시험 2급 예상문제

(시험시간 : 60분. 시험문항 : 150문제. 합격문항 : 105문제이상) 성명 _____

1. 다음 漢字語의 讀音을 쓰시오.(1~45)

  (1) 琴瑟   (2) 蠻勇
  (3) 渤海   (4) 聰明
  (5) 遮斷   (6) 商賈
  (7) 癸丑   (8) 整頓
  (9) 淳朴   (10) 累積
  (11) 伽倻琴   (12) 垂直
  (13) 輔弼   (14) 娛樂
  (15) 妥當   (16) 杜絶
  (17) 避暑   (18) 姜太公
  (19) 捕獲   (20) 銀杏
  (21) 堯舜   (22) 削髮
  (23) 結繩   (24) 峻嚴
  (25) 朴赫居世 (26) 橋梁
  (27) 受侮   (28) 弁韓
  (29) 禹王   (30) 濕度
  (31) 骨董品   (32) 鄕紳
  (33) 兼倂   (34) 種苗
  (35) 絶叫   (36) 鎔接
  (37) 九鼎   (38) 急逝
  (39) 養豚   (40) 釋迦牟尼
  (41) 塗炭   (42) 婚姻
  (43) 螢光燈   (44) 福祚
  (45) 麒麟

2. 다음 漢字의 訓과 音을 쓰시오.(46~72)

  (46) 冀   (47) 陣
  (48) 補   (49) 綜
  (50) 監   (51) 柄
  (52) 敍   (53) 藏
  (54) 茲   (55) 總
  (56) 疆   (57) 帥
  (58) 柏   (59) 誦
  (60) 僚   (61) 陷
  (62) 賦   (63) 拉
  (64) 穫   (65) 甕
  (66) 輪   (67) 郭
  (68) 坡   (69) 綱
  (70) 姑   (71) 硯
  (72) 窟

3. 다음 글을 읽고 밑줄 친 낱말을 漢字로 쓰시오.(73~102)

  화성(수원)에는 정조의 발길이 닿지 않은 곳이 없었다. 수원은 곧 정조의 도시였다. 정조는 양주에 있던 아버지의 무덤을 화성군 태안으로 옮기고 현륭원(뒤에 융릉으로 고침)이라 했다. 그가 화성 나들이를 할 때 한강[73]에 수백 척의 배들을 모아 배다리를 놓게 했으며 많은 신하[74]와 군사[75]를 거느리고 위의[76]를 차렸다. 더욱이 백성[77]들이 임금의 행차[78]를 보고 징을 두드리게 하여 억울함을 들어주었다. 또 화성 언저리의 소나무를 보호키 위해 솔잎을 갉아 먹는 송충이를 잡아 입으로 씹어 죽이기도 했다. 화성은 본디 외적[79]의 침입[80] 루트가 아니었다. 또 상업지역에는 성을 필요로 하지 않는다. 이런 곳에 거대한 성을 쌓은 의도는 바로 천도[81]를 위한 공작[82]이었음을 알 수 있다.
  정조의 죽음을 두고 말들이 많았다. 그는 49세에 들어 악성[83] 종기를 앓았다. 온갖 처방[84]에도 낫지 않자, 마지막으로 수은[85]을 태운 연기[86]로 종기를 치료하는 연훈방을 쓰기로 했다. 그래도 차도[87]가 없었다. 어의[88]들은 날마다 정조의 병세[89]를 정순대비 김씨에게 보고[90]했다. 어느날 정순대비는 손수 탕약[91]을 들고 들어가 어의를 내보냈다. 잠시 뒤 정순대비의 통곡[92] 소리가 들렸다. 어의들이 황급하게 뛰어들어가자 정조는 중태[93]에 빠져 있었다. 정조는 마지막 숨을 거두면서 수정전이라 중얼거렸다. 행장을 쓴 이시수는 "할 말이 있다" 는 뜻이라고 했지만 이 말은 곧 정순대비가 거처하는 곳을 가리킨 것이다. 죽음을 두고 정순대비에게 혐의[94]를 두기도 했다. 정순대비의 친정붙이는 정조를 반대[95]한 벽파였으며 오빠인 김귀주는 유배지[96]에서 죽었으니 그녀의 복수심이 결국 정조를 죽게 한 것이라 보는 것이다. 정조는 종기가 처음 번질 적에 울화병 또는 심화병 탓이라 했다. 종기는 바람을 쏘여서는 안된다고 하여 한여름에도 문을 꼭꼭 닫아걸고 뜨거운 탕약을 수없이 마셨으며 수은 치료까지 받았다. 게다가 마지막 일주일[97]은 억지로 미음 몇 모금을 넘길 정도였다. 울화병, 더위와 탈진[98], 그리고 영양[99]실조가 목숨을 재촉했을 것일까. 아니면 정순대비가 먹인 탕약 탓일까.

정조가 죽고 난 뒤 정순대비는 어린 순조를 끼고 수렴청정을 하면서 정조의 개혁[100]정치를 모조리 뒤집어 놓았다. 정조의 세력인 시파를 몰아내려는 공작의 하나로 천주교도를 탄압[101]하여 무수한 살육을 저질렀다. 정조가 천도를 하고 진정한 개혁정치를 폈다면 조선 말기[102]의 역사는 분명 달라졌을 것이다.

— 이이화의 「한국사 바로보기」

(73) 한강 (　　　) (74) 신하 (　　　)
(75) 군사 (　　　) (76) 위의 (　　　)
(77) 백성 (　　　) (78) 행차 (　　　)
(79) 외적 (　　　) (80) 침입 (　　　)
(81) 천도 (　　　) (82) 공작 (　　　)
(83) 악성 (　　　) (84) 처방 (　　　)
(85) 수은 (　　　) (86) 연기 (　　　)
(87) 차도 (　　　) (88) 어의 (　　　)
(89) 병세 (　　　) (90) 보고 (　　　)
(91) 탕약 (　　　) (92) 통곡 (　　　)
(93) 중태 (　　　) (94) 혐의 (　　　)
(95) 반대 (　　　) (96) 유배지 (　　　)

(97) 일주일 (　　　) (98) 탈진 (　　　)
(99) 영양 (　　　) (100) 개혁 (　　　)
(101) 탄압 (　　　) (102) 말기 (　　　)

4. 다음 漢字와 뜻이 反對 또는 相對되는 漢字를 쓰시오.(103~112)

(103) (　　) - 受　　(104) (　　) - 後孫
(105) 慶 - (　　)　　(106) 立席 - (　　)
(107) 直列 - (　　)　　(108) (　　) - 卒
(109) 優 - (　　)　　(110) (　　) - 鹽基性
(111) (　　) - 消極的　　(112) (　　) - 戈

5. 다음 漢字語의 (　)속에 알맞은 漢字를 쓰시오.(113~122)

(113) (　)視眈眈　　(114) 東家食西家(　)
(115) 滅私(　)公　　(116) 晝(　)夜讀
(117) (　)衣夜行　　(118) 元亨利(　)
(119) 悠悠自(　)　　(120) 金(　)之交
(121) 快刀(　)麻　　(122) 咸興差(　)

6. 다음 漢字의 部首를 쓰시오.(123~127)

(123) 卷 (　　)　　(124) 差 (　　)
(125) 舌 (　　)　　(126) 臺 (　　)
(127) 區 (　　)

7. 다음 漢字와 같은 뜻의 漢字를 (　)속에 넣어 漢字語를 만드시오.(128~132)

(128) 返(　)　　(129) (　)帝
(130) 打(　)　　(131) 尖(　)

(132) (　　)源

8. 다음 漢字와 소리는 같으나, 뜻이 다른 漢字語를 쓰시오.(133~137)

(133) 課長. (　　) - 실제보다 더 크게 나타냄

(134) 修身. (　　) - 우편물, 전보 등의 통신을 받음

(135) 競走. (　　) - 어느 한 곳에 힘을 쏟음

(136) 方位. (　　) - 적의 공격을 막아서 지킴

(137) 永世. (　　) - 수입이 적고 생활이 궁핍한 상황

9. 다음 漢字語의 뜻을 쓰시오.(138~142)

(138) 鴻毛 :

(139) 海拔 :

(140) 押韻 :

(141) 斜陽 :

(142) 詠物 :

10. 다음 漢字語 중 첫 音節이 長音인 것을 고르시오.(143~147)

(143) ①蒸發 ②聲樂 ③養鷄 ④方面

(144) ①骨折 ②開放 ③逆說 ④鈍感

(145) ①美國 ②倒置 ③參席 ④投票

(146) ①食品 ②募集 ③近郊 ④洪水

(147) ①退却 ②記錄 ③積善 ④因襲

11. 다음 漢字의 略字를 쓰시오.(148~150)

(148) 證　　　　(149) 滿

(150) 獻

▶ 정답은 394쪽

【2급 예상문제 정답】

〈제1회〉

(1) 탁월 (2) 궁색 (3) 작위
(4) 농담 (5) 강탈 (6) 피랍
(7) 소개 (8) 청와대 (9) 무훈
(10) 매도 (11) 완료 (12) 자문
(13) 사찰 (14) 황폐 (15) 근육
(16) 운반 (17) 판로 (18) 종묘
(19) 근엄 (20) 면직 (21) 봉급
(22) 철회 (23) 각설 (24) 포기
(25) 창해 (26) 왜곡 (27) 봉기
(28) 혹서 (29) 추서 (30) 정탐
(31) 요사 (32) 차용 (33) 비준
(34) 모욕 (35) 파악 (36) 탄산
(37) 해고 (38) 목욕 (39) 응고
(40) 대지 (41) 건곤 (42) 청렴
(43) 마술 (44) 생애 (45) 등사

(46) 싫을 염 (47) 바둑 기
(48) 피리 적 (49) 광대 배 / 배우 배
(50) 바다이름 발 (51) 짐승 수
(52) 바꿀 태 (53) 대포 포
(54) 시내 계 (55) 세낼 세
(56) 오랑캐 만 (57) 쇳돌 광
(58) 겨룰 항 (59) 빛날 희
(60) 초나라 초 (61) 줄일 축
(62) 정성 관 / 항목 관 (63) 길쌈 적
(64) 너그러울 관 (65) 밝을 량
(66) 밝을 철 (67) 화목할 목
(68) 막을 알 (69) 막을 저
(70) 지혜 혜 (71) 생각할 억
(72) 은나라 은

(73) 由來 (74) 集團 (75) 移住 (76) 志士 (77) 地域
(78) 同胞 (79) 事情 (80) 當國 (81) 廣大 (82) 豊富
(83) 資源 (84) 開發 (85) 獎勵 (86) 强要 (87) 從前
(88) 分布 (89) 忠淸道 (90) 全羅道 (91) 慶尙道 (92) 江原道
(93) 筆者 (94) 高句麗 (95) 歷史 (96) 優待 (97) 政權
(98) 自治區 (99) 言語 (100) 風習 (101) 關聯 (102) 巧妙

(103) 肯定 (104) 易 (105) 裏 (106) 緩 (107) 醜男
(108) 淸 (109) 硬 (110) 密 (111) 忙 (112) 下降

(113) 附 (114) 仙 (115) 鬪 (116) 貪 (117) 雪
(118) 棄 (119) 眉 (120) 越 (121) 凉 (122) 遷

(123) 己 (124) 火 (125) 瓦 (126) 冂 (127) 水

(128) 篤 (129) 背 (130) 慢 (131) 怒 (133) 複, 亂

(133) 講壇 (134) 收拾 (135) 衆智 (136) 詳述 (137) 救助

(138) 어떤 한 음식만을 가려서 먹음
(139) 목마른 사람이 물을 찾듯이 간절히 바람
(140) (자기 의견이나 주장을) 굳게 지킴 / 완고하여 융통성이 없음
(141) 임금이나 귀족이 죽었을 때, 살아있는 그의 아내나 신하 또는 종을 함께 장사지내는 풍습
(142) 약속을 어김 / 계약으로 정한 의무를 이행하지 않음

(143) ① (144) ④ (145) ③ (146) ② (147) ④

(148) 戰 (149) 價 (150) 无

〈제2회〉

(1) 종합 (2) 남용 (3) 오만
(4) 요양 (5) 교착 (6) 학벌
(7) 규방 (8) 환상 (9) 담략
(10) 마천루 (11) 반역 (12) 확산
(13) 폐암 (14) 편파 (15) 질식
(16) 묘혈 (17) 쾌유 (18) 암울
(19) 건조 (20) 패권 (21) 잔학
(22) 둔전 (23) 분규 (24) 소음
(25) 윤활유 (26) 매혹 (27) 구보
(28) 임용 (29) 보초 (30) 강재
(31) 애도 (32) 섬세 (33) 사감
(34) 부하 (35) 만담 (36) 신장
(37) 한과 (38) 번복 (39) 도진
(40) 사육 (41) 수사 (42) 지분
(43) 염증 (44) 도원 (45) 피부

(46) 화목할 목 (47) 책 편
(48) 뵐 알 (49) 팔 굴
(50) 누에 잠 (51) 천천히 갈 서
(52) 물을 / 기후 후 (53) 불릴 식
(54) 찾을 멱 (55) 박달나무 단
(56) 고개 현 (57) 들 게 / 높이들 게
(58) 넓힐 척 / 박을 탁 (59) 종 례
(60) 얽힐 / 이을 락 (61) 삼갈 긍 / 떨릴 긍
(62) 기울 봉 / 꿰맬 봉 (63) 꾸밀 장
(64) 끌 휴 (65) 도울 익
(66) 기계 계 (67) 쓸 탁 / 다듬을 탁
(68) 업신여길 멸 (69) 넉넉할 유
(70) 심할 극 (71) 모을 취
(72) 오리 압

(73) 科擧 (74) 定期 (75) 試驗 (76) 必要 (77) 成均館
(78) 朝鮮 (79) 敎育 (80) 機能 (81) 孔子 (82) 弟子
(83) 儒生 (84) 全員 (85) 寄宿舍 (86) 講學 (87) 祭祀
(88) 儀式 (89) 聖人 (90) 應試生 (91) 合格者 (92) 答案紙
(93) 別名 (94) 採點 (95) 認識 (96) 空間 (97) 慶事
(98) 段階 (99) 高官 (100) 秩序 (101) 自負心 (102) 橫行

(103) 增加 (104) 供給 (105) 假 (106) 浮 (107) 散文
(108) 貴 (109) 衰 (110) 飽 (111) 福 (112) 脫衣

(113) 麥 (114) 敵 (115) 書 (116) 鼻 (117) 技
(118) 濕 (119) 汚 (120) 卵 (121) 勸 (122) 義

(123) 革 (124) 田 (125) 鳥 (126) 玄 (127) 衣

(128) 獨 (129) 幼 (130) 常 (131) 惡 (133) 抗

(133) 施賞 (134) 敬老 (135) 鄕愁 (136) 官吏 (137) 鳥獸

(138) 아내의 어머니. 장모
(139) 마구 잡음
(140) 인재를 어떤 자리에 쓰도록 추천함
(141) 한 사람의 남자 / 보잘 것 없고 하찮은 사내
(142) 뜻을 같이 한 사람끼리 모인 단체 내지는 당파

(143) ④ (144) ② (145) ③ (146) ③ (147) ①

(148) 双 (149) 沢 (150) 恋

〈제3회〉

(1) 편집 (2) 모방 (3) 서무
(4) 소굴 (5) 고충 (6) 모순
(7) 비약 (8) 서찰 (9) 혐의
(10) 군함 (11) 삽화 (12) 마취
(13) 구릉 (14) 수정 (15) 촉매
(16) 범신론 (17) 재액 (18) 예금
(19) 구독 (20) 서한 (21) 용렬
(22) 변상 (23) 자기장 (24) 부설
(25) 기적 (26) 신사도 (27) 유창
(28) 탐닉 (29) 차량 (30) 판금
(31) 피임 (32) 은폐 (33) 간첩
(34) 말갈 (35) 확성기 (36) 누전
(37) 조제 (38) 고갈 (39) 위증
(40) 상주 (41) 나체 (42) 동상
(43) 혈액 (44) 칠흑 (45) 수면

(46) 더부살이 할 교 (47) 방해할 방
(48) 나를 수 (49) 도울 필
(50) 무궁화 근 (51) 밝을 창
(52) 도울 찬 (53) 여승 니
(54) 우산 산 (55) 재주 예
(56) 복도 랑 / 행랑 랑 (57) 펄 포
(58) 귀걸이 이 (59) 목구멍 후
(60) 둘 조 (61) 오를 등
(62) 건널 제 (63) 이웃 린
(64) 잠깐 잠 (65) 그물 망
(66) 한숨쉴 희 / 탄식할 희 (67) 이별할 결
(68) 버금 중 (69) 딸 적
(70) 심할 극 (71) 공교로울 교
(72) 휘두를 휘

(73) 不斷 (74) 持續 (75) 體系的
(76) 禁慾 (77) 信仰 (78) 證據
(79) 立場 (80) 資本主義 (81) 抑制
(82) 招來 (83) 投資 (84) 增加
(85) 糾明 (86) 嚴格 (87) 支配
(88) 篤實 (89) 素朴 (90) 獨逸
(91) 傾向 (92) 反感 (93) 英國
(94) 重商主義 (95) 原因 (96) 封建的
(97) 享有 (98) 地主 (99) 慣習
(100) 植民地 (101) 領主 (102) 對立

(103) 偶然 (104) 薄 (105) 暗 (106) 勝 (107) 守備
(108) 許容 (109) 長 (110) 開 (111) 邪道 (112) 縱斷

(113) 塞 (114) 尾 (115) 齒 (116) 丘 (117) 騎
(118) 屈 (119) 粟 (120) 樹 (121) 枝 (122) 戒

(123) 戈 (124) 尢 (125) 鳥 (126) 木 (127) 氏

(128) 値 (129) 祭 (130) 吏 (131) 蓄 (132) 顔

(133) 愁心 (134) 企圖 (135) 積善 (136) 守護 (137) 簡單

(138) 지체가 높고 귀한 사람을 찾아 뵈는 일
(139) 자기의 원고를 겸손하게 이르는 말
(140) (이름, 직업 등을) 거짓으로 속여 이름
(141) 사물의 상태가 나아가지 못하고 한군데 머물러 그침
(142) 중국 전국시대에 장의 등이 주장한 강대국인 진나라에 협조 하는 방식의 외교정책.

(143) ② (144) ① (145) ② (146) ④ (147) ③

(148) 亜 (149) 点 (150) 寿

〈제4회〉

(1) 방명록 (2) 가람 (3) 수선
(4) 공포 (5) 순직 (6) 궁벽
(7) 분만 (8) 단말마 (9) 진애
(10) 유사 (11) 가교 (12) 산성
(13) 동구권 (14) 염소 (15) 요괴
(16) 질부 (17) 차양 (18) 위도
(19) 응시 (20) 혹독 (21) 게양
(22) 송백 (23) 취사 (24) 균형
(25) 자웅 (26) 각수 (27) 조탁
(28) 낭양 (29) 수반 (30) 잠수정
(31) 휘호 (32) 망측 (33) 포탄
(34) 전파 (35) 해금 (36) 관모
(37) 두부 (38) 장애 (39) 연쇄
(40) 계류 (41) 단련 (42) 미궁
(43) 궁궐 (44) 평온 (45) 복록

(46) 빛날 희 (47) 인연 연
(48) 자랑할 과 (49) 자손 윤
(50) 누를 진 / 진압할 진 (51) 갈매기 구
(52) 부딪힐 격 / 격할 격 (53) 울릴 향
(54) 화할 / 녹을 융 (55) 온당할 타
(56) 가을 석 / 쪼갤 석 (57) 솥 정
(58) 숨쉴 흡 / 마실 흡 (59) 안개 무
(60) 추창할 추 / 달릴 추 (61) 아가씨 양
(62) 포도 포 (63) 무늬 문
(64) 흙덩이 괴 (65) 공경할 흠
(66) 화로 로 (67) 밝을 철
(68) 창 과 (69) 긴할 긴
(70) 모을 / 쇠북 종 (71) 멀 료
(72) 활시위 현

(73) 民族 (74) 任務 (75) 節制
(76) 依賴 (77) 獨立 (78) 保障
(79) 發揮 (80) 人類 (81) 思想
(82) 不平等 (83) 不合理 (84) 報服
(85) 墮落 (86) 滅亡 (87) 發見
(88) 擔當 (89) 天職 (90) 運命
(91) 形便 (92) 疑心 (93) 侮辱
(94) 序曲 (95) 主演 (96) 舞臺
(97) 武力 (98) 征服 (99) 經濟力
(100) 空想 (101) 使命 (102) 確信

(103) 發刊 (104) 短點 (105) 暖 (106) 輕 (107) 陰地
(108) 鄕 (109) 舊 (110) 安 (111) 喜 (112) 低速

(113) 脣 (114) 報 (115) 鹿 (116) 芳 (117) 腰
(118) 獨 (119) 劍 (120) 狗 (121) 角 (122) 傍

(123) 工 (124) 虎 (125) 丿 (126) 衣 (127) 門

(128) 奪 (129) 賓 (130) 賴 (131) 庫 (133) 洗

(133) 奮起 (134) 遺傳 (135) 考慮 (136) 終戰 (137) 旅券

(138) 기차나 전차가 다니도록 레일을 깔아놓은 길 / 일이 발전하는 정상적인 방향과 단계 / 천체가 공전하는 일정한 길
(139) 존경하고 두려워 함
(140) 중국의 전설에 동쪽 바다의 해가 뜨는 곳에 있다는 신성한 나무 또는 그 나무가 있는 곳
(141) 여럿 가운데 가장 뛰어난 사람이나 물건
(142) 임금이 직접 통치할 수 없을 때 임금을 대신하여 나라를 다스림

(143) ③ (144) ④ (145) ① (146) ① (147) ③

(148) 庁 (149) 与 (150) 万

〈제5회〉

(1) 표창 (2) 갈등 (3) 서무
(4) 융화 (5) 월계관 (6) 폐쇄
(7) 조치 (8) 성찬 (9) 오염
(10) 탄신일 (11) 병합 (12) 연민
(13) 토로 (14) 제패 (15) 화폭
(16) 벌열 (17) 농후 (18) 인척
(19) 준걸 (20) 암세포 (21) 제휴
(22) 훈장 (23) 남색 (24) 경사
(25) 고용 (26) 주번 (27) 첨부
(28) 당분 (29) 분묘 (30) 검시
(31) 야만 (32) 주철 (33) 방역
(34) 고막 (35) 증정 (36) 모형
(37) 영락 (38) 근골 (39) 방직
(40) 단화 (41) 세모 (42) 등본
(43) 초조 (44) 귀감 (45) 교포

(46) 목욕할 목 / 머리감을 목 (47) 넘을 유
(48) 다다를 부 (49) 편안할 일 / 달아날 일
(50) 외 척 (51) 드러날 창
(52) 일반 반 (53) 노끈 승
(54) 녹을 용 (55) 그루 주
(56) 맑을 정 (57) 얽을 구
(58) 상자 상 (59) 오장 장
(60) 인정할 인 / 알 인 (61) 빛날 란
(62) 천리마 기 (63) 지경 경
(64) 밟을 답 (65) 매혹할 매
(66) 맺을 체 (67) 맺을 계
(68) 꼭두각시 괴 (69) 던질 포
(70) 연할 연 (71) 주석 석
(72) 이마 액

(73) 國寶 (74) 新羅 (75) 代表的
(76) 周邊 (77) 環境 (78) 劣惡
(79) 中央線 (80) 鐵路 (81) 列車
(82) 震動 (83) 安全 (84) 改善
(85) 力不足 (86) 住居 (87) 解決策
(88) 保存 (89) 都市 (90) 方案
(91) 鐵道廳 (92) 協議 (93) 肯定的
(94) 費用 (95) 敎授 (96) 外部
(97) 保護 (98) 對策 (99) 遲延
(100) 傳達 (101) 效果 (102) 狀況

(103) 利益 (104) 弱 (105) 出席 (106) 經度 (107) 退位
(108) 頭 (109) 散 (110) 公 (111) 與黨 (112) 哀

(113) 緣 (114) 忘 (115) 風 (116) 角 (117) 冬
(118) 遷 (119) 薦 (120) 晩 (121) 暮 (122) 針

(123) 干 (124) 舛 (125) 手 (126) 辛 (127) 卜

(128) 體 (129) 許 (130) 賊 (131) 犯 (132) 戰爭

(133) 童謠 (134) 專門 (135) 時刻 (136) 壯觀 (137) 中傷

(138) 쓸데없는 짓을 덧붙여 하다가 도리어 실패함
(139) 모내기를 하지 않고 논밭에 직접 씨를 뿌림
(140) (온갖 책을) 널리 읽음
(141) 불시에 습격하려고 몰래 숨어 있음
(142) 사악한 기운을 물리침

(143) ④ (144) ② (145) ④ (146) ① (147) ①

(148) 乱 (149) 囲 (150) 辞

〈제6회〉

(1) 취지 (2) 징계 (3) 방자
(4) 간담 (5) 치료 (6) 참신
(7) 교정 (8) 누차 (9) 인준
(10) 부여 (11) 묵향 (12) 선박
(13) 파열 (14) 갱도 (15) 유밀과
(16) 독실 (17) 농구 (18) 석학
(19) 견골 (20) 호주 (21) 점포
(22) 장악 (23) 순환 (24) 기갈
(25) 태아 (26) 저지 (27) 상여
(28) 관악산 (29) 교살 (30) 선발
(31) 멸시 (32) 이체 (33) 매개체
(34) 벽촌 (35) 이화 (36) 공비
(37) 처절 (38) 사기 (39) 연적
(40) 울릉도 (41) 소각 (42) 폭염
(43) 철수 (44) 배상 (45) 채소

(46) 하늘 호 (47) 힘쓸 려
(48) 손윗누이 자 (49) 잡을 구
(50) 우리 권 (51) 드물 희
(52) 붕새 붕 (53) 집 려
(54) 눈 깜짝일 순 (55) 노래 요
(56) 높을 탁 (57) 무너질 괴
(58) 미혹할 혹 (59) 못 담
(60) 꽂을 삽 (61) 치마 상
(62) 옥 옥 (63) 빛날 환
(64) 쌀 포 (65) 부추길 사
(66) 이을 소 (67) 재촉할 최
(68) 오를 척 (69) 칠 토
(70) 끓을 증 / 찔 증 (71) 부신 부 / 부호 부
(72) 독할 혹 / 심할 혹

(73) 科學 (74) 知識 (75) 追究
(76) 寄與 (77) 核心 (78) 干涉
(79) 觀察 (80) 變形 (81) 紫朱色
(82) 複雜性 (83) 分解 (84) 單純化
(85) 分析 (86) 創造 (87) 過程
(88) 明確 (89) 限定 (90) 興味
(91) 染料 (92) 動物園 (93) 要因
(94) 才能 (95) 訓練 (96) 道路
(97) 連結 (98) 永久性 (99) 感歎
(100) 街道 (101) 堅固 (102) 排水口

(103) 溫 (104) 亂世 (105) 緩行, 徐行 (106) 虛, 名 (107) 債務
(108) 結婚 (109) 吉 (110) 記 (111) 答 (112) 擴大

(113) 桑 (114) 地 (115) 敢 (116) 獨 (117) 燈
(118) 省 (119) 亨 (120) 賀 (121) 顧 (122) 爵

(123) 示 (124) 舌 (125) 齒 (126) 口 (127) 隹

(128) 引 (129) 捕 (130) 虛 (131) 亂 (132) 計

(133) 延期 (134) 辭典 (135) 儀式 (136) 招待 (137) 移設

(138) 물체가 어는 점
(139) 두 편이 서로 좋도록 양보하여 협의하는 것
(140) 임시로 빌리는 것 / 한자 육서의 하나로 뜻이 다르나 음이 같은 글자를 빌려서 쓰는 방법
(141) 학자들의 현실 도피적이고 관념적인 연구 생활이나 그 연구실을 비유하는 말
(142) 죽어 세상을 떠남

(143) ① (144) ④ (145) ② (146) ④ (147) ③

(148) 旧 (149) 宝 (150) 当

〈제7회〉

(1) 매몰 (2) 타락 (3) 사열
(4) 오동 (5) 휴게소 (6) 정찰
(7) 기원 (8) 화폐 (9) 준거
(10) 회전축 (11) 배알 (12) 유황
(13) 축구 (14) 착오 (15) 수지
(16) 삭망 (17) 현격 (18) 재봉
(19) 찬란 (20) 괘념 (21) 최루탄
(22) 양잠 (23) 첩보 (24) 신장
(25) 상서 (26) 월요일 (27) 유창
(28) 홍은 (29) 무산 (30) 공훈
(31) 환상 (32) 계사 (33) 전각
(34) 연탄 (35) 환불 (36) 대관식
(37) 경질 (38) 학살 (39) 배우
(40) 소란 (41) 자객 (42) 방뇨
(43) 호봉 (44) 체감 (45) 수면

(46) 진흙 / 칠할 도 (47) 왜나라 왜
(48) 부탁할 탁 (49) 숨길 비
(50) 폭 폭 (51) 힘줄 근
(52) 계집 희 (53) 본뜰 방
(54) 베틀 기 (55) 스승 부
(56) 등나무 등 (57) 샐 루
(58) 저릴 마 (59) 화창할 창
(60) 아득할 망 (61) 쟁반 반
(62) 익힐 강 (63) 거리낄 애 / 막을 애
(64) 환할 / 사무칠 투 (65) 권면할 장
(66) 드릴 정 (67) 자물쇠 건
(68) 소금 염 (69) 미칠 체
(70) 불을 자 (71) 편지 한
(72) 괴로워할 뇌 / 번뇌할 뇌

(73) 根本 (74) 欲求 (75) 道德的
(76) 衝動 (77) 組織 (78) 不可避
(79) 抑壓 (80) 遵守 (81) 考案
(82) 細心 (83) 柔軟性 (84) 構成員
(85) 事項 (86) 不良 (87) 荷重
(88) 批判 (89) 自動車 (90) 運轉者
(91) 空氣 (92) 中毒 (93) 高僧
(94) 大師 (95) 宇宙 (96) 圖書館
(97) 極小化 (98) 半導體 (99) 外形
(100) 容量 (101) 原子 (102) 修辭

(103) 送舊 (104) 吸 (105) 農 (106) 責 (107) 絶望
(108) 賞金 (109) 圓 (110) 畫 (111) 地獄 (112) 興

(113) 梁 (114) 池 (115) 暮 (116) 鏡 (117) 捨
(118) 蛇 (119) 裂 (120) 骨 (121) 盆 (122) 婦

(123) 乙 (124) 車 (125) 夕 (126) 片 (127) 火

(128) 稅 (129) 朋 (130) 凍 (131) 集 (132) 智

(133) 指導 (134) 制約 (135) 育成 (136) 讀圖 (137) 素材

(138) 털끝만큼 아주 조금임
(139) (기업이) 재산을 잃고 망함
(140) 마음속에 간직한 미래에 대한 훌륭한 계획이나 희망
(141) 늘 지니고 있거나 주장하는 이론
(142) 공정하지 못하고 한쪽으로 치우친 생각

(143) ③ (144) ③ (145) ② (146) ④ (147) ④

(148) 図 (149) 済 (150) 為

〈제8회〉

(1) 사면 (2) 추천 (3) 섭리
(4) 번식 (5) 규탄 (6) 파직
(7) 마법사 (8) 뇌쇄 (9) 기망
(10) 동량 (11) 근신 (12) 수면제
(13) 주둔 (14) 분개 (15) 규수
(16) 추세 (17) 탁마 (18) 동굴
(19) 탐욕 (20) 궤적 (21) 연방
(22) 전세 (23) 요새 (24) 편대
(25) 혼탁 (26) 참선 (27) 인접
(28) 맥아 (29) 주악 (30) 아교
(31) 태풍 (32) 문란 (33) 수사망
(34) 사료 (35) 염세 (36) 흉상
(37) 질소 (38) 납치 (39) 활강
(40) 홍삼 (41) 번역 (42) 추태
(43) 오류 (44) 비구니 (45) 후두

(46) 인쇄할 쇄 (47) 선비 언
(48) 오이 과 (49) 나비 접
(50) 팔 판 (51) 살구 행
(52) 쪽빛 람 (53) 주춧돌 초
(54) 보낼 견 (55) 별이름 규
(56) 가늘 섬 (57) 심을 재
(58) 새 금 (59) 칠 박
(60) 무리 속 / 이을 촉 (61) 물가 애
(62) 연꽃 련 (63) 정성 간 / 간절할 간
(64) 토할 / 구라파 구 (65) 고울 려
(66) 바 유 / 벼리 유 / 맬 유 (67) 망볼 초
(68) 떠돌 표 (69) 벌 봉
(70) 준마 준 (71) 물굽이 만
(72) 맥 맥

(73) 通算 (74) 偉業 (75) 達成
(76) 讚辭 (77) 進行 (78) 競技
(79) 應援 (80) 安打 (81) 失點
(82) 勝利 (83) 祝賀 (84) 經濟
(85) 宣傳 (86) 消息 (87) 慰安
(88) 希望 (89) 個人 (90) 再起
(91) 名譽 (92) 幸福 (93) 誠實性
(94) 強調 (95) 自慢 (96) 奮發
(97) 祈願 (98) 放送 (99) 保有
(100) 衛星 (101) 中繼 (102) 接續

(103) 辛業 (104) 他 (105) 苦 (106) 賢人 (107) 鈍
(108) 退步, 保守 (109) 逆 (110) 淺 (111) 除外 (112) 夏至

(113) 孤 (114) 休 (115) 添 (116) 阿 (117) 束
(118) 盛 (119) 乳 (120) 鷄 (121) 談 (122) 倒

(123) 尸 (124) 土 (125) 黑 (126) 斗 (127) 鼓

(128) 究 (129) 溫 (130) 洋 (131) 髮 (132) 觀

(133) 保釋 (134) 會議 (135) 榮華 (136) 幽明 (137) 踏査

(138) 서로 특별한 편의와 이익을 주고받는 일
(139) 남에게 지기 싫어하는 마음
(140) (감각이나 신경 등이) 지나치게 예민함
(141) 이전에 아무도 하지 못한 일을 처음으로 함
(142) 벼슬아치에게 봉록으로 주던 논밭

(143) ① (144) ④ (145) ② (146) ④ (147) ①

(148) 鉄 (149) 剣 (150) 雑

〈제9회〉

(1) 발부　(2) 구매　(3) 패자
(4) 태만　(5) 근역　(6) 부연
(7) 상권　(8) 분진　(9) 채무
(10) 적나라　(11) 아기　(12) 완충
(13) 연마　(14) 설탕　(15) 임산부
(16) 건배　(17) 장벽　(18) 진액
(19) 범람　(20) 우둔　(21) 체결
(22) 시사　(23) 온당　(24) 엽등
(25) 포만　(26) 금괴　(27) 옹호
(28) 요망　(29) 조선　(30) 견사
(31) 발상지　(32) 세균　(33) 혼수
(34) 모옥　(35) 위암　(36) 자철광
(37) 횡액　(38) 탕약　(39) 윤허
(40) 함정　(41) 암반　(42) 선서
(43) 정예　(44) 탐닉　(45) 간찰

(46) 굳을 확　(47) 도울 우
(48) 쓸개 담　(49) 깨어날 소
(50) 떨칠 분　(51) 칡 갈
(52) 멜 하　(53) 조수 조
(54) 두려워할 포　(55) 견딜 내
(56) 무늬 채　(57) 터 지
(58) 찾을 방　(59) 삼 마
(60) 마를 고　(61) 향기 훈
(62) 술따를 작　(63) 불땔 취
(64) 매 응　(65) 조아릴 돈
(66) 볼 진 / 진찰할 진　(67) 비출 영
(68) 골짜기 협　(69) 몰 구
(70) 소경 맹　(71) 상서 서
(72) 엄습할 습

(73) 傳統　(74) 義務　(75) 私敎育
(76) 書堂　(77) 初等　(78) 擔當
(79) 種類　(80) 兩班　(81) 親戚
(82) 出資　(83) 設立　(84) 訓長
(85) 門中　(86) 學童　(87) 境遇
(88) 鄕校　(89) 千字文　(90) 五倫
(91) 名句　(92) 逸話　(93) 古典
(94) 文集　(95) 心性　(96) 通史
(97) 判斷　(98) 小學　(99) 淸掃
(100) 恭敬　(101) 禮儀凡節　(102) 素養

(103) 植木　(104) 晩　(105) 後進　(106) 結論　(107) 團體
(108) 乾　(109) 廣　(110) 骨　(111) 除隊　(112) 獨唱

(113) 匹　(114) 信　(115) 過　(116) 柱　(117) 似
(118) 慶　(119) 霜　(120) 關　(121) 秀　(122) 賣

(123) 谷　(124) ノ　(125) 豕　(126) 攵　(127) 田

(128) 階　(129) 改　(130) 澤　(131) 布　(133) 稱

(133) 謝禮　(134) 佛經　(135) 容器　(136) 綠陰　(137) 提起

(138) 모든 것에 두루 미치거나 통함
(139) 공이 많은 벼슬아치가 죽은 뒤 나라에서 그의 관위를 높혀주는 일
(140) 마음이 시달려서 괴로움
(141) 직각보다 작은 각
(142) 첩에게서 난 아들

(143) ②　(144) ③　(145) ①　(146) ⑤　(147) ④

(148) 数　(149) 賛　(150) 労

〈제10회〉

(1) 금슬　(2) 만용　(3) 발해
(4) 총명　(5) 차단　(6) 상고
(7) 계축　(8) 정돈　(9) 순박
(10) 누적　(11) 가야금　(12) 수직
(13) 보필　(14) 오락　(15) 타당
(16) 두절　(17) 피서　(18) 강태공
(19) 포획　(20) 은행　(21) 요순
(22) 삭발　(23) 결승　(24) 준엄
(25) 박혁거세　(26) 교량　(27) 수모
(28) 변한　(29) 우왕　(30) 습도
(31) 골동품　(32) 향신　(33) 겸병
(34) 종묘　(35) 절규　(36) 용접
(37) 구정　(38) 급서　(39) 양돈
(40) 석가모니　(41) 도탄　(42) 혼인
(43) 형광등　(44) 복조　(45) 기린

(46) 바랄 기　(47) 진칠 진
(48) 기울 보　(49) 모을 종
(50) 불 감　(51) 자루 병
(52) 펼 서　(53) 감출 장
(54) 이 자　(55) 거느릴 총 / 다 총
(56) 지경 강　(57) 장수 수
(58) 측백나무 백　(59) 욀 송
(60) 동료 료　(61) 빠질 함
(62) 구실 / 매길 부　(63) 꺾을 랍 / 끌 랍
(64) 거둘 확　(65) 독 옹
(66) 바퀴 륜　(67) 성곽 곽
(68) 고개 파　(69) 벼리 강
(70) 시어머니 고　(71) 벼루 연
(72) 굴 굴

(73) 漢江　(74) 臣下　(75) 軍士
(76) 威儀　(77) 百姓　(78) 行次
(79) 外敵　(80) 侵入　(81) 遷都
(82) 工作　(83) 惡性　(84) 處方
(85) 水銀　(86) 煙氣　(87) 差度
(88) 御醫　(89) 病勢　(90) 報告
(91) 湯藥　(92) 痛哭　(93) 重態
(94) 嫌疑　(95) 反對　(96) 流配地
(97) 一週日　(98) 脫盡　(99) 營養
(100) 改革　(101) 彈壓　(102) 末期

(103) 授　(104) 祖上　(105) 弔　(106) 坐席　(107) 竝列
(108) 將　(109) 劣　(110) 酸性　(111) 積極的　(112) 干

(113) 虎　(114) 宿　(115) 奉　(116) 耕　(117) 錦
(118) 貞　(119) 適　(120) 蘭　(121) 亂　(122) 使

(123) 冂　(124) 工　(125) 舌　(126) 至　(127) 匚

(128) 還　(129) 皇　(130) 擊　(131) 銳　(133) 根

(133) 誇張　(134) 受信　(135) 傾注　(136) 防衛　(137) 零細

(138) 기러기의 털이란 뜻으로 매우 가벼운 사물을 일컬음
(139) 해면으로부터 계산해서 잰 육지나 산의 높이
(140) 시의 행 끄트머리에 동일한 운을 규칙적으로 다는 일
(141) 해질 무렵에 비스듬히 비치는 햇볕 / 점점 쇠퇴하여 감
(142) 새나 짐승, 초목 또는 자연 자체를 주제로 하여 시를 짓는 일

(143) ③　(144) ④　(145) ②　(146) ③　(147) ①

(148) 証　(149) 満　(150) 献

부록(附錄) 학습

- 읽기장
- 부수자 일람표

♣ 한자(漢字)의 훈음(訓音)을 가리고, 소리내어 읽어보시오.

2급-1

葛	憾	坑	憩	揭	雇	戈	瓜	菓
칡 갈	섭섭할 감	구덩이 갱	쉴 게	높이들 게	품팔 고	창 과	외 과	과자 과
款	傀	僑	絞	膠	歐	購	鷗	掘
항목 관	허수아비 괴	더부살이 교	목맬 교	아교 교	구라파 구	살 구	갈매기 구	팔 굴
窟	圈	闕	閨	棋	濃	尿	尼	溺
굴 굴	우리 권	대궐 궐	안방 규	바둑 기	짙을 농	오줌 뇨	여승 니	빠질 닉
鍛	潭	膽	垈	戴	悼	桐	棟	藤
쇠불릴 단	못 담	쓸개 담	집터 대	일 대	슬퍼할 도	오동나무 동	마룻대 동	등나무 등
謄	裸	洛	爛	藍	拉	輛	煉	籠
베낄 등	벗을 라	물이름 락	빛날 란	쪽 람	끌 랍	수레 량	달굴 련	대바구니 롱
療	硫	謬	摩	痲	魔	膜	娩	灣
병고칠 료	유황 류	그르칠 류	문지를 마	저릴 마	마귀 마	막 막	낳을 만	물굽이 만
蠻	網	枚	魅	蔑	帽	矛	沐	紊
오랑캐 만	그물 망	낱 매	매혹할 매	업신여길 멸	모자 모	창 모	머리감을 목	문란할 문
舶	搬	紡	俳	賠	柏	閥	汎	僻
배 박	운반할 반	길쌈 방	배우 배	물어줄 배	측백 백	문벌 벌	넓을 범	궁벽할 벽
倂	俸	縫	敷	膚	弗	匪	唆	赦
아우를 병	녹 봉	꿰맬 봉	펄 부	살갗 부	아닐 불	비적 비	부추길 사	용서할 사

♣ 한자(漢字)의 훈음(訓音)을 가리고, 소리내어 읽어보시오.

2급-2

飼	傘	酸	蔘	插	箱	瑞	碩	繕
기를 사	우산 산	실 산	삼 삼	꽂을 삽	상자 상	상서 서	클 석	기울 선
纖	貰	紹	盾	升	屍	殖	紳	腎
가늘 섬	세놓을 세	이을 소	방패 순	되 승	주검 시	불릴 식	띠 신	콩팥 신
握	癌	礙	惹	孃	硯	厭	預	梧
쥘 악	암 암	거리낄 애	이끌 야	아가씨 양	벼루 연	싫어할 염	미리 예	오동 오
穩	歪	妖	傭	熔	鬱	苑	尉	融
편안할 온	기울 왜	요사할 요	품팔 용	녹을 용	답답할 울	나라동산 원	벼슬 위	녹을 융
貳	刃	壹	妊	磁	諮	雌	蠶	沮
두 이	칼날 인	한 일	아이밸 임	자석 자	물을 자	암컷 자	누에 잠	막을 저
偵	呈	艇	劑	彫	措	釣	綜	駐
정탐할 정	드릴 정	큰배 정	약제 제	새길 조	둘 조	낚을 조	모을 종	머무를 주
准	旨	脂	塵	津	診	窒	輯	遮
비준 준	뜻 지	기름 지	티끌 진	나루 진	진찰할 진	막힐 질	모을 집	가릴 차
餐	刹	札	斬	彰	滄	悽	隻	撤
밥 찬	절 찰	편지 찰	벨 참	드러날 창	큰바다 창	슬퍼할 처	외짝 척	거둘 철
諜	締	哨	焦	趨	蹴	軸	衷	炊
염탐할 첩	맺을 체	망볼 초	탈 초	달아날 추	찰 축	굴대 축	속마음 충	불땔 취

♣ 한자(漢字)의 훈음(訓音)을 가리고, 소리내어 읽어보시오.
2급-3

琢	託	胎	颱	霸	坪	怖	抛	鋪
다듬을 탁	부탁할 탁	아이밸 태	태풍 태	으뜸 패	들 평	두려워할 포	던질 포	펼 포
虐	翰	艦	弦	峽	型	濠	酷	靴
모질 학	편지 한	큰배 함	시위 현	골짜기 협	모형 형	호주 호	심할 혹	신 화
幻	滑	廻	喉	勳	噫	姬	熙	
헛보일 환	미끄러울 활	돌 회	목구멍 후	공 훈	한숨쉴 희	계집 희	빛날 희	

♣ 한자(漢字)의 훈음(訓音)을 가리고, 소리내어 읽어보시오.

2급-성명·지명용-1

伽	柯	軻	賈	迦	珏	杆	艮	鞨
절 가	가지 가	수레 가	성 가	부처이름 가	쌍옥 각	몽둥이 간	괘이름 간	오랑캐이름 갈
邯	岬	鉀	姜	岡	崗	彊	疆	价
사람이름 감	곶 갑	갑옷 갑	성 강	산등성이 강	언덕 강	굳셀 강	지경 강	클 개
塏	鍵	杰	桀	甄	儆	炅	璟	瓊
높은땅 개	열쇠 건	뛰어날 걸	하왕이름 걸	질그릇 견	경계할 경	빛날 경	옥빛 경	구슬 경
皐	串	琯	槐	玖	邱	鞠	圭	奎
언덕 고	꿸 관	옥피리 관	회화나무 괴	옥돌 구	언덕 구	성 국	서옥 규	별 규
揆	珪	槿	瑾	兢	冀	岐	沂	淇
헤아릴 규	홀 규	무궁화 근	아름다운옥 근	떨릴 긍	바랄 기	갈림길 기	물이름 기	물이름 기
琦	琪	璣	箕	耆	騏	驥	麒	湍
옥이름 기	아름다운옥 기	별이름 기	키 기	늙을 기	준마 기	천리마 기	기린 기	여울 단
塘	悳	燾	惇	燉	頓	乭	董	杜
못 당	큰 덕	비칠 도	도타울 돈	불빛 돈	조아릴 돈	이름 돌	바를 동	막을 두
鄧	萊	亮	樑	呂	廬	礪	驪	漣
나라이름 등	명아주 래	밝을 량	들보 량	성 려	농막집 려	숫돌 려	검은말 려	잔물결 련
濂	玲	醴	盧	蘆	魯	鷺	遼	劉
물이름 렴	옥소리 령	단술 례	성 로	갈대 로	노나라 로	백로 로	멀 료	죽일 류

♣ 한자(漢字)의 훈음(訓音)을 가리고, 소리내어 읽어보시오.

2급-성명·지명용-2

崙	楞	麟	靺	貊	覓	冕	沔	俛
산이름 륜	네모질 릉	기린 린	말갈 말	맥국 맥	찾을 멱	면류관 면	물이름 면	힘쓸 면
牟	茅	謨	穆	昴	汶	彌	旻	旼
성 모	띠 모	꾀 모	화목할 목	별이름 묘	물이름 문	미륵 미	하늘 민	화할 민
玟	珉	閔	磻	渤	鉢	旁	龐	裵
아름다운옥돌 민	옥돌 민	성 민	반계 반	바다이름 발	바리때 발	곁 방	높은집 방	성 배
潘	筏	范	卞	弁	昞	昺	柄	炳
성 반	뗏목 벌	성 범	성 변	고깔 변	밝을 병	밝을 병	자루 병	불꽃 병
秉	潽	甫	輔	馥	蓬	傅	釜	阜
잡을 병	물이름 보	클 보	도울 보	향기 복	쑥 봉	스승 부	가마 부	언덕 부
芬	鵬	丕	毖	毘	泌	彬	馮	泗
향기 분	새 붕	클 비	삼갈 비	도울 비	분비할 비	빛날 빈	탈 빙	물이름 사
庠	舒	奭	晳	錫	瑄	璇	璿	卨
학교 상	펼 서	클 석	밝을 석	주석 석	도리옥 선	옥 선	구슬 선	사람이름 설
薛	暹	蟾	陝	燮	晟	巢	沼	邵
성 설	햇살치밀 섬	두꺼비 섬	땅이름 섬	불꽃 섭	밝을 성	새집 소	못 소	땅이름 소
宋	洙	銖	隋	洵	淳	珣	舜	荀
성 송	물가 수	저울눈 수	수나라 수	참으로 순	순박할 순	옥이름 순	순임금 순	풀이름 순

한자(漢字)의 훈음(訓音)을 가리고, 소리내어 읽어보시오.

2급-성명·지명용-3

瑟	繩	柴	湜	軾	瀋	閼	鴨	埃
큰거문고슬	노끈 승	섶 시	물맑을식	수레가로나무식	즙낼 심	막을 알	오리 압	티끌 애
艾	倻	襄	彦	姸	淵	衍	閻	燁
쑥 애	가야 야	도울 양	선비 언	고울 연	못 연	넓을 연	마을 염	빛날 엽
暎	瑛	盈	濊	睿	芮	吳	墺	沃
비칠 영	옥빛 영	찰 영	종족이름예	슬기 예	성 예	성 오	물가 오	기름질 옥
鈺	甕	邕	雍	莞	旺	汪	倭	堯
보배 옥	독 옹	막힐 옹	화할 옹	빙그레할완	왕성할 왕	넓을 왕	왜나라 왜	요임금 요
姚	燿	溶	瑢	鎔	鏞	佑	祐	禹
예쁠 요	빛날 요	녹을 용	패옥소리용	쇠녹일 용	쇠북 용	도울 우	복 우	성 우
旭	昱	煜	郁	項	芸	蔚	熊	媛
아침해 욱	햇빛밝을욱	빛날 욱	성할 욱	삼갈 욱	향풀 운	고을이름울	곰 웅	계집 원
瑗	袁	渭	韋	魏	俞	庾	楡	踰
구슬 원	성 원	물이름 위	가죽 위	성 위	대답할 유	곳집 유	느릅나무유	넘을 유
允	尹	胤	鈗	垠	殷	誾	鷹	伊
맏 윤	성 윤	자손 윤	총 윤	지경 은	은나라 은	향기 은	매 응	저 이
怡	珥	翊	佾	鎰	滋	庄	璋	蔣
기쁠 이	귀고리 이	도울 익	줄춤 일	무게이름일	불을 자	전장 장	홀 장	성 장

♣ 한자(漢字)의 훈음(訓音)을 가리고, 소리내어 읽어보시오.

2급-성명·지명용-4

獐	甸	旃	晶	楨	汀	珽	禎	鄭
노루 장	경기 전	기 정	맑을 정	광나무 정	물가 정	옥이름 정	상서로울 정	나라 정
鼎	曺	祚	趙	琮	疇	埈	峻	晙
솥 정	성 조	복 조	나라 조	옥홀 종	이랑 주	높을 준	높을 준	밝을 준
浚	駿	濬	址	芝	稙	稷	晋	秦
깊게할 준	준마 준	깊을 준	터 지	지초 지	올벼 직	피 직	진나라 진	성 진
燦	璨	瓚	鑽	敞	昶	埰	蔡	采
빛날 찬	옥빛 찬	옥잔 찬	뚫을 찬	시원할 창	해길 창	사패지 채	성 채	풍채 채
陟	釧	喆	澈	瞻	楚	蜀	崔	楸
오를 척	팔찌 천	밝을 철	맑을 철	볼 첨	초나라 초	나라이름 촉	성 최	가래 추
鄒	椿	沖	聚	峙	雉	灘	耽	兌
추나라 추	참죽나무 춘	화할 충	모을 취	언덕 치	꿩 치	여울 탄	즐길 탐	바꿀 태
台	坡	阪	彭	扁	葡	鮑	杓	弼
별 태	언덕 파	언덕 판	성 팽	작을 편	포도 포	절인물고기 포	북두자루 표	도울 필
亢	沆	杏	赫	爀	峴	炫	鉉	陜
높을 항	넓을 항	살구 행	빛날 혁	불빛 혁	고개 현	밝을 현	솥귀 현	좁을 협
瀅	炯	瑩	邢	馨	壕	扈	昊	晧
물맑을 형	빛날 형	밝을 형	성 형	꽃다울 형	해자 호	따를 호	하늘 호	밝을 호

♣ 한자(漢字)의 훈음(訓音)을 가리고, 소리내어 읽어보시오.

2급-성명·지명용-5

皓	澔	祜	鎬	泓	嬅	樺	桓	煥
흴 호	넓을 호	복 호	호경 호	물깊을 홍	탐스러울 화	자작나무 화	굳셀 환	빛날 환
晃	滉	檜	淮	后	熏	燻	薰	徽
밝을 황	깊을 황	전나무 회	물이름 회	임금 후	불길 훈	질나팔 훈	향풀 훈	아름다울 휘
烋	匈	欽	嬉	禧	熹	憙	羲	
아름다울 휴	오랑캐 흉	공경할 흠	아름다울 희	복 희	빛날 희	기뻐할 희	복희 희	

부수자(部首字: 214자) 일람표(一覽表)

1 획
- 一 한 일
- 丨 뚫을 곤
- 丶 점 주
- 丿 삐침 별
- 乙 새 을
- 亅 갈고리 궐

2 획
- 二 두 이
- 亠 머리부분 두
- 人亻 사람 인
- 儿 어진사람인
- 入 들 입
- 八 나눌 팔
- 冂 멀 경
- 冖 덮을 멱
- 冫 얼음 빙
- 几 걸상 궤
- 凵 입벌릴 감
- 刀 칼 도
- 力 힘 력
- 勹 감쌀 포
- 匕 숟가락 비
- 匚 상자 방
- 匸 감출 혜
- 十 열 십
- 卜 점 복
- 卩㔾 병부절
- 厂 언덕 한
- 厶 사사 사
- 又 손 우

3 획
- 口 입 구
- 囗 에워쌀 위
- 土 흙 토
- 士 선비 사
- 夂 뒤져올 치
- 夊 천천히 걸을 쇠
- 夕 저녁 석
- 大 큰 대
- 女 계집 녀
- 子 아들 자
- 宀 집 면
- 寸 마디 촌
- 小 작을 소
- 尢 절름발이 왕
- 尸 누울 시

- 屮 싹날 철
- 山 메 산
- 巛 내 천
- 工 장인 공
- 己 몸 기
- 巾 수건 건
- 干 방패 간
- 幺 작을 요
- 广 집 엄
- 廴 연이어 걸을 인
- 廾 두손 공
- 弋 주살 익
- 弓 활 궁
- 彐彑 돼지머리 계
- 彡 무늬 삼
- 彳 걸을 척

4 획
- 心 마음 심
- 戈 창 과
- 戶 지게문 호
- 手扌 손 수
- 支 나눌 지
- 攴攵 칠 복
- 文 글월 문
- 斗 말 두
- 斤 도끼 근
- 方 모 방
- 无 없을 무
- 日 해 일
- 曰 말할 왈
- 月 달 월
- 木 나무 목
- 欠 하품 흠
- 止 그칠 지
- 歹歺 남은뼈 알
- 殳 창 수
- 毋 말 무
- 比 견줄 비
- 毛 터럭 모
- 氏 뿌리 씨
- 气 기운 기
- 水氵 물 수
- 火灬 불 화
- 爪 손톱 조
- 父 아비 부
- 爻 점괘 효
- 爿 조각 장

- 片 조각 편
- 牙 어금니 아
- 牛牜 소 우
- 犬犭 개 견

5 획
- 玄 검을 현
- 玉王 구슬 옥
- 瓜 외 과
- 瓦 기와 와
- 甘 달 감
- 生 날 생
- 用 쓸 용
- 田 밭 전
- 疋 발 소
- 疒 병들 녁
- 癶 걸을 발
- 白 흰 백
- 皮 가죽 피
- 皿 그릇 명
- 目 눈 목
- 矛 창 모
- 矢 화살 시
- 石 돌 석
- 示 보일 시
- 内 짐승발자국 유
- 禾 벼 화
- 穴 구멍 혈
- 立 설 립

6 획
- 竹 대 죽
- 米 쌀 미
- 糸 실 사
- 缶 장군 부
- 网罒 그물 망
- 羊 양 양
- 羽 날개 우
- 老耂 늙을 로
- 而 말이을 이
- 耒 쟁기 뢰
- 耳 귀 이
- 聿 붓 률
- 肉月 고기 육
- 臣 신하 신
- 自 코 자
- 至 이를 지
- 臼 절구 구
- 舌 혀 설

- 舛 어그러질 천
- 舟 배 주
- 艮 괘이름 간
- 色 빛 색
- 艸艹 풀 초
- 虍 범무늬 호
- 虫 벌레 충
- 血 피 혈
- 行 다닐 행
- 衣衤 옷 의
- 襾 덮을 아

7 획
- 見 볼 견
- 角 뿔 각
- 言 말씀 언
- 谷 골 곡
- 豆 콩 두
- 豕 돼지 시
- 豸 사나운짐승 치
- 貝 조개 패
- 赤 붉을 적
- 走 달릴 주
- 足 발 족
- 身 몸 신
- 車 수레 거(차)
- 辛 매울 신
- 辰 별 진
- 辵 갈 착
- 邑阝 고을 읍
- 酉 술 유
- 采 분별할 변
- 里 마을 리

8 획
- 金 쇠 금
- 長 긴 장
- 門 문 문
- 阜阝 언덕 부
- 隶 미칠 체
- 隹 새 추
- 雨 비 우
- 靑 푸를 청
- 非 아닐 비

9 획
- 面 낯 면
- 革 가죽 혁
- 韋 다룸가죽 위
- 韭 부추 구

- 音 소리 음
- 頁 머리 혈
- 風 바람 풍
- 飛 날 비
- 食 밥 식
- 首 머리 수
- 香 향기 향

10 획
- 馬 말 마
- 骨 뼈 골
- 高 높을 고
- 髟 털늘어질 표
- 鬥 싸울 투
- 鬯 기장술 창
- 鬲 오지병 격
- 鬼 귀신 귀

11 획
- 魚 물고기 어
- 鳥 새 조
- 鹵 소금밭 로
- 鹿 사슴 록
- 麥 보리 맥
- 麻 삼 마

12 획
- 黃 누를 황
- 黍 기장 서
- 黑 검을 흑
- 黹 바느질할 치

13 획
- 黽 맹꽁이 맹
- 鼎 솥 정
- 鼓 북 고
- 鼠 쥐 서

14 획
- 鼻 코 비
- 齊 가지런할 제

15 획
- 齒 이 치

16 획
- 龍 용 룡
- 龜 거북 귀

17 획
- 龠 피리 약